III UB International Phd In Law Conference: El carácter multinivel del derecho global

III UB International Phd In Law Conference: El carácter multinivel del derecho global

Varios autores

McGraw Hill | AULAMAGNA
PROYECTO CLAVE

III UB International Phd In Law Conference:
El carácter multinivel del derecho global

Primera edición: 2021

ISBN: 9788418808364
ISBN eBook: 9788418808807
Depósito Legal: SE 2204-2021

Impreso en España – Printed in Spain

Debemos agradecer a todos los miembros del Comité Científico
de la *III UB International PhD in Law Conference* su excelente trabajo,
sin el cual no hubiera sido posible organizar esta Jornada:

Núria Borràs Andrés, Martí Colom Nicolau, Jorge Erazo Robles,
Anna Grañana i Sancho, Emely López López, Pol Pallàs Secall,
Juan Manuel Ternero Martín, Luis Gaspar Rodríguez,
y como secretario Juan Alonso Tello Mendoza,
todos ellos doctorandos del Programa de Doctorado
en Derecho y Ciencia Política de la Universidad de Barcelona.

Todo bajo la Dirección del Dr. Jordi Bonet Pérez,
y la Coordinación de Thais Vitali Vieira
y Maria Cano Ortega.

Índice general

Ciberespacio y responsabilidad jurídica internacional

Antonio Pedro Marín Martínez
Doctorando de la Universidad de León
amarim01@estudiantes.unileon.es

Resumen

El ciberespacio como nuevo dominio militar y el desarrollo de la ciberguerra plantean nuevos dilemas éticos y jurídicos. En dicho contexto, la Inteligencia Artificial (IA), los Sistemas Armamentísticos Autónomos (SAA), el *big data* y el *machine learning*, supondrán nuevos desafíos en el marco de la responsabilidad jurídica internacional.

Palabras clave: ciberespacio, ciberguerra, responsabilidad jurídica internacional

Abstract

The growth of the cyberspace as a new military domain and the development of cyber warfare raise new ethical and legal dilemmas. In that context, Artificial Intelligence (AI), Autonomous Weapons Systems (AWS), big data and machine learning, will imply new challenges for the international legal responsability framework.

Key words: cyberspace, cyber warfare, international legal responsability

Índice

En la actualidad no se puede concebir la guerra sin la ciberguerra, también denominada «guerra cibernética» (*cyber warfare*) o «conflicto cibernético» (*cyber conflict*), cuya concepción sería occidental, pues Rusia y China defieren en su significado. Así, el Departamento de Defensa de los Estados Unidos de América (*DoD*) define la ciberguerra como un «conflicto armado que se lleva a cabo, en su totalidad o en parte, por medios cibernéticos» (DoD, 2010). En el caso de Rusia, no se hace ninguna mención al concepto de «ciberguerra», pero sí al concepto de «Guerra de Información» (Giles, 2012). Por su parte, las fuerzas armadas chinas (*China's People's Liberation Army*) utilizan el término 網絡戰 (*Wǎngluò zhàn*) para referirse al concepto occidental de «ciberguerra» (Mancera Castaño, 2014).

1. Anonimato y guerras por delegación

Independientemente de la definición, no debe sorprender que, en la actualidad, se esté ante el uso de sistemas y armamentos cibernéticos en los conflictos armados, impactando sobre la responsabilidad jurídica de su uso. A tal fin sería necesario fijarse en su componente de anonimato y la dificultad de atribuir responsabilidades, dado que dicha forma de ataque permitiría un elevado nivel de «denegación plausible» y en el ciberespacio es bastante común el desarrollo de la «guerra por delegación». Dicha situación llevaría a M. J. Sklerov a cuestionar la validez de la actual «Ley de Guerra» *(Law of War)*, que prohíbe el uso de la fuerza, a no ser que un ataque pueda ser atribuido a un Estado o a sus agentes, ya que limitaría la ciberdefensa a una defensa pasiva que reduciría las capacidades del Estado. A su juicio, la única forma de salir de dicha situación sería la «defensa activa», concepto que permitiría a un Estado «víctima» utilizar la defensa preventiva, en legítima defensa, contra aquellos atacantes que estuviesen localizados dentro de las fronteras de un Estado, pero que no los persigue y que, por tanto, tendría la consideración de Estado «santuario» (Sklerov, 2009).

Ahora bien, el principio de «defensa activa» conllevaría una serie de peligros jurídicos cuando fuese aplicado a través de las «guerras por delegación» (*proxy wars*), especialmente si a través de dicho principio se produjesen violaciones del Derecho Internacional de Conflictos Armados (DICA) (*Laws of Armed Conflict (LOAC)*), más comúnmente conocido como Derecho Internacional Humanitario (DIH)[1]. En dicho contexto, C. A. Pfaff avanzaría que, en muchas ocasiones, la propia ética del Estado que delega sería asimilada por el actor en el que se delega, por lo que si la «guerra por delegación» fuese considerada «justa», el apoyo hacia la justificación de las acciones del actor en quien se delega también lo sería (Pfaff, 2017).

2. La ciberguerra como guerra ideal

Por otro lado, la utilización de la IA y el desarrollo de sistemas autónomos, incluidos los drones, los robots armados y los SAA, entre otros, comportan claras diferencias respecto a la guerra convencional en relación con la letalidad, la destrucción física permanente o el daño colateral. El investigador S. Vallor aduciría que el desarrollo y utilización de la IA en la guerra cibernéti-

[1] En nuestro contexto, el DIH hace referencia a las Convenciones de Ginebra de 1949 y sus Protocolos Adicionales (I (PAI - 1977), II (PAII - 1977), III (PAIII - 2005)).

ca podría producir la eliminación de las virtudes y la moralidad militar (*moral deskilling*). Dicha idea se traduciría en que pudiese llegar a un punto en que los humanos empezasen las guerras, pero no las luchasen. Concretamente, sería una máquina la que tomase las decisiones dentro de un marco moral sobre quién o qué sería un objetivo, en qué circunstancias o en la proporcionalidad de la fuerza. Por su parte, P. W. Singer aduciría, además, que las nuevas tecnologías estarían cambiando las reglas de juego, sobre todo por la rapidez de los cambios. Las denominadas «aplicaciones asesinas» (*killer applications*), incluyendo los robots autónomos armados, harían difícil establecer aspectos éticos y morales en la guerra real y no existiría una solución técnica de «varita mágica» para la ética, especialmente cuando la ética de uno de los actores fuese diferente de la del otro (Singer, 2010; Vallor, 2013).

Deberíamos plantearnos, por lo tanto, si la ciberguerra se podría considerar como la «guerra ideal» (*ideal war*). El investigador R. Jenkins así lo sugeriría, dentro del concepto de *ius in bello*. Ahora bien, la posible discriminación de una ciberarma dependería de la programación computacional que fuese incorporada a su algoritmo y la cuestión principal a dilucidar sería si un Estado podría desarrollar y desplegar una ciberarma con un código que pudiese discriminar absolutamente el objetivo del ataque para cumplir con la responsabilidad jurídica internacional vigente. El reto, por tanto, estaría en construir «agentes morales artificiales» (*artificial moral agents (AMA)*) que tuviesen la capacidad de implementar elementos legales dentro de la arquitectura de control de los sistemas inteligentes, una forma de codificar elementos de responsabilidad jurídica internacional a través de un algoritmo (Jenkins, 2016; Lin *et al.*, 2010).

3. Luchando en las fronteras de la ley

En dicho contexto, los investigadores S. J. Shackelford y J. B. Sher argumentan que los tratados y costumbres internacionales, con respecto a la ciberguerra, estarían en proceso de evolución, y que no quedaría claro que el actual marco jurídico internacional sería completamente ajustable al ciberespacio. Quizás el punto más problemático estaría en poder establecer cuándo y en qué circunstancias un ciberataque representaría un «acto de guerra» y, por lo tanto, que se permitiese el derecho a la autodefensa. A nuestro entender, la mejor respuesta la habría desarrollado K. Watkin al hablar de «la lucha en las fronteras de la ley» (*fighting at the legal boundaries*). Concepto que ahondaría en la problemática de poder establecer hasta qué punto el actual marco jurídico del DIH o los Derechos Humanos (DDHH) podrían ser aplicados, en la práctica, en el ciberespacio (Shackelford, 2009; Watkin, 2016).

En principio, el «*ius ad bellum*» prohibiría a los Estados el uso de la fuerza entre fronteras, excepto cuando existiese el consentimiento del Estado en cuestión, existiese una autorización del Consejo de Seguridad de las Naciones Unidas o en «legítima defensa» (Art. 51). Ahora bien, cuando se habla de ciberataques no quedaría claramente establecido en qué momento se les podría considerar como uso de la fuerza o ataque armado. Según R. Nguyen, sería imperativo clarificar en qué circunstancias se aplicaría al ciberespacio[2] y, en todo caso, la gran cuestión a dilucidar sería cómo soslayar la problemática de las «guerras por delegación» (*proxy wars*), que llenaría de dificultades la posibilidad de establecer fehacientemente la atribución de un ciberataque. Como argumentaría M. Hakimi, las decisiones unilaterales para el uso de la fuerza no ocurren en un vacío y serían parte de un proceso desestructurado donde los Estados individualmente actuarían o reaccionarían sobre la base de incidentes concre-

---

2 Su argumento aduce que únicamente sería válido si el ataque causase serias interrupciones sobre los sistemas ciber físicos, como la red eléctrica u otras infraestructuras críticas (Nguyen, 2013).

tos (Hakimi, 2018). Por lo tanto, al ser un proceso de actuación de los Estados al margen del Consejo de Seguridad de las NU o de la Corte Internacional de Justicia (CIJ), por norma general desembocarían, de forma reiterada, en operaciones que serían incompatibles, de forma estricta, con el Derecho Internacional vigente, pero que al mismo tiempo serían aceptables desde un punto de vista operativo.

Más difícil aún sería la aplicación de las leyes internacionales de «*ius ad bellum*» en el caso de una acción «preventiva». En primer lugar, la amenaza de ciberataques destructivos defensivos contra la infraestructura militar de otro Estado, si dicho Estado estableciese operaciones transfronterizas ilegales, no estaría en contra de lo dispuesto en el Art. 2(4). No obstante, tomando como referencia el caso Stuxnet[3], algunos analistas considerarían que Irán podría haber invocado el derecho a la «legítima defensa», de acuerdo con el Art. 51, mientras que otros habrían considerado que el ataque preventivo sobre Natanz estaría justificado como una forma de «legítima defensa preventiva» contra una amenaza inminente. En todo caso, el aspecto cuantitativo de proporcionalidad necesitaría que la escala y el efecto de las contramedidas de fuerza fuesen de nivel similar a las del ataque armado perpetrado (Kilovaty, 2014). Por lo tanto, no sería lo mismo el estar hablando de un ataque «anticipatorio» que de un ataque «preventivo». El derecho a la «legítima defensa», de acuerdo con el Art. 51, solo sería de aplicación si un «ataque armado» ya se hubiese producido, pues dicho artículo establece claramente la premisa: «en caso de ataque armado». En tal caso, un ataque «preventivo» sería considerado contrario a dicho derecho, lo que implicaría que si un ciberataque no hubiese traspasado el umbral del «ataque armado» no existiría el derecho a la «legítima defensa»[4].

---

[3] Virus informático de tipología de «gusano», utilizado para dañar las instalaciones nucleares iraníes de Natanz en 2010 (BBC, 2015).

[4] El investigador T. Remus alertaría sobre la implicación de dicho resultado cuando se produjesen eventos de ciber espionaje, donde la información obtenida, no detectada, podría convertirse en la base para un futuro ciberataque o ataque convencional (Remus, 2013).

4. El Derecho Internacional de los conflictos armados

Teniendo en cuenta dicho contexto, habría que subrayar que en el ciberespacio y en el marco específico de la ciberguerra no existe ninguna reglamentación específica para enmarcar las operaciones cibernéticas. Como analiza A. Bills, esto ha creado incertidumbre sobre cómo las leyes de la guerra (*ius in bello*) podrían ser aplicadas (Bills, 2017). Es más, el analista A. A. Haque plantea dos de las preguntas principales sobre los conflictos armados: ¿Cuándo comienzan? y ¿Cuándo es posible aplicar el DICA? (Haque, 2017). Aunque las NU, en 2013, explicitaron que «las leyes internacionales, y en particular la Carta de las Naciones Unidas es aplicable» (Naciones Unidas, 2013), no obstante, ni Rusia ni China han aceptado, hasta el momento, que se realice referencia alguna sobre el DIH y China no ha aceptado su aplicación al ciberespacio (Brown, 2017).

Hay que tener en cuenta que, en el DIH, el término «ataque» hace referencia a una categoría particular de operaciones militares: aquellos «actos de violencia contra el adversario, ya sean ofensivos o defensivos» (Art. 49(1) - Protocolo Adicional I (PAI)). El problema estribaría en que todos los «ataques armados» son usos de la fuerza, pero no todos los usos de la fuerza serían considerados como «ataques armados». Por lo tanto, los Estados podrían ser objeto de operaciones cibernéticas constitutivas del uso de la fuerza, pero no ser lo suficientemente severas para calificarlas como un «ataque armado». Según M. N. Schmitt, las operaciones cibernéticas necesitarían de una reconceptualización de la noción de «ataque armado», aunque en la actualidad no existe un consenso de la comunidad internacional (Schmitt, 2012a).

En cuanto al elemento de la «distinción», el Art. 48 del PAI establece que las diversas partes de un conflicto: «distinga en todo momento entre la población civil y los combatientes y entre los objetivos militares y los civiles». No obstante, en el marco de las operaciones cibernéticas, uno de los puntos obscuros es si los datos de un ordenador podrían ser considerados como un «objeto» y, por tanto, serles de aplicación los supuestos del PAI. En caso de que así lo fuesen, el ataque contra datos civiles sería considerado ilegal y cualquier daño causado durante un ciberataque sobre un objetivo militar legal, tendría que ser considerado dentro del principio de proporcionalidad y cuando se determinasen las precauciones a tomar durante un ataque. También cabe destacar el concepto de redes, donde es muy probable que los sistemas cibernéticos serían de doble uso (militar y civil). Así, algunos de los sistemas cibernéticos civiles podrían ser esenciales para la economía y, por lo tanto, constituir objetos para el mantenimiento de la guerra, siendo considerados, por tanto, objetivos militares (Schmitt, 2012b).

Otro punto controvertido tendría como base la participación directa de civiles en un conflicto armado y, por lo tanto, la aplicación de las DIH a dichas personas. El Art. 51(3) del PAI dejaría claro, que aquellos civiles que participasen directamente en las hostilidades no estarían cubiertos. El Comité Internacional de la Cruz Roja (CICR) incluye a los grupos armados organizados, que formasen parte de uno de los actores del conflicto, dentro de la categoría de fuerzas armadas (CICR, 2009). Ahora bien, en el ámbito cibernético no quedaría claro cuando los *hackers* y los grupos no militares podrían ser clasificados como grupos armados organizados. El punto más controvertido tendría que ver con el concepto de organización y si un grupo podría ser organizado «virtualmente». Para el CICR, en sus comentarios sobre la PAI, un grupo «organizado» debería tener un carácter colectivo, bajo un control y ciertas reglas. Por lo tanto, un *hacker* individual seguiría siendo un civil, mientras que un grupo actuando colectivamente formaría parte de las fuerzas armadas y, por tanto, un miembro individual de dicho grupo podría ser un objetivo militar (Schmitt, 2012b).

En cuanto a los denominados «cibersoldados» o cualquier otro actor de una operación cibernética, incluidos diseñadores y operadores de drones, podrían ser considerados como combatientes legales bajo el Art. 4(A)(2) de la III Convención de Ginebra (Padmanabhan, 2013). Los robots, por su parte, están cada vez más presentes en las guerras y un elemento a tener en cuenta sería la implementación de las reglas del DIH dentro del marco general de los SAA. Una restricción para su despliegue en los campos de batalla vendría de los requerimientos legales y éticos de la DICA y de las «Reglas de Enfrentamiento». En dicho contexto, existirían cuatro conceptos acumulativos a tener en cuenta (Titiriga, 2016):

- *Necesidad militar*: objetivos no prohibidos por la DICA.
- *Determinación/distinción*: diferenciación entre combatientes y civiles (Art. 31, 48, 52 PAI).
- P*roporcionalidad*: daños colaterales excesivos (Art. 51(5)(b) y 57(2)(iii) PAI).
- *Humanidad*: «cuidado constante» para evitar daños a la población o infraestructuras civiles (Art. 57 PAI).

5. Conclusiones

A la vista de lo expuesto la pregunta a plantear sería: «¿Hacia dónde se dirige la responsabilidad jurídica internacional en el ciberespacio?». En el *ius ad bellum*, un primer asunto que quedaría por resolver sería si las operaciones cibernéticas que ni causan daño físico ni equivalen a una intervención constituyen una violación de la soberanía del Estado atacado y, por tanto, este podría invocar el principio de «legítima defensa». También se constata la dificultad de establecer el principio de «proporcionalidad» adecuado en las operaciones de ciberdefensa contra los ciberataques o el establecer cuando se consideraría que se habría traspasado el «umbral de ataque». Más aún, dado que el ciberespacio permite un alto grado de «anonimato» y al no poder constatar la «atribución», se constata la dificultad para aplicar el actual marco legal.

En cuanto al DIH, el medio del ciberespacio necesitaría cambios, tanto en la caracterización legal de los conflictos, como en cuanto a las leyes sobre «adquisición de objetivos» (*targeting*). Otro reto sería la definición de «ataque», en las operaciones cibernéticas que tienen un efecto disruptivo para las actividades civiles, las denominadas operaciones «híbridas». También se ha constatado las dificultades con los sistemas de «doble uso», dado que, por naturaleza, la mayor parte de las infraestructuras cibernéticas son así y no quedaría claro cómo la dicotomía entre las necesidades militares y el conflicto humanitario se podría resolver. No obstante, es improbable que en futuro próximo se puedan aprobar nuevos tratados, dado el enfrentamiento actual entre Estados.

6. Referencias

Bills, L. (2017). *Cyber Warfare and 'jus in bello' - The Regulation of Cyber Attacks under International Humanitarian Law*, Bachelor Thesis, Facultad de Derecho - Lund University, Lund, Suecia.

British Broadcasting Corporation (BBC) (2015). El virus que tomó el control de mil máquinas y les ordenó autodestruirse, *BBC*, Londres, en https://www.bbc.com/mundo/noticias/2015/10/151007_iwonder_finde_tecnologia_virus_stuxnet

Brown, G. D. (2017). International Law applies to Cyber Warfare! Now What?, *Southwestern Law Review*, 46-3, pp. 355-377.

Comité Internacional de la Cruz Roja (CICR) (2009). *Inerpretative Guidance on the notion of Direct Participation in Hostilities under International Humanitarian Law*, Comité Internacional de la Cruz Roja, Ginebra.

Department of Defense (DoD) (2010). *Joint Terminology for Cyberspace Operations*, Departamento de Defensa - Estados Unidos de América, Washington DC.

Giles, K. (2012). Russia's public stance on cyberspace issues, *4th International Conference on Cyber Conflict (CYCON 2012) Tallinn-Estonia*, IEEE, Nueva York, pp. 63-75, en https://ieeexplore.ieee.org/xpl/mostRecentIssue.jsp?punumber=6233114

Hakimi, M. (2018). The *jus ad bellum's* Regulatory Form, *American Journal of International Law,* 112-2, pp. 151-190.

Haque, A. A. (2017). Whose Armed Conflict? Which Law of Armed Conflict?, *Georgia Journal of International & Comparative Law,* 45-3, pp. 475-493.

Jenkins, R. (2016). Cyber warfare as Ideal War, en F. Allhoff, A. Henschke y B. J. Strawser (eds.), *Binary Bullets. The Ethics of Cyberwarfare,* Oxford University Press, New York, pp. 89-114.

Kilovaty, I. (2014). Cyber Warfare and the Jus Ad Bellum Challenges: Evaluation in the Light of the Tallinn Manual on the International Law Applicable to Cyber Warfare, *American University National Security Law Brief,* 5-1, pp. 91-124.

Lin, P., Bekey, G. y Abney, K. (2010). *Autonomous Military Robotics: Risks, Ethics and Design,* California Polytecnic State University - Ethics and Emerging Sciences Group, San Luis Obispo-California.

Mancera Castaño, J. M. (2014). La ciberguerra china desde la lógica de la guerra irrestricta, *Ciencia y poder aéreo,* 9-1, pp. 89-96.

Nguyen, R. (2013). Navigating *Jus Ad Bellum* in the Age of Cyber Warfare, *California Law Review,* 101- 4, pp. 1079-1130.

Padmanabhan, V. M. (2013). Cyber Warriors and the *jus in bello, International Law Studies -U.S. Naval War College,* 89, pp. 288-308.

Pfaff, C. A. (2017). Proxy War Ethics, *Journal of National Security Law & Policy,* 9-2, pp. 305-353.

Remus, T. (2013). Cyber Attacks and International Law of Armed Conflicts: A '*jus ad bellum*' Perspective, *Journal of International Commercial Law and Technology,* 8-3, pp. 179-189.

Schmitt, M. N. (2012a). 'Attack' as a Term of Art in International Law: The Cyber Operations Context, en C. Czosseck, R. Otis y K. Ziolkowski (eds.), *2012 4th International Conference on Cyber Conflict,* Organización del Tratado del Atlántico Norte (OTAN) . CCDCOE, Tallinn, pp. 283-293.

Schmitt, M. N. (2012b). Cyber Operations and the *jus in bello*: Key issues, en R. A. Pedrozo y D. P. Wollschlaeger (eds.), *International Law and the Changing Character of War,* International Law Studies, 87, pp. 89-110.

Shackelford, S. J. (2009). From Nuclear War to Net War: Analogizing Cyber Attacks in International Law, *Berkeley Journal of International Law,* 27-1, pp. 192-251.

Sher, J. B. (2016). Anonymous Armies: Modern 'Cyber-Combatants' and their Prospective Rights Under International Humanitarian Law, *Pace International Law Review*, 28-1, pp. 233-275.

Singer, P. W. (2010). The Ethics of Killer Applications: Why is it so hard to talk about morality when it comes to new military technology? *Journal of Military Ethics*, 9-4, pp. 299-312.

Sklerov, M. J. (2009). *Solving the Dilemma of State Responses to Cyberattacks: A Justification for the use of Active Defenses Against States Who Neglect Their Duty to Prevent*, Judge Advocate General's Legal Center and School, Charlottesville-Virginia, en https://www.hsdl.org/?abstract&did=12115

Titiriga, R. (2016). Autonomy of Military Robots: Assessing the Technical and Legal (Jus In Bello) Thresholds, 32 J. Marshall J. Info. Tech. & Privacy L. 57 (2016), *The John Marshall Journal of Information Technology & Privacy Law*, 32-2, pp. 57-88.

Vallor, S. (2013). The Future of Military Virtue: Autonomous Systems and Moral Deskilling in the Military Profession, en K. Podens, J. Stinissen y M. Maybourn (eds.), *Proceedings of the 5th International Conference on Cyber Conflict (CYCON 2013)*, NATO-CCDCOE, Tallinn-Estonia, pp. 471-486.

Watkin, K. (2016). *Fighting at the Legal Boundaries: Controlling the Use of Force in Contemporary Conflict*, Oxford University Press, Oxford - UK.

El uso de la mediación en la solución de conflictos de derechos de autor en el entorno digital: un análisis desde el marco comunitario

Jorge Luis Ordelin Font
Programa de Doctorado en Ciencias Jurídicas y Políticas, Universidad Pablo de Olavide, Sevilla, España
jlordelin@gmail.com

Resumen

El uso de la mediación en la solución de conflictos de derechos de autor es promovido desde el marco normativo de la Unión Europea. Diversas regulaciones del marco comunitario conciben este régimen de protección. Las propuestas realizadas desde las diversas regulaciones en algunos supuestos son contradictorias y difusas, lo que trae como consecuencia que no exista uniformidad al momento de su transposición en cada país. A nivel nacional este régimen necesita ser uniformado y adaptado para realizar una efectiva transposición, sin embargo, ello puede ser complejo debido a la regulación que se realiza en el ámbito interno de cada país y los mecanismos y medios de solución de controversias que existen.

Palabras claves: Mediación, conflictos de derechos de autor, entorno digital, marco comunitario europeo.

Índice

1. Introducción

El uso de la mediación en la solución de conflictos de derechos de autor es promovido desde el marco normativo de la Unión Europea. Diversas directivas, entre las que se encuentra la Directiva 2019/790 relativa a los derechos de autor y derechos afines en el mercado único digital, conminan a los Estados miembros al establecimiento de medios alternativos de solución de conflictos (ADR) para resolver determinados tipos de conflictos en este ámbito. El fomento de la mediación desde el régimen jurídico de las Directivas Europeas no es nuevo. Al menos desde la regulación normativa comunitaria se ha intentado fomentarlo.

Sin embargo, pese a las diversas disposiciones que existen al respecto, no pueden obviarse los diversos elementos que son circunstanciales a cada disputa en particular y que condicionan la utilización de la mediación como ADR. En materia de Derechos de Autor, por su especial naturaleza concurren supuestos y elementos no solo de índole económico, sino también de carácter personal y/o profesional, estos últimos enmarcados en la especial relación que existe entre el autor y su obra, o entre los artistas y su interpretación. En dependencia del tipo de conflicto pueden estar o no involucradas emociones y afectos. En consecuencia, la forma de tratamiento es diferente en la búsqueda de la solución en uno u otro supuesto. El aspecto personal, traducido desde la arista moral de protección, incide de forma determinante en la percepción del conflicto por las partes, donde lo emocional y lo afectivo se vincula de forma directa con el tipo de conflicto.

Desde la Directiva 2001/29/CE, específicamente en su considerando 46, se reconoce que el recurso de la mediación podría ayudar a los usuarios y titulares de derechos a solucionar litigios de esta naturaleza. En ese sentido se sugiere que la Comisión Europea realice, en cooperación con los Estados miembros, un estudio orientado a encontrar nuevas formas jurídicas para solucionar los litigios sobre los derechos de autor y derechos afines a aquellos. En diversas disposiciones comunitarias se prevé la utilización de los ADR en general, y de la mediación en particular, para la solución de conflictos particulares de derechos de autor. Sin embargo, existen innumerables preguntas en relación a cómo realizar la transposición de esta figura, y la posibilidad de utilizar o no la mediación como ADR. Otros aspectos que son polémicos son el carácter transnacional de este tipo de conflictos, la posibilidad de que su utilización sea obligatoria y la existencia de un orden público como límite en la ejecución de los acuerdos de mediación. La presente comunicación aborda algunos de estos planteamientos.

2. Conflictos de derechos de autor y los ADR: principales regulaciones

En materia de gestión colectiva, la Directiva 2014/26/UE relativa a la gestión colectiva de los derechos de autor y derechos afines y a la concesión de licencias multiterritoriales de derechos sobre obras musicales para su utilización en línea en el mercado interior, considera que la eficacia de las normas relativas a este tipo de licencias podría verse limitada si los conflictos entre las entidades de gestión colectiva y otras partes no fueran resueltos con rapidez y eficacia, por ello, hace un llamado a que se establezca un procedimiento extrajudicial accesible, eficiente e imparcial, como puede ser la mediación o el arbitraje.

La Directiva del Mercado Único Digital, con el fin de facilitar la concesión de licencias de derechos sobre obras audiovisuales a los servicios de vídeo a la carta, establece la obligación de los Estados miembros de poner en marcha un mecanismo de negociación que permita a las partes que deseen celebrar un acuerdo recurrir a la ayuda de un organismo imparcial o de uno o varios mediadores. La posibilidad de que los Estados puedan designar uno o varios organismos competentes o mediadores genera dudas sobre los organismos competentes para llevar a cabo la mediación. En principio, los mediadores pueden reunirse con las partes y ayudar en las negociaciones aportando asesoramiento profesional, imparcial y externo.

Igualmente, la propia norma comunitaria prevé el establecimiento de este procedimiento ante las reclamaciones presentadas por sus autores y por artistas intérpretes o ejecutantes, o por los representantes, en las obligaciones de transparencia y el mecanismo de adaptación de los contratos. La introducción de los ADR de conformidad con lo previsto en el artículo 21 de la Directiva, en principio, no tiene efectos sobre los derechos adquiridos, puesto que se considera que el ADR está destinado a ayudar a la aplicación del mecanismo de transparencia a partir del 7 de junio de 2021 (European Copyright Society, 2020).

La obligación de transparencia está relacionada con el derecho de los autores y los artistas intérpretes o ejecutantes de recibir periódicamente, al menos una vez al año, según cada sector, información actualizada, pertinente y exhaustiva sobre los modos de explotación, totalidad de ingresos generados y remuneración correspondiente de los derechos que han sido cedido o licenciados. Esta obligación alcanza a los sublicenciatarios, demás partes contratantes de estos derechos e incluye también aquellos convenios que son resultado de negociaciones colectivas. Conforme lo establecido en el artículo 19 de la Directiva (UE) 2019/790, esta obligación solo podrá verse limitada en su aplicación cuando su cumplimiento sea desproporcionado en relación con los ingresos generados por la explotación de la obra o interpretación o ejecución, o cuando la contribución del autor o del artista intérprete o ejecutante no sea significativa en relación con la obra o la interpretación o ejecución en su conjunto. En el primer supuesto la obligación queda limitada a informar sobre los tipos de explotación, quedando el nivel de información constreñido a lo que razonablemente se pueda esperar en estos casos; en el segundo, la obligación deberá ser cumplida si el autor o el artista intérprete o ejecutante demuestra que necesita esa información para el ejercicio de su derecho a la adaptación de contratos.

En relación con el mecanismo de adaptación de los contratos previsto en el artículo 20 de la Directiva, anteriormente citada y, el considerando 72, se trata de proteger a las personas físicas que suelen estar en la posición contractual más débil cuando suscriben estos contratos para fines de explotación. Una primera lectura del artículo nos permite identificar como elementos determinantes de la regulación de la figura los siguientes: 1) derecho a reclamar una remuneración adicional, adecuada y equitativa, siempre y cuando no existan convenios de negociación colectiva, 2) exista un contrato para la explotación de sus derechos, o a los derechohabientes de esta, y 3) la remuneración inicial pactada resulte ser desproporcionada en comparación con la totalidad de ingresos subsiguientes derivados de la explotación de las interpretaciones o ejecuciones.

Todo parece indicar que el legislador comunitario prefirió consagrar un derecho «protector» del principio de remuneración adecuada y proporcionada, que no es en sí mismo un mecanismo, sino una figura jurídica que permite la remuneración adecuada y proporcionada posterior al perfeccionamiento del contrato de cesión o licencia. En este sentido puede ser entendido como tal, cualquier figura jurídica que permita la «adaptación» teniendo en cuenta las circunstancias del caso concreto (Ordelin Font y Oro Boff, 2019).

Otro tipo de litigios en los que se contempla la posibilidad de uso de la mediación es en relación con los proveedores de servicios. Para la Directiva existe la obligación de los Estados de garantizar que los usuarios tengan acceso a mecanismos de solución extrajudicial de litigios imparciales cuando existen conflictos con los prestadores de servicios por compartir contenidos en línea, en particular, cuando el usuario no pueda verse beneficiado de una excepción o limitación de los derechos de autor en relación con una carga para la que se le ha inhabilitado el acceso o que se le ha retirado. La norma ha considerado que la posibilidad de poder solucionar alternativamente estos litigios se vea complementada con un mecanismo eficaz de reclamación y un recurso que respalde el uso para estos fines, así como el acceso a un tribunal u órgano jurisdiccional competente cuando se invoque el uso de una excepción o limitación a los derechos de autor y derechos afines.

Conforme se ha reconocido en el artículo 12.1 Reglamento (UE) 2019/1150 del Parlamento Europeo y del Consejo de 20 de junio de 2019 sobre sobre el fomento de la equidad y la transparencia para los usuarios profesionales de servicios de intermediación en línea, es posible resolver por medio de la mediación aquellos litigios que se deriven de la prestación de servicios de intermediación en línea, Entre los que se incluyen aquellos que no han sido resueltos a partir de la utilización del sistema interno de tramitación de reclamaciones, donde pueden estar comprendidas cuestiones relacionadas con los derechos de autor y con la propiedad intelectual de forma general.

Por último, el artículo 6 de la Directiva (UE) 2019/789 del Parlamento Europeo y del Consejo de 17 de abril de 2019 por la que se establecen normas sobre el ejercicio de los derechos de autor y derechos afines aplicables a determinadas transmisiones en línea de los organismos de radiodifusión y a las retransmisiones de programas de radio y televisión, instituye la obligación de los Estados de garantizar la asistencia de mediadores cuando no se haya celebrado ningún acuerdo entre la entidad de gestión colectiva y el operador de un servicio de retransmisión, o entre el operador de un servicio de retransmisión y el organismo de radiodifusión en relación con la autorización para la retransmisión de emisiones.

Como se aprecia, son diversas las disposiciones que existen al respecto y de la más variada naturaleza. Por ello, podríamos preguntarnos si es posible hablar de la existencia de criterios comunitarios para el establecimiento de los regímenes nacionales de mediación en materia de derechos de autor y conexos, y hasta qué punto las condiciones establecidas condicionan este uso. ¿Se puede hablar de un modelo de mediación en la solución de conflictos de derechos de autor?

3. ¿Un modelo comunitario de mediación para los derechos de autor?: algunos aspectos polémicos

En principio las Directivas no persiguen el establecimiento de un modelo de mediación particularmente establecido, de hecho, la opción utilizada por el legislador europeo procura que los procedimientos, en principio, sean adaptados a la realidad de cada país. Para lograr esto último es necesario tener en cuenta el ordenamiento jurídico interno y las regulaciones nacionales vigentes, estén estas destinadas o no, a la solución de controversias en el ámbito de los derechos de autor o de la propiedad intelectual en sentido general. Sin embargo, lo cierto es que a partir de la diversidad de regulaciones que al respecto existen se comienzan a entrever un conjunto de aspectos que pueden o no ser uniformes.

Como se ha reconocido, estas disposiciones tienen como objetivo ayudar a los autores y artistas intérpretes o ejecutantes a hacer valer sus derechos sin ser sometidos al alto costo y carga de los procedimientos judiciales. Los Estados son libres de decidir las modalidades de organización de los esquemas alternativos de resolución de controversias y no existe tampoco obligación en relación con su implementación si existen mecanismos eficientes y fiables que sean accesibles para los autores y artistas intérpretes y ejecutantes, así mismo pueden intervenir sus representantes en su nombre (European Copyright Society, 2020).

Las normativas comunitarias, si bien no establecen un procedimiento específico, sí hacen referencia a los requerimientos que estos

ADR deben cumplir de forma general, ya sea mediación o arbitraje. Como principios generales se reconoce que el establecimiento de estos mecanismos no debe impedir el derecho a recurrir a la vía judicial para alegar y defender sus derechos, así mismo debe estar garantizada la independencia, imparcialidad y eficiencia del órgano, asimismo, deben ser organismos con conocimientos especializados en materia de derecho de la propiedad intelectual.

Empero la utilización del concepto de mediación no siempre es clara, por ejemplo, la referencia que se hace en el considerando 52 de la Directiva (UE) 2019/790 al referirse de licencias de derechos sobre obras audiovisuales parece más una negociación que propiamente un procedimiento de mediación, al menos desde cómo se concibe en la doctrina y en muchos ordenamientos jurídicos internos, como es el caso del español. Se puede afirmar que se refiere más bien a una negociación al momento de celebrar un acuerdo, si bien se hace referencia al concepto de mediadores, se especifica que estos están en la obligación de brindar asesoramiento profesional, imparcial y externo, en otras palabras, coadyuvan en el proceso de negociación.

Tampoco se tiene en cuenta en estas regulaciones el poder económico de los diversos sujetos implicados en el procedimiento de mediación. Una muestra de ello es la Directiva 2014/26/UE sobre la gestión colectiva de los derechos de autor y derechos afines y a la concesión de licencias multiterritoriales de derechos sobre obras musicales para su utilización en línea en el mercado interior. La regulación no aborda el tema desde una perspectiva transfronteriza del posible litigio, sino desde las diversas partes que se pueden encontrar involucradas en el mismo, como pueden ser la entidad de gestión colectiva que concede la licencias multiterritoriales y los proveedores de servicios en línea, los titulares de derechos u otras entidades de gestión colectiva, entre otras. De esta forma se deja de lado uno de los problemas subyacentes en materia de conflictos de derechos de autor y que precisamente se trata de «solucionar» con el establecimiento de estos procedimientos, la desigualdad económica que existe entre las partes involucradas. La brecha de valor es sin dudas, uno de los principales motivos por los cuales es necesario acudir y promover el uso de los ADR en la solución de conflictos, sin embargo, la regulación comunitaria no establece luces sobre cómo podría esto ser materializado.

Como acertadamente lo ha considerado la *European Copyright Society* el uso de un mecanismo como la mediación podría atenuar el riesgo de inclusión en listas negras de los autores, los que sufren represalias cuando emprenden acciones legales contra usuarios de sus obras como editores o productores (2020). Este criterio también es compartido por Dusollier, para quien, si bien el establecimiento de mecanismos alternativos de resolución de disputas está lejos de ser una solución perfecta, debe tenerse en cuenta su impacto para eliminar el riesgo de que los autores y artistas sean incorporados en listas negras cuando deciden quejarse. Siendo, además, una solución más barata, menos antagónica y más rápida para la solución del conflicto a diferencia de cuando se acude a los tribunales (2020, p. 1025).

La especialización es otro de los temas tratados en el marco comunitario que tiene incidencia en la transposición de las Directivas, sobre todo cuando en las regulaciones nacionales este no sea un requerimiento para el ejercicio de la mediación. El artículo 35 de la Directiva 2014/26/UE establece el requisito de la especialización en derecho de la propiedad intelectual del mecanismo encargado de solucionar controversias, ya sea de forma alternativa o en vía judicial, especialmente cuando se trate de condiciones vigentes o propuestas de concesión de licencias o el incumplimiento del contrato. Previamente, en el considerando 49, la propia norma hace alusión a que esta especialización obedece a la propia naturaleza de los conflictos a resolver, los litigios en materia mercantil entre las entidades de gestión colectiva y los usuarios, sobre las condiciones relativas a la concesión de licencias existentes o propuestas o sobre el incumplimiento de un contrato.

La ausencia de mediadores especializados y el miedo de los usuarios profesionales a las represalias se encuentran entre los principales argumentos esgrimidos para considerar que el uso de los ADR podría resultar ineficaz en este tipo de controversias. En particular, las que tienen lugar entre los proveedores de servicios de intermediación en línea y los usuarios profesionales. De hecho, así es reconocido en el considerando 5 del Reglamento (UE) 2019/1150, la cual establece que para propiciar la mediación los proveedores de servicios de intermediación en línea se deben designar en las condiciones generales al menos dos mediadores, públicos o privados, con los que estén dispuestos a colaborar para llegar a un acuerdo con los usuarios profesionales.

Otro tema que resulta interesante, desde el punto de vista de la transposición de este marco jurídico, es el relacionado con la obligatoriedad o no del uso de este tipo de mecanismos. El artículo 34 de la Directiva 2014/26/UE hace referencia a la obligación de los Estados de velar porque determinados conflictos con determinados sujetos sean sometidos a procedimientos de ADR. Como se colige, no se determina cuál es el mecanismo que debe ser elegido por el ordenamiento jurídico nacional, empero sí es obligatorio el establecimiento de algún ADR cuando se trata de este tipo específico de conflictos. La obligatoriedad no se encuentra en el hecho de si se utiliza un tipo de ADR u otro, sino en el tipo de conflicto, el cual, por su especial naturaleza, podría tener un carácter marcadamente transfronterizo.

Asimismo, resulta de especial interés el hecho de que la Directiva (UE) 2019/790 consideró que las cláusulas referidas a los procedimientos alternativos de resolución de litigios, al igual que las disposiciones relativas a la transparencia y los mecanismos de adaptación de los contratos sean normas de carácter imperativo. Por ende, no existe posibilidad de que las partes puedan establecer excepciones a estas disposiciones, ya sea entre los propios contratos suscritos entre los autores, artistas intérpretes o ejecutantes y demás partes contratantes, o en acuerdos suscritos entre estos y terceros, como son los acuerdos de confidencialidad. Aunque es importante señalar que estas disposiciones no se aplican a los autores de programas de ordenador en el sentido del artículo 2 de la Directiva 2009/24/CE.

En similar sentido, y como ya se apuntó, con el fin de facilitar la concesión de licencias de derechos sobre obras audiovisuales a los servicios de vídeo a la carta, la Directiva 2019/790 refiere en su considerando 52 que los Estados miembros deben establecer un mecanismo de negociación que permita a las partes que deseen celebrar un acuerdo recurrir a la ayuda de un organismo imparcial o de uno o varios mediadores, estos tienen la obligación de reunirse con las partes y ayudar en las negociaciones aportando asesoramiento profesional, imparcial y externo.

4. Conclusiones

Es evidente que aún resta mucho por avanzar en materia de implementación de la mediación para solucionar conflictos de derechos de autor, en especial aquellos que tienen lugar en el ámbito digital. En el contexto comunitario, son innumerables los retos y la proliferación de legislaciones. La posibilidad de que, dadas las particularidades de este mecanismo, en especial su flexibilidad, pueda ser utilizado la resolución de este tipo de conflictos es indiscutible. Sin embargo, si se analiza desde las peculiaridades de cada tipo de conflicto y sus especificidades, se corre el riesgo de tener una regulación dispar que rompa con el principio de sistematicidad del ordenamiento jurídico y del mecanismo de solución de controversias a lo interno de cada ordenamiento. Los mayores retos para su implementación se encuentran tanto a nivel comunitario, en la uniformidad de la regulación, como a nivel interno en la búsqueda de soluciones nacionales que sean verdaderamente efectivas y respondan tanto a las demandas de los sujetos interesados como a la propia dinámica del ordenamiento jurídico.

5. Referencias

European Copyright Society (2020). Comment of the European Copyright Society Addressing Selected Aspects of the Implementation of Articles 18 to 22 of the Directive, (EU) 2019/790, on *Copyright in the Digital Single Market*, junio de 2020. Disponible en https://europeancopyrightsocietydotorg.files.wordpress.com/2020/06/ecs_comment_art_18-22_contracts_20200611.pdf, consultado el 17 de marzo de 2021.

Directiva 2001/29/CE del Parlamento Europeo y del Consejo, de 22 de mayo de 2001, relativa a la armonización de determinados aspectos de los derechos de autor y derechos afines a los derechos de autor en la sociedad de la información, Diario Oficial, L 167/10 de 22 de mayo de 2001, disponible en https://eur-lex.europa.eu/legal-content/ES/TXT/PDF/?uri=CELEX:32001L0029&from=ES, consultado el 25 de mayo de 2020.

Directiva 2014/26/UE del Parlamento Europeo y del Consejo, de 26 de febrero de 2014, relativa a la gestión colectiva de los derechos de autor y derechos afines y a la concesión de licencias multiterritoriales de derechos sobre obras musicales para su utilización en línea en el mercado interior, Diario Oficial de la Unión Europea, L 84/72, de 20 de marzo de 2014, pp. 72-98, disponible en https://eur-lex.europa.eu/legal-content/ES/TXT/PDF/?uri=CELEX:32014L0026&from=DA, consultado el 25 de mayo de 2020.

Directiva (UE) 2019/790 del Parlamento Europeo y del Consejo de 17 de abril de 2019 sobre los derechos de autor y derechos afines en el mercado único digital y por la que se modifican las Directivas 96/9/CE y 2001/29/CE, Diario Oficial de la Unión Europea, L 130/92, 17.5.2019, disponible en https://eur-lex.europa.eu/legal-content/ES/TXT/PDF/?uri=CELEX:32019L0790&from=ES, consultado el 25 de mayo de 2020.

Directiva (UE) 2019/789 del Parlamento Europeo y del Consejo de 17 de abril de 2019 por la que se establecen normas sobre el ejercicio de los derechos de autor y derechos afines aplicables a determinadas transmisiones en línea de los organismos de radiodifusión y a las retransmisiones de programas de radio y televisión, y por la que se modifica la

Directiva 93/83/CEE, DOUE L 130/82, 17.5.2019, disponible en https://eur-lex.europa.eu/legal-content/ES/TXT/PDF/?uri=CELEX:32019L0789&-from=ES, consultado el 25 de mayo de 2020.

Dusollier, Séverine (2020). The 2019 Directive on Copyright in The Digital Single Market: Some Progress, a Few Bad Choices, and an Overall Failed Ambition, *Common Market Law Review*, No. 57, Kluwer Law International, United Kingdom.

Ordelin Font, Jorge Luis y Oro Boff, Salete (2019). El mecanismo de adaptación de contratos: comentarios a partir del régimen jurídico de los artistas intérpretes o ejecutantes, *Estudos de Direito de Autor e nteresse* públicos. *Anais do XIII Congresso de Direito de Autor e Interesse Público*, Curitiba. Disponible en https://www.gedai.com.br/wp-content/uploads/2020/06/Anais-XIII-CODAIP_Marcos-Wachowicz_eletr%C3%B4nico.pdf., consultado el 20 de marzo de 2020.

Reglamento (UE) 2019/1150 del Parlamento Europeo y del Consejo de 20 de junio de 2019 sobre sobre el fomento de la equidad y la transparencia para los usuarios profesionales de servicios de intermediación en línea, Diario Oficial de la Unión Europea, L 186/57, 11.7.2019. Disponible en https://eur-lex.europa.eu/legal-content/ES/TXT/?uri=CELEX:32019R1150, consultado el 25 de mayo de 2020.

Trade secret protection and data delocalisation

Raúl Ruiz Rodríguez
Predoctoral researcher (FPU 2019)
Private international law area
at the University of Alicante
r.ruiz@ua.es

Abstract

Data are a key element in today's technological society. The analysis of large data sets (known as Big Data) allows companies to make predictions or draw relevant conclusions to improve or foster new products and services, processes, organisational methods and markets; thus providing them with a strong competitive advantage. This leads many businesses to seek optimal mechanisms for the protection of their data sets. The characteristics of the trade secrets regime make it the optimum instrument for protecting valuable commercial information referring to the use of data and the applicability thereof for the development of new products and services. However, the data ecosystem has an inherently global nature, for it involves trans-border data flows and the global distribution of technologies and resources used for value creation. This intrinsic internationality makes it advisable to carry out an analysis of the existing legal instruments in the field of private international law to determine whether this legislation provides a satisfactory response to the international regulation of trade secrets that allows this figure to consolidate as a reference mechanism for the protection of digital data.

Keywords: trade secrets, private international law, digital data, Big Data.

Resumen

Los datos son un elemento clave en la sociedad tecnológica actual. El análisis de grandes conjuntos de datos (conocidos como *Big Data*) permite a las empresas hacer predicciones o extraer conclusiones relevantes para mejorar o impulsar nuevos productos y servicios, procesos, métodos organizativos y mercados; lo que les proporciona una fuerte ventaja competitiva. Esto lleva a muchas empresas a buscar mecanismos óptimos para la protección de sus conjuntos de datos. Las características del régimen de los secretos empresariales lo convierten en el instrumento óptimo para proteger la información comercial valiosa referida al uso de los datos y su aplicabilidad para el desarrollo de nuevos productos y servicios. Sin embargo, el ecosistema de datos tiene una naturaleza intrínsecamente global, ya que implica flujos de datos transfronterizos y la distribución global de tecnologías y recursos utilizados para la creación de valor. Esta internacionalidad intrínseca aconseja realizar un análisis de los instrumentos jurídicos existentes en el ámbito del Derecho internacional privado para determinar si esta legislación da una respuesta satisfactoria a la regulación internacional de los secretos comerciales que permita consolidar esta figura como mecanismo de referencia para la protección de los datos digitales.

Palabras clave: secretos empresariales, Derecho internacional privado, datos digitales, *Big Data*.

Index

1. Introduction

Data-driven innovation has become a vital element for economic development in the technological society of the 21st century[1]. The computer-based analysis of massive amounts of data, i. e. Big Data (Schonberger, & Cukier, 2013:1-18), allows companies to make predictions or draw relevant conclusions to improve or foster new products and services, processes, organisational methods and markets (OECD, 2015:21). These new products and services include applications based on Artificial Intelligence, one of the fundamental pillars of the present and future economy (European Commission, 2020a:2).

Some notable examples of the use of data are based on the personalisation of advertisements offered to consumers according to their Internet search history, the use of chatbots by companies to offer automated customer services[2] or even the development of autonomous driving vehicles. Moreover, data-driven innovation not only has applications in the private sector, but also in the public sector (Eu-

1 This has been stated by the European Commission in several official documents such as "Towards a thriving data-driven economy" (European Commission, 2014) or "Building a European Data Economy" (European Commission, 2017).

2 See companies such as Ikea and its famous assistant *LATTJO* or financial institutions such as BBVA and its chatbot Blue.

ropean Commission, 2018:14), where it can benefit areas such as healthcare (through early detection of diseases, etc.), environmental issues (greater control of energy use and emissions) or government policies (reduction of service delivery costs, improvement in public safety, etc.).

The scope and magnitude of all these applications confirm the fact that society is already fully immersed in a Fourth Industrial Revolution (Schwab, 2016), in which the exploitation of new technologies (including digital data) plays a transcendental role in promoting a transformation of the way of living, consuming and relating to each other.

The increasing digitisation and "datification" of society is one of the main reasons that have led to the consolidation of data-driven innovation as a driver of economic growth. Digitisation refers to the direct production of digital content by the population (such as writing a tweet or recording a video for Tik Tok), while "datification" (OECD, 2015:133) relates to the transformation of information from the real or offline world into actionable data: for example, sensors that detect weather conditions and share them with computer systems or applications such as Google Maps that, once installed on our smartphones, collect data on our location, traffic congestion, population density, etc.

All of this has led to an exponential increase in the production of digital data, the potential of which has opened the doors to new products and business models, thanks also to the emergence of appropriate technological tools for the analysis and processing of such data (OECD, 2015:145). In this sense, there would be no point in collecting large amounts of data if there were no adequate tools for their analysis. Applications such as Hadoop or MapReduce have enabled the storage and processing of large data sets and therefore the optimal exploitation of their potential. Moreover, the proliferation of Open Source (OECD, 2015:147) applications has contributed to a democratisation of the technology, i.e., the accessibility of these data processing tools to the entire population, which has led to a greater internationalisation of the assumptions of data use, to which more will be said later.

2. Protection of digital data through trade secrets

The possibility of accessing and processing large volumes of quality data translates into a great competitive advantage for companies, since the greater the amount of information, the more they can take advantage of this intellectual capital and the better the resulting products and services will be. Therefore, it can be concluded that data are an important intangible asset from which companies will want to obtain the greatest possible economic benefit.

This statement leads many companies to seek optimal mechanisms for the protection of their data and it is here where the tool of trade secrets may acquire some relevance. This figure offers a series of guarantees that complement traditional intellectual property rights such as trademarks or patents, or even replaces them in those cases in which the information is not eligible for such qualification because it does not meet the requirements established (for example, originality or human intervention) in the corresponding regulations (Bustillo, 2020:16-17). This would be the case of much of the digital data generated in Big Data environments or by Internet of Things devices (Miralles, 2015:549-555). Therefore, the characteristics of trade secrets make them, in principle, a suitable instrument to protect companies' digital data (Suñol, 2019).

On this basis and in view of the growing relevance of data, the most important economies are trying to enact new regulations or adapt the existing ones to the digital environment. This is the case of the European Union, which in addition to undertaking a series of policies aimed at strengthening the role of the Union as a digital power (see the European Strategy for Data [European Commission, 2020] or the already mentioned White Paper on Artificial Intelligence), also adopted in 2016 the so-called Trade Secrets Directive[3], with the aim of establishing equal judicial protection in all Member States and boosting cross-border open innovation[4]. Another example is the United States, which in 2016 passed the Defend Trade Secrets Act[5], extending the protection afforded to trade secrets and allowing lawsuits to be brought in federal courts. China also reformed its trade secret regulation in 2020, modifying aspects such as the burden of proof to level the playing field and make it easier for entrepreneurs to defend their rights in cases of trade secret violations (Cohen, 2020).

3. The international nature of data

But this protection that the legislator establishes for trade secrets would be incomplete without considering another phenomenon associated with the data already mentioned above, namely their growing internationalisation[6]. Indeed, the internationalisation of the cases related to the use of digital data is a direct consequence of the phenomenon of globalisation experienced in the last decades. The development of information and communication technologies, including the Internet, has favoured the globalisation of economies and markets (Word Intellectual Property Organization, 2019:15-60). This has also been made possible by the existence of a regulatory

---

3 Directive (EU) 2016/943 of the European Parliament and of the Council of 8 June 2016 on the protection of undisclosed know-how and business information (trade secrets) against their unlawful acquisition, use and disclosure (2016). *Official Journal of the European Union*, L 157, 15th June 2016, p. 1-18. https://eur-lex.europa.eu/legal-content/EN/TXT/?uri=CELEX%3A32016L0943

4 In this respect, see Recital 3 of the Directive.

5 S. 1890 - Defend Trade Secrets Act. (2016). Public Law 114th Congress, 114-153, 11th May 2016, https://www.congress.gov/114/plaws/publ153/PLAW-114publ153.pdf

6 An internationalisation that, on the other hand, the OECD has been pointing out since 1985 (OECD, 1985)

framework supporting this phenomenon, i.e. the legal dimension of this globalisation process. An example would be the adoption by the World Trade Organisation of agreements to remove barriers to free trade[7]; or the integration processes undergone by powers such as the European Union, which make it possible to offer more beneficial trading conditions and additional business opportunities to its members.

Finally, these factors have led to an increase in cross-border commercial activities, with all that this implies in terms of production, generation and exchange of digital data: think, for example, of the collection and processing of data on users and purchasing patterns by platforms such as Amazon or Alibaba, which operate globally.

In parallel and as an added consequence of this internationalisation process, companies have also begun to divide their internal processes and to locate their production activities in multiple countries, giving rise to global value chains, and data-driven innovation has not been immune to this phenomenon (OECD, 2015:97). The difficulty for a company to carry out all the collection and analysis activities often requires the participation of third parties in the process, for example, to share raw data (not previously processed) that serve as a starting point to develop their corresponding research tasks. This makes it possible to take advantage of the non-rival goods nature of data (OECD, 2019:17) and to avoid duplication of data collection efforts. It is also worth mentioning the intervention of other companies such as Oracle, which provides technological infrastructures for data storage; or Kaggle, which provides data analysis and processing services for those companies that cannot carry out this activity on their own. All these interactions contribute to a global data ecosystem in which data and analytical services are increasingly traded and used across sectors and national borders (OECD, 2015:34).

The globalisation mentioned above reaches its peak in the so-called "data delocalisation", i.e., the location of data units on different servers

---

7 See, for example, the Agreement on Trade-Related Aspects of Intellectual Property Rights (TRIPS Agreement).

spread across the entire global territory regardless of where they are accessible. An example would be the hosting of a website through Amazon Web Service, a company with servers and data centres in countries such as Japan, Australia or Brazil. Renting this service means that the data relating to the website can be stored in any of these servers or even in several of them, regardless of whether the page is accessible from Europe, the United States, etc. Another example would be the uploading of a video to Google's YouTube platform. Even if the user who shares the video uploads it in Europe, from where the content will be accessible, the data relating to the video may be stored in any of Google's data centres located in Chile, Taiwan, Singapore, etc. These so-called "cloud computing" services (OECD, 2015:81) are not limited to data storage, but companies such as Microsoft[8] also offer additional data analytic solutions in the cloud.

Along the same lines, the development of processing techniques that allow the analysis of data sets located in different places (for example, "federated learning" tools in the case of Artificial Intelligence [Rieke, 2019]) accentuates or enhances this delocalised nature. This is so in that, in order to analyse data together, it is no longer necessary for the data to be located on a single server but may be spread across different data centres and analysed remotely. There are important implications related to issues such as cybersecurity or the legal regime applicable to this data located in a multitude of countries.

As it can be seen, the data ecosystem has an inherently global nature (OECD, 2015:73), for it involves trans-border data flows and the global distribution of technologies and resources used for value creation. This intrinsic internationality justifies the application of the private international law regime and makes it advisable to carry out an analysis of the existing legal instruments in the field. And all this, in order to determine whether this legislation provides a satisfactory response to the international regulation of trade secrets that

---

8 See Microsoft Azure for more information: https://azure.microsoft.com/es-es/product-categories/analytics/

allows this figure to consolidate as a reference mechanism for the protection of digital data. If not, it may be necessary to review these instruments in order to undertake additional measures or even to draft new legislation to remedy the possible shortcomings observed.

4. Research proposal and preliminary conclusions

The proposed analysis should start with a study of the Trade Secrets Directive in order to determine its objectives and guiding principles and its adaptation to the protection of digital data, as already proposed by the European Commission in the abovementioned European Strategy for Data (European Commission, 2020b:13). Prima facie, these principles and objectives should guide the application of private international law rules.

For this purpose, it will be necessary to specify in advance which elements are to be included in the legal concept of "data". Instruments such as the General Data Protection Regulation[9] or the Regulation on the Free Movement of Non-Personal Data[10] advocate a broad concept of "data" which is not limited to data in the strict sense, but also includes all kinds of information (inter alia, texts, images or audio-visual recordings in digital format). This breadth raises doubts as to which protection regime is the most appropriate for which type of data.

9 Regulation (EU) 2016/679 of the European Parliament and of the Council of 27 April 2016 on the protection of natural persons with regard to the processing of personal data and on the free movement of such data, and repealing Directive 95/46/EC. (2016). *Official Journal of the European Union*, L 119, 4th May 2016, p. 1-88. https://eur-lex.europa.eu/eli/reg/2016/679/oj

10 Regulation (EU) 2018/1807 of the European Parliament and of the Council of 14 November 2018 on a framework for the free flow of non-personal data in the European Union (2018). *Official Journal of the European Union*, L 303, 28th November 2018, p. 59-68. https://eur-lex.europa.eu/legal-content/EN/TXT/?uri=CELEX%3A32018R1807

In addition, it would be useful to compare the Directive with the regulation of trade secrets in other countries in order to identify possible divergences or similarities in their approaches and to identify the optimal approach to adopt.

Once the study of the Directive has been completed, it is necessary to analyse the specific rules on private international law, since, according to Recital 37 of the Directive, it does not lay down rules on international jurisdiction or applicable law, as these matters are already regulated by other EU instruments which, in principle, remain applicable. This analysis must therefore determine whether these private international instruments contribute effectively to achieving the objectives pursued by the Directive (broadly speaking, to encourage companies to engage in innovative cross-border economic activities) or, on the contrary, whether their legislation is not sufficiently aligned.

To this end, it will be necessary to proceed first to the study of the rules on international jurisdiction, mainly Regulation Brussels I bis on jurisdiction and the recognition and enforcement of judgments in civil and commercial matters[11], the Lugano Convention[12] and the Spanish Organic Law on the Judiciary[13] for those cases in which the defendant is domiciled in a third State. At this point, it can already be seen that the unlawful conduct covered by the regulation of trade secrets can be subject to different legal quali-

---

11 Regulation (EU) No 1215/2012 of the European Parliament and of the Council of 12 December 2012 on jurisdiction and the recognition and enforcement of judgments in civil and commercial matters (2012). *Official Journal of the European Union*, L 351, 20th December 2012, p. 289-320. https://eur-lex.europa.eu/legal-content/EN/ALL/?uri=celex-%3A32012R1215

12 Convention on jurisdiction and the recognition and enforcement of judgements in civil and commercial matters (2007). *Official Journal of the European Union*, L 339/3, 21st July 2007, p. 3-41. https://eur-lex.europa.eu/legal-content/EN/ALL/?uri=CELEX%3A22007A1221%2803%29

13 Ley Orgánica 6/1985, de 1 de julio, del Poder Judicial (Last update: 29/04/2021). Boletín Oficial del Estado nº. 157, 2nd July 1985. https://www.boe.es/buscar/act.php?id=BOE-A-1985-12666

fications (contractual, non-contractual), which makes it necessary to determine which one of the grounds of jurisdiction available in these instruments will be applied and the different problems that may arise in the interpretation of the criteria used to date.

Secondly, it is also advisable to analyse the law applicable to cases of unlawful acquisition, use and disclosure of trade secrets. In this case, the Directive conceptualises the violation of trade secrets as a sub-category of an act of unfair competition (Recital 16). Therefore, the Rome II Regulation on the law applicable to non-contractual obligations[14] will have to be referred to for further examination. However, the rules of the Rome I Regulation on the law applicable to contractual obligations[15] must also be observed, as the application of this instrument needs to be considered in cases where the unlawful use of trade secrets occurs within a contractual relationship, e.g., an employment contract or a service contract.

A first cursory analysis of the issues just raised already reveals certain difficulties or problems that arise in the context of international trade secret protection which should be duly analysed.

For example, in the area of international jurisdiction, the decisions of the Canadian courts in the case "Equustek Solutions v. Google"[16] stand out. In this case, the Canadian courts requested Google to remove from its search engines any reference to the company Datalink, which used trade secrets stolen from Equustek for the develop-

---

14 Regulation (EC) No 864/2007 of the European Parliament and of the Council of 11 July 2007 on the law applicable to non-contractual obligations (2007). *Official Journal of the European Union*, L 199, 31st July 2007, p. 40-49. https://eur-lex.europa.eu/legal-content/EN/TXT/?uri=CELEX-%3A32007R0864

15 Regulation (EC) No 593/2008 of the European Parliament and of the Council of 17 June 2008 on the law applicable to contractual obligations (2008). *Official Journal of the European Union, L* 177, 4th July 2008, p. 6-16. https://eur-lex.europa.eu/legal-content/EN/ALL/?uri=celex-%3A32008R0593

16 Supreme Court of Canada. Sentence of 28th June 2017. SCC 34, [2017] 1 S.C.R. 824. Retrieved on 10/05/2021, from https://www.canlii.org/en/ca/scc/doc/2017/2017scc34/2017scc34.html

ment of its commercial activity. Google limited itself to de-indexing Datalink's website from its Canadian search engine, www.google.ca, refusing to do so in the rest of its search engines (www.google.es, www.google.com, etc.), which continued to be accessible from anywhere in the world, including Canada. After appealing this decision, the Canadian Supreme Court finally ordered Google to de-index Datalink's website from all its domains, thus issuing a decision with extraterritorial effects beyond the borders of Canada. This decision shows, on the one hand, how the functioning of the Internet challenges the classic structures of private international law and, on the other hand, raises the question of the possible extraterritorial application of each country's legislation and of the legislation on the legal protection of trade secrets.

In relation to the question of applicable law, the US Eleventh Circuit's ruling in "Compulife Software v. Newman"[17] is relevant too. Here, the court concluded that information extracted through the process of "scraping" a public website could be considered a trade secret. In particular, the court argued that even if extracting specific data from such a website could not be equated to theft of a trade secret because this website was accessible to the public, the extraction of all the information contained in such a website must amount to misappropriation of the underlying secret. Otherwise, trade secret protection for "compilations" under US law would be meaningless.

Such a decision is radically opposed to that adopted by the CJEU in judgments such as the "Ryanair" case[18], in which the protection of data on a public website through trade secrets was not contemplated at any point, as the information has already been disclosed. This

---

17 Eleventh Circuit of the United States Court of Appeals. Sentence of 20th May 2020. 959 F.3d 1288 (2020). Retrieved on 10/05/2021, from https://www.leagle.com/decision/infco20200520046

18 Court of Justice of the European Union. Sentence of 15th June 2015. C-30/14. ECLI:EU:C:2015:10. Retrieved on 10/05/2021, from https://curia.europa.eu/juris/document/document.jsf?text=&docid=161388&pageIndex=0&doclang=EN&mode=lst&dir=&occ=first&part=1&cid=7217124

interpretation of data protection requirements that differs from the European interpretation could lead to considerable legal uncertainty.

5. Final remarks

The proposed structure is expected to provide a complete and comprehensive study of the subject matter with emphasis on key issues in the various dimensions of private international law. The conclusions of the work presented here could have the potential to contribute to this consolidation of trade secrets as a protective mechanism at international level which, in turn, will promote collaboration and horizontal exchange of data between companies for the creation of new technologies while ensuring the interests of all parties involved.

6. References

Bustillo Saiz, Mª del Mar. (2020). *La protección de los secretos empresariales contra su obtención, utilización y revelación ilícitas en la Directiva (UE) 2016/943 de 8 de junio de 2016 y en la Ley 1/2019, de 20 de febrero, que transpone su contenido*. Marcial Pons.

Cohen, M. (2020). *Treating the "Foreign" Differently in Trade Secret Enforcement*. China IPR. Retrieved on 29/07/2021, from https://chinaipr.com/2020/11/19/treating-the-foreign-differently-in-trade-secret-enforcement/

European Commission. (2014). *Towards a thriving data-driven economy (COM/2014/0442)*. European Commission. https://eur-lex.europa.eu/legal-content/EN/TXT/?uri=celex%3A52014DC0442

European Commission. (2017). *Building a European Data Economy (COM/2017/09)*. European Commission. https://eur-lex.europa.eu/legal-content/EN/TXT/?uri=COM:2017:9:FIN

European Commission. (2018). *Towards a common European data space (COM/2018/232).* European Commission. https://eur-lex.europa.eu/legal-content/en/TXT/?uri=CELEX%3A52018DC0232

European Commission. (2020a). *White Paper On Artificial Intelligence (COM/2020/65).* European Commission. https://ec.europa.eu/info/sites/default/files/commission-white-paper-artificial-intelligence-feb2020_en.pdf

European Commission. (2020b). *A European strategy for data (COM/2020/66).* European Commission. https://eur-lex.europa.eu/legal-content/EN/TXT/PDF/?uri=CELEX:52020DC0066&from=ES

Miralles Miravet, S. (2015). Titularidad de datos e información en entornos de datos masivos (Big Data). In González Escuer, M. (Dir.), *Estudios sobre propiedad industrial e intelectual: Colección de trabajos en conmemoración de los 50 años (1963-2013) del grupo español de la AIPPI* (pp. 539-556). Grupo Español de la AIPPI.

Rieke, N. (2019). *What is Federated Learning?* Nvidia. Retrieved on 29/07/2021, from https://blogs.nvidia.com/blog/2019/10/13/what-is-federated-learning/

Schwab, K. (2016). *The Fourth Industrial Revolution: what it means, how to respond.* World Economic Forum. Retrieved on 29/07/2021, from https://www.weforum.org/agenda/2016/01/the-fourth-industrial-revolution-what-it-means-and-how-to-respond/

Schonberger, V-M., & Cukier, K. (2013). *Big Data: A Revolution That Will Transform How We Live, Work and Think.* John Murray Publishers Ltd

Suñol, A. (2019). *Big Data, inteligencia artificial y secretos empresariales.* Almacén de Derecho. Retrieved on 29/07/2021, from https://almacendederecho.org/43480-2

OECD. (1985). *Declaration on Transborder Data Flows.* OECD Legal Instruments. https://legalinstruments.oecd.org/public/doc/108/108.en.pdf

OECD. (2015). *Data-driven innovation, Big Data for Growth and Well-Being.* OECD Publishing. https://read.oecd-ilibrary.org/science-and-technology/data-driven-innovation_9789264229358-en#page1

OECD. (2019). *Enhancing Access to and Sharing of Data: reconciling risks and benefits for data re-use across societies.* OECD Publishing. https://www.

oecd.org/publications/enhancing-access-to-and-sharing-of-data-276aaca8-en.htm

World Intellectual Property Organization. (2019). *The Geography of Innovation: Local Hotspots, Global Networks.* World Intellectual Property Organization. https://www.wipo.int/edocs/pubdocs/en/wipo_pub_944_2019.pdf

Gatekeepers y prevención de prácticas desleales en la Unión Europea

Jesús Daniel Bernadic Sánchez
Doctorando en Ciencias Jurídicas en Universidad Politécnica de Cartagena (UPCT) y abogado
jbernadic@gmail.com

Resumen

Las grandes plataformas digitales (*Gatekeepers*, en adelante) han ido asumiendo cada vez más un papel preponderante en el mercado digital, hasta el punto de que pueden, a través de su conducta (materializada en sus actos y prácticas), repercutir negativamente en los usuarios profesionales (prestadores de servicios), lo que finalmente redunda negativamente en los usuarios finales al aplicar a estos las condiciones sufridas. Los servicios de dichas plataformas resultan de gran importancia para conectar a sus usuarios profesionales con sus usuarios finales, lo que va unido a una elevada dependencia económica a la hora de comercializar los usuarios profesionales, sus productos o servicios en línea. Ese gran poder económico está vinculado al gran número de usuarios materializándose en una especial libertad por parte de los *Gatekeepers* para regular las condiciones comerciales de prestación de sus servicios, dificultando enormemente el desarrollo de alternativas de competidores, fruto del desequilibrio y disparidad negocial existente.

Hasta el momento carecíamos de normativa concreta que protegiese adecuadamente a los «prosumidores», si bien la Propuesta de Ley de Mercados Digitales del 15 de diciembre de 2020 (*Digital Markets Acts - DMA*) viene a colmar esa laguna, protegiendo a los usuarios finales, sean o no profesionales, aglutinando así a todo sujeto pasivo en su relación con los denominados *Gatekeepers*. Los *Gatekeepers* pueden llevar a cabo prácticas desleales, por lo que se hace necesario abordar los mecanismos legales para hacer frente a los desequilibrios económicos que pueden restringir el acceso a los mercados de plataformas. Esta propuesta normativa viene a concebirse como un instrumento complementario al tradicional Derecho de la Competencia de la UE.

La *DMA* se constituye como un complemento de las normas de competencia del derecho de la UE mediante la introducción de disposiciones *ex ante* para prevenir posibles prácticas desleales o restrictivas del acceso a los mercados digitales. Así las cosas, la prohibición de la explotación abusiva de una posición dominante del artículo 102 TFUE no permite hacer frente a ciertas situaciones a las que pretende dar respuesta la *DMA*, en tanto en cuanto puede darse el caso de que ciertos *Gatekeepers* no siempre ocuparán una posición dominante en el mercado interior o en una parte sustancial del mismo que alguna de sus prácticas no produzcan efectos suficientes en la competencia en los mercados relevantes a los efectos de dicho artículo 102 TFUE. El objetivo de la *DMA* no es la protección de la competencia en un concreto mercado propiamente, sino asegurar, que los mercados en los que operan los *Gatekeepers* son abiertos y justos.

Asimismo, conviene abordar el uso de algoritmos y su posible manipulación en las ofertas personalizadas al usuario, como prácticas desleales, de lo que se desprende que, tanto la información precontractual como la transparencia en este contexto resulta fundamental.

Palabras clave: *Gatekeepers, Digital Markets Acts,* Prácticas Desleales.

Abstract

Big digital platforms (Gatekeepers) have increasingly assumed a leading role in the digital market, to the extent that they can, through their conduct (materialised in their actions and practices), have a negative impact on professional users (service providers), which ultimately negatively results in end-users applying the conditions suffered to them. The services of these platforms are of great importance to connect their professional users with their end-users, which is linked to with a high economic dependence when it comes to marketing professional users, their products or online services. This great economic power is connected to the large number of users materialising in a special freedom on the part of the Gatekeepers to regulate the commercial conditions of provision of their services, greatly complicating the development of alternatives of competitors, the result of the imbalance and existing business disparity.

Until now, we lacked specific regulations that adequately protected "prosumers", although the Digital Markets Acts (DMA) proposal of the Digital Markets Act on 15 December 2020 fills that gap, protecting end-users, whether professional or not, thus bringing together every taxable person in their relationship with so-called Gatekeepers. Gatekeepers can conduct unfair practices, so it is necessary to address legal mechanisms to deal with economic imbalances that may restrict access to platform markets. This regulations proposal is conceived as a complementary instrument to traditional EU Competition Law.

DMA is a complement to EU competition rules by introducing *ex ante* provisions to prevent possible unfair or restrictive practices of access to digital markets. Thus, the prohibition on the abusive exploitation of a dominant position under Article 102 TFEU does not allow certain situations to be addressed by the DMA, in so far as it may be the case that certain "Gatekeepers" will not always occupy a dominant position in the internal market or in a substantial part thereof that some of its practices do not have sufficient effects on competition on the relevant markets for the purposes of Article 102 TFEU. The aim of the DMA is not to protect competition in a particular market properly, but to ensure that the markets in which Gatekeepers operate are open and fair.

It is also appropriate to address the use of algorithms and their possible manipulation in personalized offers to the user, such as unfair practices, from which it follows that both pre-contractual information and transparency in this context are essential.

Keywords: Gatekeepers, Digital Markets Acts, Unfair Practices.

Índice

1. Introducción

El mercado digital, y especialmente sus principales actores, las Plataformas, han venido adquiriendo una posición de poder que conlleva implícito el riesgo de que, con sus prácticas, acaben perjudicando a sus usuarios profesionales, y en última instancia, a los consumidores. Se torna imprescindible acotar la responsabilidad de las Plataformas para evitar actos de competencia desleal, algo que ya empezó a fraguarse con los primeros instrumentos normativos comunitarios y que ahora viene a intentar completarse con la *DMA*. Abordaremos las principales prácticas desleales existentes en el mercado digital, así como el objetivo último de la propuesta aludida.

2. Auge y repercusión de la economía de las plataformas

La economía colaborativa crea nuevas oportunidades para consumidores y emprendedores y puede contribuir de manera importante al empleo y el crecimiento en la Unión Europea (UE, en adelante) si se fomenta y desarrolla de manera responsable. El éxito de las plataformas colaborativas es doble, pues de un lado permiten a los ciudadanos ofrecer servicios, y de otro, fomentan también nuevas oportunidades de empleo, modalidades de trabajo flexibles y nuevas fuentes de ingreso. En concreto, para los consumidores, la economía colaborativa puede aportar ventajas mediante nuevos servicios, la ampliación de la oferta y precios más bajos.

La economía colaborativa[1] está creciendo rápidamente y ganando cuotas de mercado importantes en algunos sectores. A modo de ejemplo, en 2015 los ingresos brutos de plataformas y proveedores colaborativos en la UE ascendió a 28 000 M euros. Asimismo, los ingresos de la UE en cinco sectores clave casi se duplicaron en comparación con el año anterior y está previsto que sigan expandiéndose con fuerza (CESE, 2016). Existe, por tanto, un gran potencial para que nuevas empresas conquisten estos mercados en rápida expansión. El consumo colaborativo puede suponer un comportamiento resiliente frente a la actual situación económica y financiera, y puede ofrecer respuestas a las incertidumbres crecientes que provoca la crisis económica (CESE, 2014). A pesar de los efectos positivos, se han detectado importantes problemas para los consumidores en lo que se refiere a: a) la transparencia y claridad de la naturaleza jurídica de las transacciones en las plataformas P2P y los derechos y las responsabilidades aplicables; b) la fiabilidad de los sistemas de evaluación entre iguales y de calificación y la exactitud de la identidad facilitada; c) la discrepancia entre la exclusión de responsabilidad de la plataforma y la responsabilidad por la realización de las transacciones en línea P2P y por las prácticas de la plataforma; d) el acceso a una vía de recurso para los consumidores y los proveedores; y e) problemas relativos a la utilización y protección de datos (COM, 2017).

Huelga decir, además, que la situación derivada por la pandemia del COVID-19 acelera en gran medida el aumento de las transacciones electrónicas y, al mismo tiempo, el uso de grandes plataformas en línea.

---

[1] Bien podríamos referirnos realmente al término «economía de plataformas», en tanto en cuanto la economía colaborativa genera cierta confusión porque denota un elemento altruista inexistente.

3. Limitación del poder a las plataformas en línea

El Parlamento Europeo (2017), en una de sus propuestas, hace hincapié en este aspecto: debe definirse aún más el régimen de responsabilidad, dado que la Economía de las Plataformas supone un pilar crucial para la economía digital de la Unión. En ese sentido es necesario que la Comisión efectúe orientaciones sobre la aplicación del marco de responsabilidad de los intermediarios, para que las plataformas en línea puedan cumplir sus obligaciones y las normas sobre responsabilidad, reforzando así la seguridad jurídica y aumentando la confianza de los usuarios. Se solicita a la Comisión que adopte nuevas medidas a tal fin, sin olvidar asimismo que las plataformas que no desempeñen un papel neutro, tal como se define en la Directiva sobre el comercio electrónico, no pueden acogerse a la exención de responsabilidad.

3.1. Reglamento 2019/1150

En el segundo trimestre de 2019 se aprobó el Reglamento (UE) 2019/1150, de 20 de junio de 2019, *sobre el fomento de la equidad y la transparencia para los usuarios profesionales de servicios de intermediación en línea*, DO L 186. Su objetivo es establecer un marco jurídico de los servicios de intermediación en línea[2], incluyendo los motores de búsqueda, que sirven de medio para el acceso de muchas empresas a sus clientes. La finalidad es, entre otras, garantizar la transparencia de las condiciones generales utilizadas por estos proveedores de servicios de intermediación. Pretende regular las relaciones entre la empresa proveedora del servicio de intermediación y las empresas proveedoras de bienes o servicios dirigidos a los consumidores. El aspecto clave es determinar en todos los casos si la

---

[2] Basta señalar que abarca todos los servicios de intermediación incluyendo los mercados de comercio electrónico, mercados colaborativos en los que están activas las empresas, los servicios de aplicación de software en línea y los servicios de redes sociales en línea.

plataforma es auténtica intermediaria o no, pues caso de no serlo su actuación puede suponer una violación de las normas en materia de competencia desleal (Cuena, 2020).

El Reglamento 2019/1150 aparece vinculado a la circunstancia de que se trata de usuarios (de plataformas en línea) que en la medida en que son empresas o profesionales que utilizan los servicios de intermediación para comercializar productos o servicios con terceros no se benefician de la tutela que proporcionan las normas de la UE sobre protección de los consumidores. Dicho Reglamento resulta incompleto para dispensar una protección total frente a la gran dependencia de usuarios respecto a las plataformas en línea, habida cuenta está orientado a tutelar de manera específica a los usuarios profesionales de los proveedores de tales servicios de intermediación, dejando «indefensos» a quienes no reúnen tal condición, laguna que vendrá a colmarse por la *DMA*, como expondremos a continuación (De Miguel, 2019).

4. *Gatekeepers* y propuesta *Digital Markets Acts*

La Propuesta de DMA, de 15 de diciembre de 2020 viene a responder a ciertos desafíos en el mercado de la UE, pues resalta las grandes dimensiones alcanzadas por ciertos prestadores de servicios de plataformas susceptibles de ser calificados como *Gatekeepers*, cuyos servicios son de una especial importancia para la conexión de sus usuarios profesionales con sus usuarios finales (COM, 2020). Es notoria la gran dependencia que tienen los usuarios profesionales respecto de esas plataformas a la hora de comercializar sus productos o servicios en línea. Ese poder económico se materializa en una especial libertad por parte de los *Gatekeepers* para regular las condiciones comerciales de prestación de sus servicios, propiciando que otras alternativas de eventuales competidoras se vean gravemente perjudicadas para desarrollarse, permitiendo, en consecuencia, posibles prácticas desleales por parte de los operadores de los servicios de estas plataformas.

Así las cosas, la *DMA* está destinada a complementar, no solo al Reglamento 2019/1150 (que ya puso de manifiesto la necesidad de acotar el poder de las plataformas en línea), sino también a otras normas del Derecho de la Unión, y particularmente las de Derecho de la Competencia.[3] A diferencia del Reglamento 2019/1150 (se limita a servicios prestados a «usuarios profesionales»), la *DMA* pretende también ser de aplicación respecto de servicios de intermediación en línea en los que quien contrata con el usuario profesional no es un consumidor, como claramente refiere el término «usuario final» en el texto de la *DMA* (De Miguel, 2021).

4.1. Prevención de prácticas desleales

Los sistemas de reputación pueden favorecer actos de competencia desleal en el mercado de las plataformas. El método para valorar a los usuarios sirve para establecer un estándar mínimo de calidad, por lo que, obtener puntuaciones por debajo de ese mínimo podría suponer, en algunas aplicaciones, causa de expulsión del sistema. Olmedo (2019) sostiene que ciertas prácticas de falseamiento de la competencia, basadas en verter opiniones falsas sobre los competidores podría suponer la salida de estos del mercado. En ese sentido indica a título ilustrativo que, en aplicaciones de transporte urbano como Uber, obtener una puntuación baja implica la expulsión del conductor del sistema.

En esta modalidad de contratación, la reputación es un importante activo, por lo que el diseño del sistema de recopilación de opiniones de los usuarios debe ser fiable, pues se corre el riesgo[4] de

---

[3] Tapia, Julio (2020, 23 de diciembre). Transformación radical: el proyecto europeo de ley de mercados digitales. *Centro Competencia*. Recuperado de https://centrocompetencia.com/proyecto-europeo-de-ley-de-mercados-digitales/

[4] De hecho, algunos tipos de plataformas se prestan más al fraude como es el caso, por ejemplo, de eBay donde muchos usuarios son proveedores y consumidores, pudiendo confabularse, expresa o tácitamente para intercambiarse puntuaciones elevadas.

que se produzcan situaciones en las que usuarios que no han utilizado el servicio puedan valorarlo negativamente, ocasionándose un perjuicio injustificado en el proveedor.[5]

Las propias plataformas deben de disponer de medidas de control para evitar «falsos positivos» o «injustos negativos» que pueden producir la expulsión injustificada de un proveedor del mercado (Cuena, 2020). Las plataformas pueden tener la consideración de comerciantes a los efectos de la Directiva sobre prácticas desleales (COM, 2016).

Así las cosas, la Directiva[6] del Parlamento Europeo y del Consejo relativa a la mejora de la aplicación y la modernización de las normas de protección de los consumidores de la UE de 27 de noviembre de 2019 introduce modificaciones en la Directiva 2005/29/CE relativa a las prácticas comerciales desleales de las empresas en sus relaciones con los consumidores en el mercado interior. Se añade el apartado 6 al art. 7 dedicado a las omisiones engañosas, estableciendo que «cuando un comerciante facilite el acceso a las reseñas de los consumidores sobre los productos, se considerará fundamental la información acerca de si el comerciante garantiza que las reseñas publicadas pertenezcan a consumidores que hayan adquirido o utilizado el producto y de qué modo lo hace».

---

5 Otras conductas son igualmente reprobables y susceptibles de acometerse en el mercado de plataformas, como el hecho de que ciertas empresas paguen para recibir mejores valoraciones o para que estas sean negativas para la competencia, así como realizar una selección de las valoraciones positivas, descartando las negativas en la promoción de productos o servicios.

6 Tras la aprobación de esta Directiva, los sistemas de reputación gozan de regulación, pero solo en el ámbito de la Directiva 2005/29, y es una solución a medias, porque solo da respuesta cuando se utilizan para falsear la competencia. La utilización de estas, además de falsear la competencia o lesionar el honor, también pueden afectar a la formación del contrato del adquirente del bien o servicio a través de la plataforma. Por todo lo anterior, queda patente que las reseñas tienen un extraordinario poder en la toma de decisión de contratar.

Unido a lo anterior, no debe perderse de vista la aplicación en estos casos del art. 4 LCD, por cuanto el comportamiento de los *Gatekeepers* se torna objetivamente contrario a las exigencias de la buena fe, habida cuenta puede perjudicar la posición competitiva de los usuarios que utilizan los servicios de la plataforma. Y es que los *Gatekeepers* deberían ser plenamente consciente de que la utilización de sistemas de reputación injustos o carentes de transparencia vulnera la posición de los competidores.

4.2. Algoritmo de precios

En la legislación española, podemos encontrar referencias a la prohibición de escalado de precio por parte de los comerciantes, mientras existan unidades del mismo producto, véase el art. 9 Ley 7/1996, de 15 enero, de Ordenación del Comercio Minorista. No obstante falta una regulación detallada[7] de la ordenación de los resultados de búsqueda en las plataformas de las ofertas de los productos y servicios lo que pone en cuestión el esquema tradicional de deber de información precontractual al consumidor (Meneses, 2019 y Pérez, 2020). Efectivamente, en la contratación a través de plataformas intermediarias en línea, sobre todo en los mercados electrónicos, las ofertas se basan en el uso de algoritmos que proporcionan a los consumidores una experiencia de compra personalizada. La oferta personalizada dificulta la comparación con otras ofertas y la clasificación de las ofertas puede ser opaca y los algoritmos pueden ser manipulables. Los consumidores deben estar capacitados para

[7] La Directiva 2019/2161 modifica el art. 6 de la Directiva 2011/83 sobre derecho de los consumidores dedicado a los deberes de información precontractual en contratos a distancia. Dispone el nuevo apartado e) bis del art. 6 que el comerciante debe informar «cuando corresponda, que el precio ha sido personalizado basándose en la toma de decisiones automatizada». Tal y como se establece en el Considerando 45, la personalización del precio no está prohibida, sino que tan solo hay deber de informar sobre ello, sin que queden claros qué datos se utilizan para la personalización de los precios.

comprender cómo se organizan y presentan la información y las ofertas. La transparencia se torna fundamental (Cuena, 2020). El precio de los productos en las plataformas también se fija en función de algoritmos (OCDE, 2018) personalizándolo para el usuario.[8] Hay que distinguir los «precios dinámicos», del precio personalizado. En los primeros, se cambia el precio de un producto de una manera muy flexible y rápida en respuesta a las demandas del mercado.[9]

Por el contrario, en los precios personalizados el precio para el cliente concreto es distinto en función de su historial de compras, el tiempo que has estado buscando el producto incluso en otras páginas web (datos que recaba gracias a las famosas cookies). Se crean «perfiles de compra»[10] basados en compras anteriores de sus clientes en línea, lo que permite al comerciante adaptar sus precios.

5. Protección de la competencia en el seno de la UE

Podríamos preguntarnos en qué lugar deja la nueva propuesta de normativa *DMA* para la aplicación de las reglas de libre competencia en la economía digital (véase en la UE, los arts. 101 y 102 TFUE). Para algunas de las grandes plataformas globales bastaría con intervenciones caso a caso, bajo esas normas, con el control de modificaciones estructurales de dichas empresas, para prevenir potenciales abusos en el sector digital.

---

8 Por ejemplo, Amazon, utiliza el algoritmo Dynamic Pricing que toma automáticamente decisiones de cambio de precio en función de la competencia, de las ventas de dicho producto y de las características del cliente.

9 Muy típico en medios de transporte, un billete de tren o de avión es distinto en función del día en que se hace la reserva.

10 Y ello sin olvidar el derecho que corresponde al usuario a oponerse al uso de sus datos para finalidades distintas para las que fueron recopilados, como le autoriza la regulación en materia de protección de datos personales, de conformidad con el art. 22 del Reglamento General de Protección de Datos (RGPD).

La Comisión Europea (COM, 2018), en su propuesta, plantea que la *DMA* será complementaria, pero con finalidad distinta de la normativa de competencia. Y es que, en lugar de proteger de distorsiones a la libre competencia en un mercado dado, se trata de «asegurar que los mercados en donde los gatekeepers estén presente permanezcan contestables y justos, independientemente de los efectos actuales, probables o presumidos de una conducta» en la competencia o en un mercado específico.

6. Conclusión

Bien es cierto que el Reglamento 2019/1150 puso de manifiesto la necesidad de limitar el gran poder de las Plataformas en línea, pero este instrumento se ha mostrado incompleto a la hora de contemplar, entre otras cuestiones, a todos los sujetos que pueden ser objeto de protección. Por ello, la Comisión Europea, dando un paso hacia delante, ha lanzado la *DMA*, que no persigue otra cosa que complementar la normativa comunitaria de competencia, pues su objetivo es garantizar que todos los mercados en los que puedan tener participación los *Gatekeepers*, permanezcan abiertos y justos.

7. Referencias

Comisión Europea. (2016). *Guía para la implementación / aplicación de la Directiva 2005/29/CE relativa a las prácticas comerciales desleales.* SWD (2016) 163 final.

Comisión Europea. (2018). *Sobre la política de competencia 2017.* COM (2018) 339 final.

Comisión Europea. (2017). *Estudio preliminar de los problemas de los consumidores en los mercados de plataformas en línea de igual a igual.* EUR 2017.4058 ES.

Comisión Europea. (2020). *Propuesta de Reglamento sobre mercados disputables y equitativos en el sector digital*, COM (2020) 842 final.

Comité Económico y Social Europeo. (2016). *Dictamen Agenda Europea para la economía colaborativa*, COM (2016) 356 final.

Comité Económico y Social Europeo. (2014). *Dictamen de iniciativa sobre Consumo colaborativo o participativo: un modelo de sostenibilidad para el siglo* XXI, 2014/C 177/01.

Cuena, M. (2020). La contratación a través de plataformas intermediarias en línea. *Cuadernos de Derecho Transnacional, 12*(2). doi: 10.20318/cdt. 2020.5612.

De Miguel, P.A. (2019). *Nuevo Reglamento sobre Servicios de Intermediación en Línea*, La Ley Unión Europea, (74), 1-10.

De Miguel, P.A. (2021). Servicios y mercados digitales: modernización del régimen de responsabilidad y nuevas obligaciones de los intermediarios. *La Ley Unión Europea*, (88), 1-8.

Defensa de la competencia: la Comisión abre tres investigaciones sobre supuestas prácticas de comercio electrónico contrarias a la competencia, 2 de febrero de 2017, Comunicado de prensa, IP/17/201.

Meneses, A. (2019). Fijación de precios de bienes y servicios en Internet: posible ilegalidad de los algoritmos. *La Ley Digital*, (9356) 1-9.

Organización para la Cooperación y el Desarrollo Económicos. (2018). *Personalised Pricing in the Digital Era-Note by the European Union*. Recuperado de https://one.oecd.org/document/DAF/COMP/WD(2018)128/en/pdf

Olmedo, E. (2019). Competencia dentro de las plataformas de la economía colaborativa: posibles prácticas restrictivas de los mal llamados «prosumidores», en Fonticiella, B., (coord.), González, I., (dir.), y Rodríguez, M., (dir.), *Las viviendas vacacionales: Entre la economía colaborativa y la actividad mercantil*, (pp. 207-229). Madrid, España: Dykinson.

Pérez, F. (2020). Una aproximación a los algoritmos desde el derecho de la competencia. *La Ley Digital*, (5964) 1-13.

Parlamento Europeo. (2017). *Propuesta de resolución sobre las plataformas en línea y el mercado único digital*, (2016/2276).

Reglamento (UE) 2019/1150, de 20 de junio de 2019, *sobre el fomento de la equidad y la transparencia para los usuarios profesionales de servicios de intermediación en línea*, DO L 186.

Tapia, Julio. (2020, 23 de diciembre). Transformación radical: el proyecto europeo de ley de mercados digitales. *Centro Competencia*. Recuperado de https://centrocompetencia.com/proyecto-europeo-de-ley-de-mercados-digitales/

Regulatory competition or standards harmonization? Unpacking the trend of establishing automated driving systems safety standards among the United States, European Union, and China

I-Ching Chen
PhD student, Institute of Law for Science and Technology, National Tsing Hua University, Taiwan
ichingchen@gapp.nthu.edu.tw

Abstract

Automated Driving System (hereinafter "ADS", which is commonly referred to self-driving cars), as one of potential artificial intelligence application, will provide considerable social benefit to the global society. However, it could still pose fatal risk to the society. Recently, several fatal accidents happened due to inappropriate design of ADS and aroused public awareness about the hidden crisis behind the technology. Hence, worldwide states start to construct regulation, trying to secure the ADS safety. However, without the uniform regulation, the global society have been confronted with regulation divergence. Take three dominated ADS markets for example, the United States, European Union, and China currently formulate different ADS regulations, trying to maximize their own interests. With these same but competitive goals, the United States, European Union, and China have proactively interacted with different global actors, trying to shape the global ADS-standards setting. Their divergent ADS strategies caused regulatory fragmentation in the international community and may further provoke international trade or other cross-border problems. However, the actors, they interacted with, have connected with each other, constructing a new opportunity for standards harmonization. In the light of ambiguous standard-setting situation among the United States, European Union, and China, it is imperative for the global society to realize the trend of ADS safety standard-setting among the three dominated markets.

Key words: Automated Driving System, Regulatory Competition, transnational legal order, global standard setting

Index

1. Introduction

Automated Driving system (ADS, commonly referred to self-driving cars) is one of the promising artificial intelligence applications, which appealed governments and various corporations to develop. In the last five years, corporations have gradually revealed their achievements to society[1]. ADS is recognized as an enabling technology, that could bring multiple benefits to society, such as bringing fruitful economic profit[2], improving road safety, ameliorating traffic congestion, and increasing the driving accessibility to the elders and the disabled (Public Sector Consultants, 2017, pp. 23-24; Stern. R. E. *et al.*, 2018, pp. 206). Although ADS seems to produce multiple social benefits, it could still pose fatal risks to society. Fatal accidents continually happened from the time that ADS-equipped vehicles drove on the road[3]. Malfunctions of the ADS in the accidents have aroused public awareness about the significance of safety regulation.

1 For example, *Our Journey.* Waymo. Retrieved May 23, 2021, from https://waymo.com/.

2 *Self-driving Car Market Global Industry Trends, Share, Size and Forecast Report By 2023|With CAGR of 36.2%* (2019, September 3). Canalblog, https://www.marketwatch.com/press-release/self-driving-car-market-global-industry-trends-share-size-and-forecast-report-by-2023with-cagr-of-362-2019-09-03.

3 For example, *Uber's Self-Driving Operator Charged Over Fatal Crash* (2020, September. 16). BBC news, Retrieved May 23, 2021, from https://www.bbc.com/news/technology-54175359.

In the light of the safety consideration, worldwide governments start to construct different ADS safety regulations. Take three dominated ADS markets for instances, the US continues to rely on Voluntary Safety Self-Assessment (VSSA);[4] EU chooses to revise their automotive safety regulation;[5] China plans to establish series of technical standards covering ADS and Information and Communication Technology (ICT).[6] However, divergent regulations among these markets would cause "regulation fragmentation" at the global level and raise problems to the global society, like international trade and causing cross-border regulation issue.[7] It may also constrain the development of the connected vehicles and cause safety problems to the society.[8] Therefore, how to construct a global safety standard for ADS is a vital issue for the global society. To properly address the issue, we should comprehend the international regulatory situation, especially the interactions among the influential

---

4 *Voluntary Safety Self-Assessment.* National Highway Traffic Safety Administration. Retrieved May 23, 2021, from https://www.nhtsa.gov/automated-driving-systems/voluntary-safety-self-assessment.

5 *New General Safety Regulation (EU) 2019/2144* (2019 December. 18). International Motor Vehicle Inspection Committee. https://citainsp.org/2019/12/18/new-general-safety-regulation-eu-2019-2144/.

6 *Guidelines for the Construction of the National Intelligent-Vehicle Connected Industry Standard System (Intelligent Connected Vehicles)* (2017, December 27). Ministry of Industry and Information Technology (People's Republic of China). http://www.caam.org.cn/bmsite_v3/chn/9/cate_152/con_5214348.html.

7 *Communication from the Commission to The European Parliament, The Council, The European Economic and Social Committee, the Committee of the Regions, on the road to automated mobility: An EU strategy for mobility of the future* (2018, May 17). COM (2018) 283 final. https://eur-lex.europa.eu/legal-content/EN/TXT/PDF/?uri=CELEX:52018DC0283&from=EN. pp. 11.

8 *Communication from the Commission to The European Parliament, The Council, The European Economic and Social Committee, the Committee of the Regions, on the road to automated mobility: An EU strategy for mobility of the future.* (2018, May 17). COM (2018) 283 final. https://eur-lex.europa.eu/legal-content/EN/TXT/PDF/?uri=CELEX:52018DC0283&from=EN. pp. 11.

markets. Hence, the article will firstly examine the ADS safety regulations in the three markets; secondly, the article will focus on the interactions between the three markets and other global actors; lastly, the article will analyze the ADS safety standard-setting trends among them and indicate a new opportunity for global ADS standards harmonization.

2. ADS safety regulations in the three dominated markets

ADS global market is estimated that it will rapidly expand within ten years[9], and the US, EU and China have been recognized as three major markets among all regions[10]. This section briefly introduces the ADS safety regulations in these regions.

2.1. ADS safety regulations in the US

The US Department of Transportation (USDOT) and National Highway Traffic Safety Administration (NHTSA), as competent authorities for transportation management and road safety in the US, has taken some steps to assure safety and development of ADS. NHTSA released the final rule to modernize Federal Motor Vehicle Safety Standards (FMVSS), trying to eliminate unnecessary obstacles for ADS innovation[11]. FMVSS, extended form *National*

---

9 *Autonomous Vehicle Market Size, Share & Trends Analysis Report by Application (Transportation, Defense), By Region (North America, Europe, Asia Pacific, South America, MEA), and Segment Forecasts, 2021 - 2030* (2020, March.) Grand View Research. https://www.grandviewresearch.com/industry-analysis/autonomous-vehicles-market.

10 *Self-driving Car Market Expected to Post 42% CAGR by 2022* (2019, July 30) Technavio Blog. https://blog.technavio.com/blog/self-driving-car-market-growth.

11 *NHTSA Issues First-Ever Proposal to Modernize Occupant Protection Safety Standards for Vehicles Without Manual Controls* (2020 March 17). Na-

Traffic and Motor Vehicle Safety Act of 1966, has listed series of performance requirements for vehicles, and automotive corporations must certificate that their products comply with the requirements before marketing[12]. FMVSS is a human-centric regulation, requiring vehicles to possess wheels, accelerators, and brakes (Owens J. C., 2019), which may hamper ADS design. The final rule intends to remove these barriers and revise partial terminology for ADS (Tanenblatt E. and Schneider C., 2021). In addition, NHTSA also proposed "Framework for Automated Driving System Safety", trying to construct a performance-oriented and flexible regulatory approach for ADS[13].

Besides, USDOT has launched five ADS policies since 2016[14]. Based on these policies, USDOT construct a nonregulatory approach, which consists of 12 "priority safety design elements"[15] and Volun-

---

tional Highway Traffic Safety Administration. https://www.nhtsa.gov/press-releases/adapt-safety-requirements-ads-vehicles-without-manual-controls.

12 Department of Transportation and Volpe National Transportation System Center. *Review of Federal Motor Vehicle Safety Standards (FMVSS) for Automated Vehicles: Identifying potential barriers and challenges for the certification of automated vehicles using existing FMVSS.* DOT-VNTSC-OSTR-16-03 (2016). https://rosap.ntl.bts.gov/view/dot/12260. pp. 1.

13 Framework for Automated Driving System Safety, 85 Fed. Reg. 78059, 78059 (proposed Dec. 3, 2020) (to be codified at 49 C.F.R. pt. 571). https://www.federalregister.gov/documents/2020/12/03/2020-25930/framework-for-automated-driving-system-safety.

14 The five policies are respectively "Federal Automated Vehicles Policy", "Automated Driving Systems: A Vision for Safety 2.0", "Preparing for the Future of Transportation: Automated Vehicles 3.0", "Ensuring American Leadership in Automated Vehicle Technologies: Automated Vehicles 4.0", and "Automated Vehicles Comprehensive Plan".

15 Department of Transportation. *Automated Driving Systems 2.0: A Vision for Safety.* DOT HS 812 442 (2017). https://www.nhtsa.gov/sites/nhtsa.gov/files/documents/13069a-ads2.0_090617_v9a_tag.pdf. pp. 2. 12 priority safety design elements include operational design domain, object and Event detection and response, fallback, validation methods, human machine interface, vehicle cybersecurity, crashworthiness, post-crash ADS behavior, data recording, consumer education and training, and federal, state, and local laws.

tary Safety Self-Assessment (VSSA)[16]. VSSA is a non-binding process that USDOT invites corporations to voluntarily submit and reveal a safety self-assessment to demonstrate whether the development process of ADS considered the priority safety design elements. By establishing VSSA process, USDOT hopes to increase public trust and shape industry safety practices[17]. USDOT also emphasizes that government will promote the development of voluntary consensus standards for ADS[18].

2.2. ADS safety regulations in EU

Europe, as second dominated market of ADS, owns 15 largest automotive corporations[19]. To ensure the European competitiveness of ADS developments, European Commission (EC) released third mobility package "Europe on the Move - Sustainable Mobility for Europe: Safe, Connected and Clean" (hereinafter "The third Europe on the Move") in 2018.[20] The third Europe on the Move (2018) out-

---

16 Department of Transportation. *Automated Driving Systems 2.0: A Vision for Safety.* DOT HS 812 442 (2017). https://www.nhtsa.gov/sites/nhtsa.gov/files/documents/13069a-ads2.0_090617_v9a_tag.pdf. pp. 1.

17 Department of Transportation. *Automated Driving Systems 2.0: A Vision for Safety.* DOT HS 812 442 (2017). https://www.nhtsa.gov/sites/nhtsa.gov/files/documents/13069a-ads2.0_090617_v9a_tag.pdf. pp. 16.

18 Department of Transportation. *Ensuring American Leadership in Automated Vehicle Technologies: Automated Vehicles 4.0.* DOT-OST-2019-0179 (2020). https://www.transportation.gov/sites/dot.gov/files/docs/policy-initiatives/automated-vehicles/360956/ensuringamericanleadershipav4.pdf. pp. 29.

19 Deubener H., Gakhar P., & Kohn D. (2019, September). *Down but Not Out: How Automakers Can Create Value in an Uncertain Future.* McKinsey Center for Future Mobility. https://www.mckinsey.com/industries/automotive-and-assembly/our-insights/down-but-not-out-how-automakers-can-create-value-in-an-uncertain-future.

20 *Communication from the Commission to The European Parliament, The Council, The European Economic and Social Committee, the Committee of the Regions, on the road to automated mobility: An EU strategy for mobility of the future* (2018, May 17). COM(2018) 283 final. https://eur-lex.europa.

lines three directions, including *"(1) develop the necessary technologies and infrastructure in Europe, (2) ensure an internal market for the safe take-up of automated mobility and (3) to cope with societal issues such as jobs, skills and ethics*" (pp. 20) and it also mentions EC would program a safety certification approach for ADS, which will be flexible and adaptable (pp. 8).

With the goal of ensuring safety and innovation of ADS, EU revised *Type approval framework* and *General Safety Regulation. Type approval framework* is a regulation that stipulates the vehicle requirements and certification procedure. Different from self-assessments, every vehicle system should be tested by the authorities in the type approval process in order to obtain the marketing authorization[21]. To diminish legal barriers for ADS innovation, EU adds exemption to allow new types of vehicles to submit type approval application[22]. Besides, EU also updated *General Safety Regulation*, which stipulates basic safety features fitted on vehicles[23]. In response to the development of ADS, EU added the new safety requirements in *General Safety Regulation*, like advanced emergency braking systems, intelligent speed assistance, emergency lane-keeping systems, driver drowsiness and attention warning, advanced driver distraction warning, reversing detection, and event data recorders.[24]

---

eu/legal-content/EN/TXT/PDF/?uri=CELEX:52018DC0283&from=EN. pp. 2.

21 Regulation (EU) 2019/2144 of the European Parliament and of the Council of 27 November 2019. 2019 O.J. (L 325). https://eur-lex.europa.eu/eli/reg/2019/2144/oj. pp. 12.

22 Regulation (EU) 2019/2144 of the European Parliament and of the Council of 27 November 2019. 2019 O.J. (L 325). https://eur-lex.europa.eu/eli/reg/2019/2144/oj. pp. 38.

23 *Regulations and Policies, EU-level*. Connected Automated Driving Europe. Retrieved May 23, 2021, from https://knowledge-base.connectedautomateddriving.eu/regulation-and-policies/eu-level/.

24 *Internal Market, Industry, Entrepreneurship and SMEs Sectors, Automotive industry, Safety in the automotive sector Safety in the automotive sector*. European. Commission. Retrieved May 23, 2021, from https://ec.europa.eu/growth/sectors/automotive/safety_en.

2.3. ADS safety regulations in China

China, with expeditious advancement of vehicle production and artificial intelligence development, has become the most potential market for ADS. For assisting industry development, China government continuously launched the national strategies, which are "Internet of Vehicles (Intelligent and Connected Vehicles) Industry Development Action Plan", "Intelligent Vehicles Innovation and Development Strategy" and "Intelligent and Connected Vehicles Technology Roadmap 2.0". In these strategies, China government announced that they will promote interdisciplinary cooperation between industries, elevate the market acceptance of ADS in the country, and complete the national standards[25].

In contrast to the flexible approach adopted by the US and EU, China is dedicated to construct a sophisticated standard system for ADS, which calls "*National Internet of Vehicles Standards system*". *National Internet of Vehicles Standards system* comprises five standards, including Intelligent and Connected Vehicles Standard, Information and Communication Standard, Electronic Product Service Standard, Intelligent Transportation Standard, and Intelligent Transportation Management Standard[26]. To accelerate construction of the standards

---

25 Ministry of Industry and Information Technology (People's Republic of China). (2018, December 25). *Internet of Vehicles (Intelligent and Connected Vehicles) Industry Development Action Plan.* Ministry of Industry and Information Technology (2018) No. 283. http://www.gov.cn/zhengce/zhengceku/2018-12/31/content_5442947.htm. pp. 2; Guo C. (2020, November 12). Intelligent and Connected Vehicles Technology Roadmap 2.0 Released. Economic Information Daily. http://dz.jjckb.cn/www/pages/webpage2009/html/2020-11/12/content_69026.htm.; National Development and Reform Commission (People's Republic of China). (2020, February 24). *Intelligent Vehicles Innovation and Development Strategy.* Development and Reform Industry (2020) No. 202. https://www.ndrc.gov.cn/xxgk/zcfb/tz/202002/P020200224573058971435.pdf. pp 5.

26 Ministry of Industry and Information Technology (People's Republic of China). (2018). *Guidelines for the Construction of National Internet of Vehicles Standards system (Total Requirements) (2018).* https://www.miit.

system, China government launched "Guidelines for the Construction of National Internet of Vehicles Standards system (Intelligent and Connected Vehicles)" (hereinafter "Intelligent and Connected Vehicles Standards Guideline") to specify the standard structure, which mentions that "Intelligent and Connected Vehicles Standards" will contain human-machine interface, feature safety, and information security perspectives[27].

3. Global interactions of the three dominated markets

Aside from formulating domestic regulation, the US, EU, and China also proactively interact with different global actors, such as international organizations, corporations, and standard-setting organizations (SSOs), trying to extend their own influence on global ADS safety standard-setting. In this section, the article briefly illustrates the global interactions of the three markets.

3.1. Interactions between the US and other global actors

The US has actively participated in United Nations Economic Commission for Europe (UNECE), intending to influence international standard-setting. UNECE is one of the regional commissions of the UN, and its Inland Transport Committee (ITC) assists international community to negotiate legal instruments on transport[28].

---

gov.cn/n1146295/n1652858/n1652930/n3757016/c6223806/part/6223840.pdf. pp. 6.

27 Ministry of Industry and Information Technology (People's Republic of China). (2017). *Guidelines for the Construction of National Internet of Vehicles Standards system (Intelligent & Connected Vehicles) (2017) Compilation Instructions.* https://www.gov.cn/hudong/2017-06/13/5202067/files/9432755036bf4d949bfec42e392655b0.pdf. pp. 9-12.

28 *Inland Transport Committee.* United Nations Economic Commission for Europe. Retrieved May 23, 2021, from https://unece.org/transport/in-

Recognizing that ADS is disrupting the existing transportation, ITC distributes World Forum for Harmonization of Vehicle Regulations (WP. 29), one of its subsidiary bodies, to develop a regulatory framework for ADS. WP. 29 adopted *Framework Document on Automated/autonomous Vehicles* (hereinafter "*Framework Document*") as a working guidance, which is composed by the US, EU, China, and Japan. *Framework Document* identifies 9 key principles for ADS safety and working priorities for WP. 29[29], and these principles have been said that they origin from the second version of the US policies (Owens J. C., 2019). In addition, the US has proposed the idea of developing the voluntary guidelines on the WP. 29 conferences in order to shape the international ADS standard-setting toward the US regulatory approach[30].

Aside from UNECE, the US government also vigorously cooperates with corporations in order to understand ADS technology and prepare more applicable regulations. USDOT invited automotive corporations to the symposiums and workshops, discussing policy direction and relevant safety ADS issue[31]. It also collects significant information from the VSSA documents (Owens J. C., 2019). Re-

land-transport-committee.

29 United Nations Economic Commission for Europe. (2019, September. 3). Revised Framework document on automated/autonomous vehicles. U.N. ECE/TRANS/WP.29/2019/34/Rev.1. ¶ 1. https://unece.org/fileadmin/DAM/trans/doc/2019/wp29/ECE-TRANS-WP29-2019-34-rev.1e.pdf. 9 key principles are system safety, failsafe response, human machine interface, object event detection and response, operational design domain, validation for system safety, cybersecurity, software updates, and event data recorder.

30 United Nations Economic Commission for Europe. (2019). Report of the World Forum for Harmonization of Vehicle Regulations on its 179th session. ECE/TRANS/WP.29/1149. http://staging2.unece.org.net4all.ch/fileadmin/DAM/trans/doc/2019/wp29/ECE-TRANS-WP.29-1149e-final.pdf. pp. 10.

31 *Automated Vehicle Communications*. Department of Transportation. Retrieved May 23, 2021, from https://www.transportation.gov/av/communications.

cently, the US government even initiates "Automated Vehicle Transparency and Engagement for Safe Testing (AV TEST, Initiative)" program to collaborate with companies, trying to absorb more information from industries (Owens J. C., 2020). At the same times, the US government also cooperates with SSOs, such as the Society of Automotive Engineers (SAE) and the International Organization for Standardization (ISO) to develop and the consensus standards, trying to converge private standards[32].

3.2. Interactions between eu and other global actors

The interaction between EU and UNECE could be divided into two perspectives. From passive perspective, EU announced that it will ensure *General Safety Regulation* is aligned with UNECE regulation[33] and EC will assist EU members to harmonize their transport regulation with UNECE legal instruments[34]. From active perspective, EU announced that it will promote EU regulation on WP.29[35], and its members has chaired multiple working groups related to ADS, leading the standard-setting process in WP. 29[36].

---

32 *Development Activities International Standards Harmonization.* Office of the Assistant Secretary for Research. and Technology. Retrieved May 23, 2021, from https://www.standards.its.dot.gov/DevelopmentActivities/IntlHarmonization.

33 Regulation (EU) 2019/2144 of the European Parliament and of the Council of 27 November 2019. 2019 O.J. (L 325). https://eur-lex.europa.eu/eli/reg/2019/2144/oj. pp. 4.

34 *Communication from the Commission to The European Parliament, The Council, The European Economic and Social Committee, the Committee of the Regions, on the road to automated mobility: An EU strategy for mobility of the future.* (2018, May 17). COM(2018) 283 final. https://eur-lex.europa.eu/legal-content/EN/TXT/PDF/?uri=CELEX:52018DC0283&from=EN. pp. 9.

35 Regulation (EU) 2019/2144 of the European Parliament and of the Council of 27 November 2019. 2019 O.J. (L 325). https://eur-lex.europa.eu/eli/reg/2019/2144/oj. pp. 5.

36 United Nations Economic Commission for Europe. (2020). Report of the World Forum for Harmonization of Vehicle Regulations on its 180th session. ECE/TRANS/WP.29/1151. http://staging2.unece.org.net4all.ch/

Apart from UNECE, EU has vigorously interacted with corporations. EU has collaborated multiple pilots and deployment programs with automotive corporations[37], attempting to deeply understand technical knowledge. Bedsides, EU also invites automotive corporations for consultation of ADS regulation.[38] EU also supported European Road Transport Research Advisory Council (ERTRAC), which is leaded by automotive corporations (BMW) and provide strategic vision for road transport research and innovation.[39] For the interaction with SSOs, EU collects and promotes SAE and ISO technical standards to the industries by adding them into the knowledge database, which is under the "Aligning Research and Innovation for Connected and Automated Driving in Europe (ARCADE)" program[40].

3.3. Interactions between China and other global actors

China manifested its strong willingness to participate in WP.29, such as leaping at more chance to lead the research programs or standard-setting process.[41] As expected, China has taken the co-

---

fileadmin/DAM/trans/doc/2020/wp29/ECE-TRANS-WP29-1151e_new.pdf. pp. 43.

37 *About L3Pilot.* L3 Pilot Driving Automation. Retrieved May 23, 2021, from https://l3pilot.eu/about/; *Safe and Connected Automation in Road Transport.* Connected Automated Driving Europe. Retrieved May 23, 2021, from https://connectedautomateddriving.eu/about-us/scout/.

38 Proposal for A Regulation of the European Parliament and of the Council. COM(2018) 286 final. https://eur-lex.europa.eu/resource.html?uri=cellar:f7e29905-59b7-11e8-ab41-01aa75ed71a1.0003.02/DOC_1&format=PDF. pp. 45.

39 *About ERTRAC.* Europe Road Transportation Research Advisory Council. Retrieved May 23, 2021, from https://www.ertrac.org/index.php.

40 *Standardisation Bodies.* Connected Automated Driving Europe. Retrieved May 23, 2021, from https://knowledge-base.connectedautomateddriving.eu/standards/standards-in-cad/.

41 Ministry of Industry and Information Technology (People's Republic of China). (2019). *Key Points of the Standardization of Intelligent and Connected Vehicles in 2019.* http://www.miit.gov.cn/newweb/n1146290/n1146402/n1146440/c6957554/content.html.

chair of "automated/autonomous and connected vehicles (GRVA)" working group in WP.29[42].

China has also worked closely with corporations. It appointed automotive corporations as advisory or standard drafting groups in the process of establishing National Internet of Vehicles Standards system.[43] However, it still carefully remained the main position for local corporations[44]. Aside from corporations, China has revealed that it will actively participate in SSOs standard-setting. It has engaged in some ISO standard-setting process, like cyber security and software update standard-setting, and even been a chairman of "vehicle dynamics and chassis components" group in ISO[45]. It also vigorously tries to join automated vehicle working group under ISO/TC22 Road vehicles committee[46].

---

42 United Nations Economic Commission for Europe. (2020). Report of the World Forum for Harmonization of Vehicle Regulations on its 180th session. ECE/TRANS/WP.29/1151. http://staging2.unece.org.net4all.ch/fileadmin/DAM/trans/doc/2020/wp29/ECE-TRANS-WP29-1151e_new.pdf. pp. 43.

43 *Mission*. United Nations Economic Commission for Europe. Retrieved May 23, 2021, from https://unece.org/mission.

44 Ministry of Industry and Information Technology (People's Republic of China). (2017). *Instructions for the Preparation of the Recommended National Standard "Automotive Driving Automation Classification" (Draft for Public Comment)*. http://www.catarc.org.cn/upload/201908/28/201908281356436906.pdf. pp. 2-3.

45 Ministry of Industry and Information Technology (People's Republic of China). (2018). *Key Points of the Standardization of Intelligent and Connected Vehicles in 2018*. http://www.miit.gov.cn/n1146285/n1146352/n3054355/n7697926/n7697940/c7714734/content.html.

46 Ministry of Industry and Information Technology (People's Republic of China). (2019). *Key Points of the Standardization of Intelligent and Connected Vehicles in 2019*. http://www.miit.gov.cn/newweb/n1146290/n1146402/n1146440/c6957554/content.html.

4. Conclusion: private governance creates opportunity for harmonization

It could be seen that the US, EU, and China have created divergent regulatory approaches. Even though the US and EU both intend to formulate flexible regulatory approaches, they have developed different regulations. The US focuses on removing regulatory barriers and using polices and VSSA to create soft regulations on ADS safety. To strength the soft regulation, the US also closely interacts with SSOs and strongly encourages industries to adopt SSOs standards. Different from the US, EU proactively revises its automotive regulations, intending to extend existing regulations to regulate ADS. It also actively interacts with UNECE, trying to ensure that the international community will take the similar approach to regulate ADS. Meanwhile, in contrast with the US and EU, China is committed to establish sophisticated ADS standards and closely works with corporations and SSOs. It seems that China intends to preempt the global ADS technical standards.

Although the US, EU, and China has formed the international regulatory fragmentation, the global actors, who interact with the three dominated markets, have connected with each other and created a new chance for global standards harmonization. It could be found that the concept of ADS taxonomy, that origin from SAE J3016 standard, is adopted by the three dominated markets and further become the common ADS terminology in the international community[47]. At the same times, ISO standards have been wildly adopted

[47] SAE ADS taxonomy could be seen in United Nations Economic Commission for Europe. (2020). Reference document with definitions of Automated Driving under WP.29 and the General Principles for developing a UN Regulation on automated vehicles. ECE/TRANS/WP.29/1140. https://unece.org/DAM/trans/main/wp29/wp29resolutions/ECE-TRANS-WP29-1140e.pdf. pp. 3; Department of Transportation. *Federal Automated Vehicles Policy.* DOT HS 812 329 (2016). https://www.transportation.gov/sites/dot.gov/files/docs/AV%20policy%20guidance%20PDF.pdf. pp. 9; *Communication from the Commission to The European Parliament, The Council, The*

by multiple corporations. Meanwhile, corporations, especially transnational automotive corporations, simultaneously interact with the three dominated markets, providing the technical knowledge for the governments. Furthermore, despite UNECE does not directly communicate with corporations, transnational automotive corporations could still convey their opinions through International Organization of Motor Vehicle Manufacturers (OICA), which is an international organization that represents automobile industry in UNECE[48]. It seems that private actors (corporations and SSOs) have gradually constituted a new channel for global communication and standards harmonization. Moreover, with sufficient technical knowledge and transnational network, private actors seem to form a bottom-up governance power, suturing the regulatory fragmentation caused by the three dominated markets.

5. References

Communication from the Commission to The European Parliament, The Council, The European Economic and Social Committee, the Committee of the Regions, on the road to automated mobility: An EU strategy for mobility of the future. (2018, May 17). COM (2018) 283 final. https://eur-lex.europa.eu/legal-content/EN/TXT/PDF/?uri=CELEX:52018DC0283&from=EN.

European Economic and Social Committee, the Committee of the Regions, on the road to automated mobility: An EU strategy for mobility of the future. (2018, May 17). COM(2018) 283 final. https://eur-lex.europa.eu/legal-content/EN/TXT/PDF/?uri=CELEX:52018DC0283&from=EN. pp. 3; Ministry of Industry and Information Technology (People's Republic of China). (2017). *Guidelines for the Construction of National Internet of Vehicles Standards system (Intelligent & Connected Vehicles) (2017) Compilation Instructions.* https://www.gov.cn/hudong/2017-06/13/5202067/files/9432755036bf4d949bfec42e392655b0.pdf. pp. 4-6.

48 OICA > *Worldwide Harmonization.* International Organization of Motor Vehicle Manufacturers. Retrieved May 23, 2021, from http://www.oica.net/category/worldwide-harmonization/.

Department of Transportation and Volpe National Transportation System Center. *Review of Federal Motor Vehicle Safety Standards (FMVSS) for Automated Vehicles: Identifying potential barriers and challenges for the certification of automated vehicles using existing FMVSS.* DOT-VNTSC-OSTR-16-03 (2016). https://rosap.ntl.bts.gov/view/dot/12260.

Department of Transportation. *Automated Driving Systems 2.0: A Vision for Safety.* DOT HS 812 442 (2017). https://www.nhtsa.gov/sites/nhtsa.gov/files/documents/13069a-ads2.0_090617_v9a_tag.pdf.

Department of Transportation. *Ensuring American Leadership in Automated Vehicle Technologies: Automated Vehicles 4.0.* DOT-OST-2019-0179 (2020). https://www.transportation.gov/sites/dot.gov/files/docs/policy-initiatives/automated-vehicles/360956/ensuringamericanleadershipav4.pdf.

Department of Transportation. *Federal Automated Vehicles Policy.* DOT HS 812 329 (2016). https://www.transportation.gov/sites/dot.gov/files/docs/AV%20policy%20guidance%20PDF.pdf.

European Road Transportation Research Advisory Council Working Group. (2019). *Connected Automated Driving Roadmap* https://www.ertrac.org/uploads/documentsearch/id57/ERTRAC-CAD-Roadmap-2019.pdf

Guidelines for the Construction of the National Intelligent-Vehicle Connected Industry Standard System (Intelligent Connected Vehicles). (2017, December 27). Ministry of Industry and Information Technology (People's Republic of China). Retrieved May 23, 2021, from http://www.caam.org.cn/bmsite_v3/chn/9/cate_152/con_5214348.html.

Ministry of Industry and Information Technology (People's Republic of China). (2018, December 25). *Internet of Vehicles (Intelligent and Connected Vehicles) Industry Development Action Plan.* Ministry of Industry and Information Technology (2018) No. 283. http://www.gov.cn/zhengce/zhengceku/2018-12/31/content_5442947.htm.

Ministry of Industry and Information Technology (People's Republic of China). (2018). *Guidelines for the Construction of National Internet of Vehicles Standards system (Total Requirements) (2018).* https://www.miit.gov.cn/n1146295/n1652858/n1652930/n3757016/c6223806/part/6223840.pdf.

Ministry of Industry and Information Technology (People's Republic of China). (2017). *Guidelines for the Construction of National Internet of*

Vehicles Standards system (Intelligent & Connected Vehicles) (2017) Compilation Instructions. https://www.gov.cn/hudong/2017-06/13/5202067/files/9432755036bf4d949bfec42e392655b0.pdf.

Ministry of Industry and Information Technology (People's Republic of China). (2017). *Instructions for the Preparation of the Recommended National Standard "Automotive Driving Automation Classification" (Draft for Public Comment).* http://www.catarc.org.cn/upload/201908/28/201908281356436906.pdf.

National Development and Reform Commission (People's Republic of China). (2020, February 24). *Intelligent Vehicles Innovation and Development Strategy.* Development and Reform Industry (2020) No. 202. https://www.ndrc.gov.cn/xxgk/zcfb/tz/202002/P020200224573058971435.pdf.

Owens J. C. (2019, November. 20). *Highly Automated Vehicles: Federal Perspectives on the Deployment of Safety Technology.* National Highway Traffic Safety Administration. https://www.nhtsa.gov/congressional-testimonies/highly-automated-vehicles-federal-perspectives-deployment-safety.

Owens J. C. (2020, June 15). *AV TEST Initiative Launch Remarks.* National Highway Traffic Safety Administration. https://www.nhtsa.gov/speeches-presentations/av-test-initiative-launch-remarks.

Public Sector Consultants, Center for Automotive Research (2017, March), *Planning for Connected and Automated Vehicles.* Center for Automotive Research. https://www.cargroup.org/wp-content/uploads/2017/03/Planning-for-Connected-and-Automated-Vehicles-Report.pdf.

Stern. R. E. et al. (2018). Dissipation of stop-and-go waves via control of autonomous vehicles: Field experiments. *Transportation Research Part C: Emerging Technologies,* 89, 205-221.

Tanenblatt E. and Schneider C. (2021, January 22). *NHTSA Releases Final Rule Amending FMVSS.* Green Car Congress. http://www.thedriverlesscommute.com/nhtsa-releases-rule-amending-fmvss/.

United Nations Economic Commission for Europe. (2019). Report of the World Forum for Harmonization of Vehicle Regulations on its 179th session. ECE/TRANS/WP.29/1149. http://staging2.unece.org.net4all.ch/fileadmin/DAM/trans/doc/2019/wp29/ECE-TRANS-WP.29-1149e-final.pdf.

United Nations Economic Commission for Europe. (2020). Reference document with definitions of Automated Driving under WP.29 and the General Principles for developing a UN Regulation on automated vehicles. ECE/TRANS/WP.29/1140. https://unece.org/DAM/trans/main/wp29/wp29resolutions/ECE-TRANS-WP29-1140e.pdf.

United Nations Economic Commission for Europe. (2020). Report of the World Forum for Harmonization of Vehicle Regulations on its 180th session. ECE/TRANS/WP.29/1151. http://staging2.unece.org.net4all.ch/fileadmin/DAM/trans/doc/2020/wp29/ECE-TRANS-WP29-1151e_new.pdf.

La oportunidad de un ordenamiento jurídico supranacional ante la globalización

Pablo García-Valdecasas Rodríguez de Rivera
Doctorando en Derecho Administrativo
en la Universidad Complutense
de Madrid - Facultad de Derecho
Pabgar24@ucm.es

Resumen

El proceso de globalización en el cual la sociedad está inmersa, ha supuesto un reto enorme para los distintos Estados, por la dificultad que conlleva tratar de regular o, al menos, garantizar jurídicamente, una actividad cada vez más global que ya no entiende de espacios físicos. Asimismo, la innovación tecnológica y la digitalización han acelerado todavía más el proceso de globalización.

Ante este escenario, la necesidad de abordar fórmulas innovadoras que den respuesta a este fenómeno se hace cada vez más palpable, y surgen planteamientos que abogan, o bien por el desarrollo de disciplinas jurídicas globales (como un posible «Derecho Administrativo global»), o bien por el establecimiento de instrumentos que, al menos, permitan interconectar ordenamientos jurídicos distintos. Esta última fórmula ha sido la empleada mayoritariamente, y es la que ha generado la existencia de organismos, convenios y acuerdos internacionales que, en algunos supuestos, han complicado más la tarea.

Ante la crítica a los mecanismos armonizadores utilizados, sin embargo, la respuesta puede venir de la propia tecnología, la cual podría ser utilizada por los propios Estados para impulsar herramientas como la automatización de procesos o la interconexión de las distintas Administraciones públicas.

Palabras clave: globalización, Derecho Administrativo global, innovación.

Índice

1. La globalización y los instrumentos para su control

La globalización ha supuesto, sin duda, una oportunidad para la ampliación y desarrollo de los modelos de mercado, de economía, de relación, de comunicación y de suministro e intercambio de información. En las últimas décadas, el acceso a Internet, las nuevas tecnologías de la comunicación, la digitalización, la modernización de los medios de transporte y, en general, el desarrollo de la ciencia y la informática, han impulsado más este proceso. Especialmente llamativo ha sido el concepto de la desterritorialización de la actividad económica, que, si bien es cierto, todavía se presenta como minoritario, comienza a replantear el propio concepto de frontera y, en suma, de Estado.

El comportamiento de los Estados, a través del Derecho y, en especial, a través de la vertiente pública del mismo (el Derecho Administrativo), ha evidenciado cómo este proceso de globalización, no ha ido acompañado de un correlativo y creciente avance normativo —y ello unido a la evidente ausencia de coordinación y armonización normativa entre las distintas Administraciones públicas que todavía sufrimos—. Es lógico pensar que la globalización de la actividad económica y la desterritorialización de esta, debe implicar una consecuente globalización de nuestros derechos y garantías (digitales o no) que rodean aquella, pero lo cierto es que el Derecho no avanza al mismo ritmo. No solo se trata, desde luego, del concepto de la «transnacionalidad», ampliamente abordado por distintas disciplinas jurídicas. Se trata de cuestiones que ya no pueden implicar un entendimiento entre dichas disciplinas jurídicas sino, tal vez, hacer que dichas disciplinas utilicen los mismos mecanismos y tecnologías que han utilizado los mercados y la actividad económica para globalizarse. Podemos considerar que existe, en efecto, un espacio global necesitado de regulación, pero no un marco jurídico global que lo regule adecuadamente o le sirva de soporte.

Actualmente, por ejemplo, el carácter global que cada vez más están adquiriendo las actuaciones de los administrados, se enfrenta a la ausencia de instrumentos efectivos de intercambio de información y asistencia mutua entre las Administraciones públicas de distintos ámbitos, niveles y/o Estados, lo cual está entorpeciendo la trazabilidad legal de dichas actuaciones, aumentando la inseguridad jurídica, evitando el control sobre las actuaciones fraudulentas y, sobre todo, alejando a la Administración del ciudadano, la cual vuelve a situarse en la parte más obsoleta de la sociedad. Los ordenamientos jurídicos en general, y el Derecho Administrativo en particular, no han sabido adaptarse a la realidad global que impera, y el carácter desfasado del mismo, se refleja tanto en la falta de visión global de su articulado, como en la ausencia de desarrollo y habilitación efectiva de medios que materialicen una adecuada cooperación y coordinación entre las Administraciones públicas.

Como apuntan Kingsbury B., & Stewart R. (2016)[1], «el Derecho Administrativo estatal y el Derecho Internacional Público clásicos no son capaces de dar respuestas satisfactorias a todo lo que acontece en el espacio (administrativo) global». Ciertamente —continúan los autores—, «hay mucha actividad administrativa más allá del Estado (y dentro del Estado con repercusiones *ad extra*) aunque

---

1 KINGSBURY, B., STEWART, R. (2016). *Hacia el derecho administrativo global: fundamentos, principios y ámbito de aplicación*. Instituto Nacional de Administración Pública. España. Global Law Press. España. Nota introductoria del editor Javier Barnes.

no haya pleno consenso sobre su identificación y tratamiento. El Derecho (Administrativo) más allá del Estado constituye una realidad incontestable»[2].

La globalización, por ello, ha tratado de ser controlada a través de distintos instrumentos:

- Organizaciones de naturaleza pública o privada que, al menos por la vía observadora, tratan de armonizar prácticas y resolver controversias en la materia, como ocurre con organizaciones como la Organización Mundial del Comercio[3], que hacen uso de instrumentos como el arbitraje o la mediación.
- Acuerdos o instrumentos de carácter global, reconocidos y ratificados por determinados Estados, como la Agencia Global Antidopaje[4].
- Organizaciones u organismos supranacionales que tratan de instaurar cierta garantía normativa entre sus miembros, como la propia Unión Europea, la Organización de las Naciones Unidades o la Organización para el Tratado del Atlántico Norte, no exentas de claros ejemplos de disfuncionalidad cuando alguno de los miembros opta por no someterse voluntariamente a lo acordado, para no ir en contra de sus intereses nacionales.
- El concepto de Administración indirecta o, como es conceptualizada por los precitados autores Kingbury B., & Stewrat R. (2016), «Administración Diseminada»[5], cuando en el seno de una organización intergubernamental se pone en funcionamiento una agencia que afecta e incluye en un ámbito concreto a los estados de aquella.
- Organizaciones mixtas, público-privadas, como el órgano regulador de la gobernanza tecnológica de Internet (*Inter-*

---

2 Ibídem. KINGSBURY, B., STEWART, R. (2016).

3 Puede obtenerse información adicional en el siguiente enlace: https://www.wto.org/indexsp.htm

4 Puede obtenerse información adicional en el siguiente enlace: https://www.wada-ama.org/

5 Op. Cit. Pág. 101.

net Corporation for Assigned Names and Numbers (ICANN[6])), pensada inicialmente como una organización no gubernamental, pero donde ha habido que integrar actores gubernamentales con cierto poder.

- Impulsos normativos concretos sobre materias específicas, con ímpetu armonizador, como ocurre con las recientemente transpuestas directivas de contratación pública[7], o el Reglamento en materia de Protección de Datos Personales, transpuesto a través de la Ley Orgánica 3/2018, de 5 de diciembre, de Protección de Datos Personales y garantía de los derechos digitales[8].
- Por último, organizaciones u organismos puramente privados, como la Organización Internacional para la Estandarización (ISO[9], por sus siglas en inglés) que, al menos, tratan de configurar de manera armonizada criterios comunes a adoptar o seguir y que, a través del prestigio de la propia organización o del reconocimiento público que se le otorga, gozan de cierta aceptación global.

A través de estos y otros instrumentos globales que podrían haberse citado, se pretende abordar el proceso de globalización, instaurando ciertos principios o criterios globalmente considerados, a pesar de que no son pocos los ejemplos en los que se ha comprobado que el interés nacional particular prevalece sobre el compromiso e interés global.

---

6 Al respecto, puede obtenerse información adicional en el siguiente enlace: https://www.icann.org/es

7 Al respecto, puede obtenerse información en el siguiente enlace: https://eur-lex.europa.eu/legal-content/ES/ALL/?uri=CELEX%3A32014L0024

8 Ley Orgánica 3/2018, de 5 de diciembre, de Protección de Datos Personales y garantía de los derechos digitales https://boe.es/diario_boe/txt.php?id=BOE-A-2018-16673

9 Al respecto, puede obtenerse información adicional en el siguiente enlace: https://www.iso.org/home.html

2. ¿Es necesario un ordenamiento jurídico global?

Debemos plantearnos si resulta necesaria la configuración de un ordenamiento jurídico global (en el caso que nos ocupa, un posible Derecho administrativo global), en respuesta al espacio o actividad global existente, o si resulta suficiente la existencia de espacios administrativos nacionales con sus correspondientes marcos jurídicos, y la simple coordinación o cooperación internacional para las actuaciones de impacto global, a través de los instrumentos vistos en el punto anterior.

Si observamos el ejemplo de Europa, ciertamente sí existe una sociedad civil europea global a la que normar, a la cual servir jurídicamente con objeto de que las fronteras físicas nacionales no supongan barreras a su actividad económica o jurídica, ni supongan menoscabo de sus derechos o garantías. En el ámbito de la Unión Europea, el camino se ha iniciado con la configuración de una entidad supranacional, a la que se le van confiriendo competencias, y el desarrollo de marcos jurídicos armonizados para los Estados. En este sentido, el avance ha sido considerable, y podemos considerar consagrados ya ciertos principios acuñados análogamente en el Derecho Administrativo de un buen número de Estados, como el buen Gobierno, la transparencia, la buena fe, la revisión de las decisiones administrativas, la seguridad, la previsibilidad, la integridad de los responsables públicos o la buena administración, y que han sido ya reflejados en algunos modelos de códigos europeos, tales como el Código Reneual de Procedimiento Administrativo de la Unión Europea[10] o el Código Europeo de Buena Conducta Administrativa[11]. En efecto, y por lo que se refiere a este ámbito europeo, se constata además la existencia, por un lado, de una pretendida Administración

---

[10] Puede obtenerse información adicional en el siguiente enlace: http://www.reneual.eu/images/Home/codigoreneualdeprocedimientoadministrativodelaue.pdf

[11] Puede obtenerse información adicional en el siguiente enlace: https://www.ombudsman.europa.eu/es/publication/es/3510

pública global y, por otro lado, de Administraciones públicas nacionales, regionales y locales obligadas a crear instrumentos y fórmulas de interrelación.

Adicionalmente, sin abandonar la idea de un ordenamiento jurídico global o único, la Unión Europea viene apostando, además, por el uso de la tecnología para que los ordenamientos jurídicos de distintos Estados hablen el mismo idioma y se interrelacionen, por ejemplo, mediante la creación de cadenas de bloques[12] que interrelacionen Administraciones públicas de distintos Estados.

No obstante, el referirnos a principios generales globalmente aceptados, plantea el problema de considerar nuestros principios generales, los nacionales (o incluso los europeos, continentales u occidentales), como los válidos a todos los efectos y, por ende, susceptibles de aplicación en cualquier otro lugar donde desplieguen sus efectos los procedimientos que pretendemos normar, ya se trate de espacios culturales más próximos normativamente (como ocurre con América del Sur), o más remotos como ocurre con Asia y África.

Inevitablemente, la variada casuística de instrumentos o técnicas para tratar de amparar o regular la actividad globalizada y que, sin duda, constituyen un *numerus apertus*, conllevan correlativos esfuerzos por delimitar el papel de los Estados (así como los efectos de sus jurisdicciones nacionales), por dilucidar el adecuado enfoque de la norma que regule esta circunstancia, y por tratar de adecuarlo a ciertos principios generales del derecho que puedan haber sido globalmente considerados o aceptados.

Por otro lado, y en relación a la posibilidad de un supuesto Derecho Administrativo Global o único, lo cierto es que este tema no es de reciente consideración, y desde el año 2005 ya encontramos estudios en la materia, impulsados algunos de ellos por diversos institutos académicos, que han reconocido dicha necesidad o que incluso hablan de un movimiento emergente, tales son el Instituto

---

12 Las cadenas de bloques aluden a la tecnología de registros distribuidos y, más en concreto, a Blockchain, como máximo exponente de aquellas.

de Derecho Internacional y Justicia de la Universidad de Nueva York[13], y el Instituto de Investigación de Administración Pública de Italia[14]. Ambos plantean la necesidad de contar con un ordenamiento jurídico único, aunque bajo dos premisas distintas: un Derecho Administrativo global, y un Derecho Internacional con mayor desarrollo.

Dejando a un lado la discusión entre Derecho administrativo global y Derecho administrativo internacional, lo cierto es que este tipo de iniciativas globales se basan más en una recopilación de prácticas (jurisprudenciales o no), que permiten reconocer cierto nivel de comportamiento global comúnmente aceptado, que en un conjunto de principios o valores que hagan de germen para el establecimiento de un ordenamiento global, a pesar de la evidente existencia de principios que sí aparecen como globalmente aceptados y demandados por numerosos Estados (como la transparencia, la motivación y el derecho a un procedimiento debido), aunque debiendo ser especialmente cautos con la consideración de principio global, para evitar considerar nuestros usos y costumbres como los globalmente válidos y aceptables.

Tampoco podemos considerar la época actual como el revulsivo de este movimiento, pues ya desde 1850 han ido proliferando tímidos intentos de resolver controversias más allá de los Estados, o con implicaciones a varios de ellos, dando origen a iniciativas como la Liga de las Naciones o la Sociedad de las Naciones. Estas iniciativas tuvieron poco recorrido, pero sí constituyen, por un lado, el embrión de ciertas organizaciones globales actuales y, por otro, la evidencia de la necesidad de contar con un nivel de garantías tal que permitiera operar más allá de los Estados. Conviene recordar que aquellos problemas sociales que han mostrado siempre su cara más feroz afectando a gran parte de los Estados de un mismo continente,

---

13 Puede obtenerse información adicional de la entidad en el siguiente enlace: https://www.iilj.org/

14 Puede obtenerse información adicional en el siguiente enlace: http://www.isapistituto.it/

exigen un tratamiento multinivel, como el terrorismo, la inmigración, el medio ambiente o las crisis, de tal forma que la actuación global y la necesidad de normar dicho ámbito, no es de reciente aparición. No podemos olvidar tampoco los postulados de Lorenz Von Stein, para quien el Derecho Administrativo Internacional ya era considerado como un conjunto de principios y normas nacionales e internacionales interrelacionadas entre sí.

Lo cierto es que tan difícil resulta plantearse la necesidad de contar con un ordenamiento jurídico global, como dar respuesta a esta necesidad, elaborando el referido ordenamiento jurídico. No es cuestionable, no obstante, la existencia de ciertos principios generales del Derecho público que implican, a su vez, la aparente posibilidad de un supuesto Derecho Administrativo Global.

Continuando con el ejemplo europeo, la configuración de la propia Unión Europea ha permitido constatar la existencia de un entorno global que normar. En los últimos años, además, el proceso de desarrollo de una «Administración Pública Europea» ha avanzado con cierta celeridad, aunque este desarrollo no ha ido acompañado del adecuado desarrollo normativo que le dé soporte y cubra las actuaciones de los administrados de las garantías suficientes.

En concreto, y por lo que respecta a este ámbito europeo, se ha experimentado un incremento sustancial de las competencias de la Unión, a través de diversos tratados, como el Acta Única Europea, el Tratado de Maastricht o el Tratado de Lisboa, que ha supuesto además un avance hacia una mayor juridificación de la Administración pública europea. En concreto, el Tratado de Lisboa ha constitucionalizado de forma explícita la Administración de la Unión. Esto se une al Derecho a la buena administración consagrado ya en el artículo 41 de la Carta de Derechos Fundamentales de la Unión Europea, y que debería ya haber dado soporte a un entramado normativo europeo que garantizara el mismo nivel de seguridad jurídica que, a nivel estatal, los ciudadanos de la Unión Europea ya tienen.

La importancia del Tratado de Lisboa no deriva únicamente del reconocimiento de la existencia de la Administración de la Unión, sino de la incorporación de nuevos límites a los cuales sujeta a dicha Administración: el principio de igualdad, los principios de transparencia y participación, el principio de protección de datos y el principio de tutela jurisdiccional frente a los actos de la Unión (este último no solo debe guiar la actuación de la Administración de la Unión, sino que debe servir de guía también para la tutela debida o la asistencia mutua entre las Administraciones públicas nacionales de los distintos Estados de la Unión). El Tratado de Lisboa, por ello, destaca la importancia de la cooperación entre las Administraciones nacionales y la de la Unión Europea. Y el artículo 298.1 del Tratado de Funcionamiento de la Unión Europea reclama la eficacia de la actuación de la administración pública europea.

Desafortunadamente, el desarrollo de la Administración de la Unión Europea no ha dado respuesta satisfactoria y plena a las necesidades que se vienen demandando por la sociedad, y tal vez sea precisamente por no haber utilizado los mecanismos de entendimiento y globalización que el propio movimiento global ha utilizado para su expansión, sino que se ha pretendido armonizar distintos ordenamientos jurídicos y distintos sistemas políticos, dando por hecho que el proceso de integración global era la solución. El resultado lo vemos en los acontecimientos recientes, consecuencia de las inevitables fricciones surgidas durante el proceso: el Brexit y el auge de los movimientos antieuropeístas.

Es curioso, no obstante, que el origen de la Unión Europea fuera comercial, meramente económico, con la creación de la Comunidad Europea del Carbón y el Acero[15] (CECA) y la Comunidad Europea de la Energía Atómica[16] (EURATOM), uniones estas que sí sirvieron para dar respuesta a una demanda global. En efecto, la principal globalización, o la primera, ha sido la económica, la de prestación

---

15 Puede obtenerse información adicional en el siguiente enlace: https://eur-lex.europa.eu/legal-content/ES/TXT/?uri=LEGISSUM%3Axy0022

16 Puede obtenerse información adicional en el siguiente enlace: http://www.europarl.europa.eu/about-parliament/es/in-the-past/the-parliament-and-the-treaties/euratom-treaty

de servicios, la del comercio, la que primeramente generó la necesidad de construir alianzas internacionales, y en un punto concreto del camino, se ha pretendido darle forma política y jurídica, algo que, como hemos visto, no resulta tan sencillo. Esto justificaría el éxito (al menos en su formulación inicial), de la Organización para la Cooperación y el Desarrollo Económicos[17] y del Comité de Basilea[18], siempre y cuando mantengan el carácter económico y comercial que ha justificado su alianza.

3. Principales críticas a la existencia de un Derecho Global

Sin pretender menospreciar los trabajos y las conclusiones en relación al supuesto Derecho Administrativo Global del anteriormente referido Instituto de Derecho Internacional y Justicia de la Universidad de Nueva York, hay que reconocer que la teoría del Derecho administrativo global o único, adolece de cimientos firmes, no solo desde el punto de vista del Derecho en sí y de la complejidad de la armonización internacional, sino también por la gran diversidad y disparidad de estados, culturas, organizaciones e idiomas, que complican dicha armonización jurídica.

Por otro lado, debe cuestionarse que se pretenda poner en funcionamiento un ordenamiento global, igualmente válido, aplicable, garantista y acorde en todos los Estados. O, al menos, no en relación a todo el Derecho administrativo, o a todo el pretendido Ordenamiento administrativo global, pues está claro que cuestiones como el intercambio de información o la protección de datos de carácter personal adquieren cada vez mayor dimensión y aceptación global, pero otras cuestiones van a necesitar siempre un trato espe-

---

[17] Puede obtenerse información adicional en el siguiente enlace: https://www.oecd.org/centrodemexico/laocde/

[18] Puede obtenerse información adicional en el siguiente enlace: https://www.bis.org/bcbs/

cífico, adaptado y propio de cada Estado y, por ende, de cada ordenamiento jurídico, como cuestiones fiscales, relativas a la personalidad jurídica o al procedimiento específico aplicable, o la garantía de ejecución y el cumplimiento de la resolución. Estaríamos, de esta forma, reduciendo la pretendida globalización jurídica a una mera formulación de principios de común aceptación y respeto, como la motivación, la seguridad jurídica o la comunicación de actos y resoluciones, como sí apuntan otras corrientes, y como, consideramos, debe tratarse el problema de fondo.

Lo cierto es que la teoría del Derecho administrativo global o único refleja tanta ambición como dificultad de desarrollo. Los intentos para poner en marcha ordenamientos globales han reducido dichos ordenamientos a meras formulaciones o declaraciones de principios, y es algo que tiene toda su lógica, considerando que, como antes apuntábamos, lo que sí existe es cierto consenso sobre determinados principios que en el ámbito del Derecho público deben respetarse, a modo de Derecho natural.

En este sentido, de haber un Derecho administrativo global o único, deberíamos ser capaces de dilucidar, por ejemplo, quién es el encargado de su fiscalización y control de su ejecución, o qué naturaleza ostentaría dicho órgano de control (pública o privada, de ámbito nacional o supranacional). Estas cuestiones (y otras muchas que podrían plantearse) nos llevan de nuevo a la utilización de los instrumentos vistos anteriormente de control de la globalización, pues la existencia de un supuesto Ordenamiento jurídico global, conlleva otra serie de factores de necesaria armonización entre Estados.

Lo cierto es que si ha sido el avance de las telecomunicaciones y del mundo digital el que ha permitido que los mercados se entiendan, sin igualdad de idiomas, costumbres o usos, tal vez procedería aquí utilizar dicho avance tecnológico para interconectar a las distintas Administraciones públicas y ordenamientos, y no tratar de armonizar un ordenamiento que de por sí no está ni armonizado en los propios Estados. Es evidente que la globalización de la economía, del mercado, de las telecomunicaciones y de la actividad de los ciudadanos en general, se ha visto reforzada y multiplicada gracias al desarrollo digital. Por ello, debería al menos plantearse la alternativa de utilizar los mismos mecanismos que han utilizado la economía, el mercado y los ciudadanos para expandirse, pero aplicados al Derecho.

El ritmo de avance de la Administración pública no debe ser en modo alguno el referente, y los mecanismos o instrumentos utilizados por aquella tampoco deben ser considerados como el criterio a seguir por el resto de actores de la sociedad. Esto nos lleva a dos caminos: someterse a la Administración pública y que esta pretenda abarcar normativamente todo aquello que surge a su alrededor, o que sea la Administración pública la que, reconociendo sus limitaciones, decida adaptarse a la realidad, formando parte de ella, y operando como un usuario adicional de los servicios, mecanismos e instrumentos que la sociedad pone a su disposición.

4. Conclusiones

Es evidente que la globalización ha alterado considerablemente los condicionantes que servían de base para la elaboración de los distintos ordenamientos jurídicos que trataban de regular la actividad de los administrados y el tráfico (mercantil, comercial o del tipo que sea), en las sociedades modernas. Las distintas fórmulas que vienen siendo empleadas en las últimas décadas para abordar la necesidad de legislar sobre cuestiones que trascienden el ámbito nacional de cada Estado, han servido para crear un entramado burocrático que, en ciertos aspectos, no ha servido para cubrir las necesidades que la globalización demandaba. Los numerosos órganos y organismos internacionales creados para tratar de cubrir aspectos supranacionales han creado no pocos conflictos competenciales, jurisdiccionales y, en algunos casos, ha supuesto el establecimiento de nuevas barreras a la actividad económica y comercial de los propios administrados.

Los recientes avances y las nuevas tecnologías demandan que los Estados y las Administraciones públicas, operen en los canales y en las condiciones en las que los ciudadanos ya operan, y tal vez por ello la respuesta no sea tratar de regular exhaustivamente todo lo que sirve a los administrados para relacionarse globalmente en el ámbito que sea, sino operar en dichos canales y soportes, como un actor más, dotado eso sí de cierta autoridad o *potestas*, ofreciendo a los ciudadanos los mismos servicios y garantías que venían siendo reconocidos y garantizados, pero a través de los soportes y canales globales que estos utilizan.

5. Referencias

Alli, J. C., (2004). *Derecho Administrativo y Globalización*. Civitas. España.

Auby, J. B. (2013). *La globalización, el derecho y el Estado*. Global Law Press. España.

Ballbé, M., (2007). *El futuro del Derecho administrativo en la globalización: entre la americanización y la europeización*. Revista de Administración Pública, núm. 174.

Fuentetaja Pastor, J. A. (2015). *Derecho Administrativo Europeo*. Editorial Civitas S.A.

Guichot, E. (2014). *Globalización jurídica y derecho público. Recientes aportaciones en la doctrina europea*. Revista de Administración Pública, núm. 187.

González García, J. V. (2015). *Globalización económica y políticas públicas*. Artículo Universidad Complutense de Madrid.

Kingsbury, B., Stewart, R. (2016). *Hacia el derecho administrativo global: fundamentos, principios y ámbito de aplicación*. Instituto Nacional de Administración Pública. España. Global Law Press. España.

Kingsbury, B., Krisch, N. y Stewart, R. (2005). *The emergence of Global Administrative Law*, 68 Law and Contemporary Problems 15. Estados Unidos.

Desafíos del derecho global del trabajo asalariado

Emely Joan López López
Doctoranda Universidad de Barcelona
emelyjoan@gmail.com

Resumen

El mundo globalizado en que vivimos presenta a diario desafíos a todo nivel y en todo ámbito, desde la supervivencia personal hasta la coexistencia armónica entre países. El establecimiento de normas propicia que las reglas del juego sean claras y accesibles para los diferentes países que participan de estas. Sin embargo, en un mundo globalizado donde la convivencia cada vez es más estrecha entre países y se incrementa la interdependencia de las relaciones comerciales, sociales, políticas, y donde el ordenamiento jurídico no se encuentra definido bajo estructuras u organizaciones políticas, hay retos importantes en la búsqueda de esa convivencia armónica a nivel global.

En este trabajo se pretende desarrollar los principales desafíos del derecho del trabajo asalariado en un orden global, en donde los mercados de trabajo se expanden día con día, traspasando fronteras. Estos retos tienen que ver con el aumento de las políticas de flexibilidad del trabajo, la distribución desigual de los avances tecnológicos y la expansión de los mercados de trabajo, las diferentes bases normativas del derecho del trabajo, y la desregulación y regulación unilateral de las empresas.

Palabras clave: derecho global, globalización, trabajo, derecho del trabajo.

Índice

1. Introducción a los mercados de trabajo en la era de la revolución 4.0

La industria y el trabajo han evolucionado disruptivamente en las dos últimas décadas. Gracias a los avances tecnológicos, a la inteligencia artificial, al Internet de las cosas, la geolocalización, la automatización y digitalización de procesos, muchas tareas, manuales e intelectuales, se han simplificado. La ciencia y la tecnología no se conforman con los grandes logros que ya se han obtenidos y que facilitan grandemente la vida de los humanos, sino que continúan avanzando para mejorar y perfeccionar los procesos que realizan las computadoras y los robots, en todos los ámbitos: medicina, finanzas, agricultura, educación, comercio, arquitectura. Programadores, científicos, informáticos e ingenieros continúan enseñando a las computadoras y robots, como se realizan las tareas y cómo piensan los humanos, incluso con aquellas tareas que el humano no puede realizar por sí solo. Con ello, el mercado de trabajo se está transformando, desde las diferentes y nuevas ocupaciones que día a día aparecen, hasta los modos en los que clásicas tareas se realizan, de forma digital, rápida, automatizada y a distancia. Muchas tareas y ocupaciones están desapareciendo, pero también están apareciendo muchas otras. Cada vez hay una mayor dependencia del *big data* en el proceso de trabajo y de la inteligencia artificial, y una mayor conectividad entre los países. Estos cambios en el mercado de trabajo, contribuyen a aumentar la productividad y el crecimiento económico, así como disminuir los costos de transacción y facilitar el acceso a los diferentes mercados alrededor del mundo.

La deslocalización del trabajo es cada día más común y se intensifica con la tecnología. Hoy en día es posible realizar cirugías a través de robots controlados o monitoreados por algún médico desde cualquier parte del mundo a miles de kilómetros del paciente, prestar asesorías jurídicas o financieras a varios clientes a la vez en diferentes ciudades del mundo, así como las tareas más sencillas o microtareas para plataformas de *crowdworking* de todo el mundo como descripción de productos, etiquetado de fotos, redacción o diseño de logos. De manera que las fronteras de los países no suponen un límite para contratar trabajadores de cualquier parte del mundo, con simplemente contar con el bien más básico y elemental de producción: la conexión a la red de Internet. Es factible hablar entonces de cadena mundial de producción, al ser posible «coordinar múltiples esfuerzos a lo largo del globo para generar un producto, ofrecer un servicio o comercializarlos» (Goerlich y Nores, 2019, p. 59).

En esta expansión de los mercados y conectividad de ciudad a ciudad, que propicia el acceso a empresas, clientes, empleos y puestos de trabajo desde cualquier parte del mundo, el contrato de trabajo asalariado es un contrato cada vez menos utilizado, ausencia justificada por los altos grados de flexibilidad y también el limitado control que puede ejercerse, derivado de lo novedoso de sus modos de ejecución y la ausencia de normas puntuales globales que rescaten la observancia de las garantías laborales que protege el derecho del trabajo, optando preferentemente por contratación de trabajo independiente o autónomo, sin que no obstante, hayan desaparecido por completo los indicios de laboralidad, mostrando aún señales de desequilibrio de fuerzas.

2. Ordenes multinivel de protección de derechos laborales

El derecho del trabajo concebido hace más de un centenar de años, ha venido desarrollándose basado en el derecho fundamental del derecho al trabajo digno, justo y en igualdad de condiciones, tratando de estar a la vanguardia de los constantes cambios en el trabajo impulsado por la industria, la libertad de mercado y la tecnología. Esta evolución del derecho del trabajo se ha dado a diferentes ritmos, contextos políticos, normativos y culturales de cada país, y diferentes ideologías, marcando diferencias en su reconocimiento a nivel mundial.

La Organización Internacional de Trabajo ha establecido las normas de trabajo que deben observarse a nivel internacional, como derechos mínimos y principios rectores. Las normas internacionales del trabajo desempeñan un papel importante en la economía mundial y en la gobernanza de las cadenas mundiales de suministro (Oficina Internacional de Trabajo, 2016), las cuales, pretenden lograr el trabajo decente de los trabajadores de todos los países miembros. Sin embargo, este derecho internacional del trabajo presenta algunas limitaciones para su cumplimiento, pues no todos los países ratifican los instrumentos internacionales, y en consecuencia no son de obligatoria observancia.

El derecho global por su parte, ha venido emergiendo, aunque no totalmente ajeno al derecho internacional, y se ha venido a configurar como «un conjunto no definido de órdenes jurídicos, algunos de tendencia universal, pero en su mayoría dirigidos hacia sectores concretos, que, desde instancias distintas a las Estatales, regulan relaciones sociales que superan el ámbito propio del Estado-Nación» (Jiménez, 2016, p. 243). En estos órdenes supranacionales se imponen derechos y obligaciones que llevan a los sectores involucrados a su observancia.

En ese sentido, el derecho del trabajo no ha sido ajeno a las preocupaciones regionales, sobre todo la europea, que ha emitido diversa normativa a través de directivas, reglamentos, recomendaciones, para marcar estándares y reglas en las relaciones de trabajo que surjan, estandarizando las pautas de actuación en temas de regulación de las relaciones de trabajo, protección y seguridad social.

No obstante, en la expansión de los mercados de trabajo, incluso mundialmente, la interacción que se materializa en relaciones contractuales con efectos jurídicos, va más allá de regulaciones regionales o comunitarias, propiciando, en ausencia de normativa, la autorregulación de los mercados de trabajo. En el contexto globalizado, la desregularización es una característica marcada, siendo las empresas las que, de manera unilateral, terminan estableciendo las reglas de trabajo, que muchas veces logran establecerse a nivel supranacional, cedido por la globalización. Por otro lado, la facultad de negociar de los trabajadores se ve aminorada, detrás del poderío empresarial y el debilitamiento de redes de trabajadores, poniendo en riesgo los intereses y derechos de los trabajadores.

Hoy en día, buena porción del trabajo se ejecuta en cadenas mundiales de producción, por lo que el derecho que lo regule debe ser de la misma magnitud, presentándose importantes retos para alcanzar consensos globales que permitan proteger garantías laborales.

3. Desafíos del derecho global del trabajo subordinado

En este contexto globalizado, con la expansión de las relaciones contractuales a nivel global, sin bien, a lo largo de estos últimos años se ha ido adoptando normativa a nivel sobre todo regional, a nivel mundial es más difícil ponerse de acuerdo, sobre todo en un ámbito del derecho, donde los derechos más básicos de un lugar no lo son en otro, y que pueden variar mucho de un continente a otro. En este escrito se esbozan algunos retos significativos para el derecho global del trabajo asalariado, independientemente de los desafíos propios de orden meramente jurídico que enfrenta el derecho global, como los relacionados con la idea de Estado-Nación, soberanía, pluralismo jurídico, que ya han sido tratados en abundantes escritos.

Esos desafíos a los que se enfrenta el derecho global en aras de mantener el equilibrio de fuerzas que busca el derecho del trabajo, está muy relacionado con la situación social, económica y jurídica actual de los trabajadores asalariados, los cuales, ante un mundo globalizado, su protección tutelar se ve constantemente amenazada. En la expansión de los mercados de trabajo y los cambios en los modos tradicionales de ejecutar el trabajo, la opción más sencilla ha tendido a ser la contratación de los trabajadores en calidad de autónomos o independientes, no solo porque se ha aprovechado que con la deslocalización, la flexibilización y la automatización de procesos, los perfiles actuales de una relación laboral están desligándose de los indicios del trabajo dependiente, sino porque, ante falta de consensos regionales y globales, están tendiendo a la autonomía en el trabajo por su fácil y conveniente arreglo contractual, ya que a cambio del trabajo se percibe la remuneración sin más prestación o beneficio económico.

Esto, sin embargo, podría tener efectos negativos sobre aquellos derechos laborales que se protegen, cuando en esas modalidades mundializadas de trabajo se presentan síntomas de desequilibrio en la relación de trabajo. La falta de un orden jurídico global puede propiciar la deslaboralización del trabajo y terminar afectando derechos fundamentales protegidos en un país o región. Por lo que el derecho global, que se ha fortalecido en los últimos años, tiene retos importantes en el ámbito del trabajo, ya que deberá enfrentar el aumento intenso de la flexibilidad en las fuentes de trabajo, la distribución desigual de los avances tecnológicos y la expansión de los mercados de trabajo, las diferentes bases normativas del derecho del trabajo, así como el terreno ganado por la desregulación y la autorregulación del mercado.

3.1. Aumento de las políticas de flexibilidad del trabajo asalariado

En las últimas décadas, se ha visto una internacionalización de la economía y de los mercados, que ha llevado necesariamente a la flexibilidad del trabajo para compatibilizar procesos de producción mundiales. En estas cadenas mundiales de producción se ha dado un aumento de las políticas de flexibilidad del trabajo asalariado. Los horarios de trabajo flexibles, jornadas reducidas, pago únicamente por el tiempo que dura el trabajo, que pueden ser incluso segundos, la posibilidad de elegir o rechazar tareas a realizar y la deslocalización están llevando a la exclusión del trabajo asalariado que caracteriza la empresa y el trabajador clásicos, lo que supone la llamada «huida del derecho laboral».

Este aumento de la flexibilidad unido al deseo de conservar las garantías laborales ganadas por los trabajadores asalariados a lo largo de la historia del derecho del trabajo, representan un reto importante para el derecho global, ya que deberán balancearse los beneficios de la flexibilidad sin perder de vista derechos laborales que se han basado en el perfil del trabajador de la empresa clásica, y que no obstante esa flexibilidad, siguen siendo necesarios proteger, así como conciliar bases legales de diferentes ordenamientos jurídicos involucrados, en aras de lograr la protección de tales garantías laborales.

3.2. Distribución desigual de los adelantos tecnológicos y la expansión de los mercados de trabajo

La tecnología y la posibilidad de participar en mercados globales de trabajo no ha llegado por igual a todo el mundo. En aquellos países donde no ha habido una absorción de la industria, por sus condiciones sociales, económicas, culturales y políticas, existen fracturas entre la realidad social y la tecnológica (Bouza, 2002), quedando excluidos de los beneficios de los mercados globales y cadenas mundiales de valor, o con una participación muy escasa, por encontrarse en niveles de desarrollo tecnológico diferente. Este proceso desigual representa un obstáculo para regular globalmente el trabajo, ya que no todos los países que participan en alguna de las etapas de tales procesos de producción, tendrán la capacidad para cumplir con estándares a la altura de aquellos países industrializados y altamente tecnológicos, y, por tanto, se tendería a regular de manera selectiva por países.

Subirats (2010) señala que «En un contexto de creciente heterogeneidad e individualización social, la exclusión va más allá de las desigualdades verticales del modelo industrial» (p. 13), es verdad que, en una sociedad ya disgregada, podrían introducirse otras fisuras que intensifiquen la exclusión social, y que la población en condiciones de vulnerabilidad continúe marginada, y nuevos grupos sociales sean excluidos, fenómeno que, por supuesto, también es cambiante. Es por ello que estos países deberán luchar por priorizar su inserción en los mercados globales marcados por los cambios de la Revolución digital o 4.0, para estar a la vanguardia, a la altura de las necesidades globales que marcan el futuro del trabajo y la economía, y participar del orden que establece el derecho supraestatal o global. La lucha por la inclusión tiene mucho que ver con la consolidación de relaciones sociales a nivel mundial, que permitiría disfrutar de los beneficios de estar inmerso en los procesos mundiales de producción.

Un tema de preocupación, específicamente en el terreno del trabajo, es que, en la búsqueda por la automatización de procesos, en aras de que los recursos sean más eficientes y las ganancias mayores, la precariedad en el trabajo aumente, bajo figuras como el *crowdsourcing*, que limitan el acreditar derechos laborales, lo que provocaría que la condición de los trabajadores sea más vulnerable y posiblemente, sus derechos más básicos mermados. Con el tiempo, podrían ir desapareciendo los beneficios laborales ganados, bajo figuras diseñadas a la medida de los modelos de negocio de moda desarrollados bajo las nuevas herramientas tecnológicas en los mercados globales. Derechos como la negociación colectiva, que dejan de ejercerse ante la segmentación del mercado de trabajo con este tipo de herramientas tecnológica que varían las formas de prestar el trabajo, también tiene un impacto en la sociedad (Arencibia, 2014), ya que las preocupaciones de un colectivo de trabajadores, en este contexto, no serán fácil de organizar, plantear y negociar más allá de lo local y comunitario, sobre todo si globalmente no existen consensos uniformes que protejan este tipo de derechos ni regulen como ejercerlos. Otra preocupación presente en los mercados globalizados de trabajo es el posible aumento de la desigualdad, lo que dificultaría el intercambio entre personas y naciones, como un efecto adverso, si no se trabaja para revertirlo, y en su lugar, aprovechar el potencial de la tecnología y la expansión del trabajo a nivel mundial para cerrar brechas de desigualdad y, además, generar oportunidades accesibles para todos.

En ese sentido, para el establecimiento del derecho global, significa un desafío, lograr ajustarse a distintos niveles de desarrollo en los que se encuentran los distintos actores que participan de procesos que deben ser regulados. Resulta esencial, la promoción y el respeto de derechos fundamentales y, sobre todo, la protección y promoción del desarrollo de las capacidades y libertades de los individuos, en armonía social, y el establecimiento de unas normas de carácter global destinadas a atender la protección de los derechos tutelares de los trabajadores.

3.3. Distintos niveles de protección del derecho del trabajo alrededor del mundo

Aunque el objeto del derecho del trabajo, es el mismo en los distintos ordenamientos jurídicos: la regulación de la relación de trabajo, las normas para el trabajador, tienen diferentes niveles de protección. Así, en el intercambio de fuerza de trabajo, físico o intelectual, entre países con diferentes sistemas de protección podrían enfrentar dificultades para conciliar normativa laboral, entre las que se tutelan con mayor intensidad y las que son menos proteccionistas de los trabajadores.

Es también por ello que en la práctica ha resultado más fácil ceder libertad a demandantes y oferentes de trabajo, para el establecimiento de acuerdos entre los contratantes. Hay que mencionar que, para las empresas, resulta conveniente no regirse por normativas proteccionistas de los trabajadores asalariados, aun cuando los modos en los que se presta el trabajo, presenta síntomas de desequilibrio de poder, e indicios de encontrarse sujetos a la dirección y organización de las empresas, teniendo estas, completa libertad para establecer las reglas, tratando el trabajo como un bien comerciable como cualquier otro.

Ello también es consecuencia de la inexistencia de pautas globales que guíen estándares mínimos de protección, como las que tienen los trabajadores subordinados en distintos ordenamientos jurídicos, siendo más difícil detectar posibles fraudes de falsos autónomos. Por lo que, en el establecimiento de relaciones de intercambios comerciales, presenta un desafío importante el tratar de rescatar la normatividad proteccionista de los trabajadores, conciliando sistemas opuestos, que no dejen escapar garantías sociales ganadas por los trabajadores en sus espacios nacionales o locales.

3.4. Pérdida del control normativo con la desregulación y establecimiento de normas unilateralmente por las empresas

La desregulación que caracteriza a la globalización, ha dado paso a que las empresas sean las que regulen las relaciones de trabajo, basadas en la libertad de mercado y flexibilidad en el trabajo, las cuales son establecidas de manera unilateral, sin dejar oportunidad de negociación para los trabajadores, quienes han de ajustarse a los términos y condiciones de estas empresas, cuyas normas se han instalado y se expanden como usos mercantiles generalizados.

La desregulación toma lugar debido al espacio cedido por la propia ausencia de regulación de los Estados, dejando en libertad a la colectividad de convenir los términos de sus relaciones contractuales de trabajo. Sin embargo, ese poder de establecimiento de reglas se ve atribuido principalmente a las organizaciones empresariales, por su imperio fortalecido gracias a su poderío económico y organizacional. Siendo, asimismo, este fenómeno de la desregulación consecuencia de la mundialización de modos de vida, culturas, procesos productivos, etcétera. Como señala Baylos (1999), es precisamente la cada vez más alejada presencia del Estado y el «reacomodo del esquema normativo laboral en un sentido desregulador y fortalecedor de la unilateralidad empresarial (. . .) lo que caracteriza al fenómeno de la globalización en relación con la regulación jurídico-laboral» (p. 25).

Esta pérdida de control sobre la regulación, supone un desafío importante para el derecho, ya que deberán recuperar estos espacios perdidos, abriendo paso a una apropiada regulación, protegiendo derechos, garantías y libertades de los sujetos sociales involucrados. Y particularmente en el ámbito del derecho del trabajo, empoderarse los actores respectivos, de facultades normativas y de negociación, para defender derechos y garantías sociales ganados, sin retrocesos que lleven a la deslaboralización de las relaciones de trabajo.

Como señala Rodriguez-Piñero (2002, citado por Goerlich y Nores, 2019), dado que la globalización es irreversible, la recuperación de la coincidencia de estándares laborales requiere diseñar e imponer un derecho del trabajo supranacional, que regule a los operadores jurídicos del mercado global, que elimine la contratación de mano de obra barata y facilite el establecimiento de condiciones de trabajo justas a nivel mundial. En este proceso de recuperación de facultades normativas, deberá serse cuidadoso con delimitar las líneas de acción a efectos de no disminuir los beneficios de la libertad de mercado y de industria, ni mermar derechos laborales.

4. Conclusiones

El derecho global del trabajo asalariado presenta desafíos importantes, con los cambios introducidos por la Revolución digital o Revolución 4.0 en el mercado de trabajo, marcados por el aumento de flexibilidad del trabajador asalariado, la distribución desigual de los adelantos tecnológicos y la expansión de las relaciones comerciales, los distintos niveles de protección de los trabajadores alrededor del mundo y la regulación unilateral por parte de las empresas; sobre todo porque en el crecimiento y expansión mundial de los mercados de trabajo se están abandonando prácticas laborales de protección de los trabajadores. Estos retos, en su mayoría, consisten en frenar algunas prácticas que se han instaurado por falta de acuerdos globales, pero también consisten en dotar de instrumentos normativos que concilien estándares laborales y evitar así la deslaboralización del trabajo global.

El derecho global trae consigo bondades para el establecimiento de normas que pueden aprovecharse para detener la huida del derecho laboral y proteger y/o potenciar derechos reconocidos, pero de difícil vigilancia en su cumplimiento. Gracias a la búsqueda de la revalorización del ser humano con los valores supremos que consagra, el derecho global es capaz de enfrentar los retos que la globalización presenta; y aprovechar la coyuntura económica mundial para fortalecer derechos de los trabajadores en busca del establecimiento de la paz y justicia social.

5. Referencias

Arencibia, M. G. (2014). Economía política de la globalización. Fundación Universitaria Andaluza Inca Garcilazo. Disponible en https://www.eumed.net/libros-gratis/2014/1362/index.htm, recuperado el 6 de abril de 2021.

Bouza, F. (2002). Innovación tecnológica y cambio social. Las encrucijadas del cambio social (pp. 85-97). Madrid, España: Universidad de Vigo, Servicio de Publicaciones.

Goerlich, J. M., & Nores, L. (2019, October). Deslocalización de la producción y estándares laborales. Revista Trabajo y Seguridad Social. CEF. No. 439: El Desplazamiento Transnacional de Personas Trabajadoras en el Ámbito de la Unión Europea, 55-86.

Jiménez, A. (2016, Octubre). El Derecho Global. Revista En Cultura de La Legalidad No. 11, 237-245.

Oficina Internacional de Trabajo. (2016). El trabajo decente en las cadenas mundiales de suministro. Conferencia Internacional de Trabajo No. 105. Ginebra, Suiza.

Subirats, J. (2010). Los grandes procesos de cambio y transformación social. Algunos elementos de análisis. Cambio social y cooperación en el siglo XXI (pp. 7-20). España: Intervida.

El deber de cooperación en la conservación y ordenación de los recursos vivos de la alta mar

Maximiliano Astorga Beltrán
Investigador predoctoral
de la Universidad de Barcelona
maximiliano.astorga@ub.edu

Resumen

La gestión de las poblaciones de peces en alta mar representa uno de los mayores desafíos en el ámbito pesquero internacional, tanto por las repercusiones económicas, como por el impacto ambiental y social que genera la sobreexplotación de los recursos marinos. La existencia de este problema mundial ha llevado a la aparición de elementos de cooperación en el ámbito de las relaciones internacionales. Este deber de cooperación cobra relevancia tratándose de las poblaciones de peces compartidas, pues el artículo 8.4. del Acuerdo sobre las Poblaciones de Peces, establece que únicamente los Estados que sean miembros de una organización o participantes en arreglos subregionales o regionales de pesca, o que se comprometan a aplicar las medidas de conservación y ordenación establecidas por la organización o el arreglo, tendrán acceso a los recursos de pesca respecto de los cuales se aplican dichas medidas. Por tanto, existe una contraposición entre el derecho de todo Estado a pescar en alta mar, con el hecho de que un grupo de Estados haya establecido medidas de conservación y ordenación para una población de peces compartidas. Este artículo pretende reflejar las posturas doctrinales que hay sobre el tema, en el sentido de si la obligación de aplicar las medidas y la prohibición de acceso (en caso de no aplicarlas), alcanza a los Estados que no son parte del Acuerdo sobre las Poblaciones de Peces.

Palabras clave: *Cooperación internacional /Alta mar / Acuerdo sobre Poblaciones de Peces / Pacta tertiis / Costumbre internacional*

Abstract

The management of fish stocks on the high seas represents one of the greatest challenges in the international fisheries field, both due to the economic repercussions and the environmental and social impact generated by the overexploitation of marine resources. The existence of this global problem has led to the emergence of elements of cooperation in the field of international relations. This duty of cooperation becomes relevant in the case of shared fish stocks, since Article 8.4. of the Fish Stocks Agreement provides that only States that are members of an organization or participants in subregional or regional fisheries arrangements, or that undertake to implement the conservation and management measures established by the organization or arrangement, shall have access to the fishery resources in respect of which those measures apply. There is therefore a contrast between the right of every State to fish on the high seas with the fact that a group of States has established conservation and management measures for a shared fish stock. This article aims to reflect the doctrinal positions that exist on the subject, in the sense of whether the obligation to apply the measures and the prohibition of access (in case of not applying them), reaches the States that are not party to the Fish Stocks Agreement.

Keywords: *International cooperation /High seas / Fish Stocks Agreement / Pacta tertiis / International custom*

Índice

1. Introducción

Recientemente, en agosto de 2020, una flota compuesta por más de 300 buques procedentes de China, llegó hasta los límites de la zona económica exclusiva del Archipiélago de Galápagos —en una ruta que va desde el Atlántico Sur (frente a Argentina) hasta el Pacífico Sur (pasando por Chile, Perú y Ecuador)— para capturar el recurso calamar gigante. Lo anterior causó preocupación en el ámbito político internacional (CARRERE, 2020). Pues junto a las protestas del gobierno de Ecuador ante las autoridades chinas, se sumaron las del entonces secretario de Estado Estadounidense Mike POMPEO, quien calificó la actividad china en la zona como «profundamente inquietante»[1].

La preocupación internacional se debe a los grandes volúmenes de pesca que la flota china estaría capturando y, por otro lado, por la forma en que los Estados comparten el acceso de las actividades pesqueras en alta mar. Pues un análisis del esfuerzo de pesca identificado en alta mar durante los años 2015-2016, reveló que el

---

1 POMPEO, MIKE [@SecPompeo] (27 de agosto de 2020). Twitter: "*Reports of 300+ Chinese vessels near the Galapagos disabling tracking systems, changing ship names, and leaving marine debris are deeply troubling. We again call on the PRC to be transparent and enforce its own zero tolerance policy on illegal fishing*". Online: <https://twitter.com/SecPompeo/status/1298971408614199296> (Recuperado el 30 de abril de 2021).

97 % de todo el esfuerzo pesquero (medido en horas de pesca) es realizado por barcos con pabellón de países de mayores ingresos. La gran mayoría (86 %) de este esfuerzo se puede atribuir a solo cinco países (de mayor a menor): China, Taiwán, Japón, Corea del Sur y España. Cuando China y Taiwán se analizan juntos, representan aproximadamente el 52 % del esfuerzo de pesca que se detecta en alta mar, que, como referencia, es una cantidad aproximadamente 12 y 27 veces mayor que el esfuerzo de pesca detectado para Estados Unidos y Rusia, respectivamente (McCauley *et al.*, 2018).

La situación descrita precedentemente, pone de relieve que la gestión de las poblaciones de peces en alta mar representa uno de los mayores desafíos en el ámbito pesquero internacional, tanto por las repercusiones económicas, como por el impacto ambiental y social que genera la sobreexplotación de los recursos marinos. La existencia de este problema mundial, que carece de solución en el ámbito nacional, ha llevado a la aparición de elementos de cooperación en el terreno de las relaciones internacionales. Pues la Convención de las Naciones Unidas sobre el Derecho del Mar (en adelante «CNUDM») establece que todos los Estados tienen el deber de adoptar las medidas que, en relación con sus respectivos nacionales, puedan ser necesarias para la conservación de los recursos vivos de la alta mar, o de cooperar con otros Estados en su adopción (artículo 117).

Este deber de cooperación cobra relevancia tratándose de las poblaciones de peces compartidas, pues el artículo 8.4. del Acuerdo sobre la Aplicación de las Disposiciones de la CNUDM Relativas a la Conservación y Ordenación de las Poblaciones de Peces Transzonales y las Poblaciones de Peces Altamente Migratorios (en adelante e indistintamente «Acuerdo» o «Acuerdo sobre Poblaciones de Peces»), establece que únicamente los Estados que sean miembros de una organización o participantes en arreglos subregionales o regionales de pesca, o que se comprometan a aplicar las medidas de conservación y ordenación establecidas por la organización o el arreglo, tendrán acceso a los recursos de pesca respecto de los cuales se aplican dichas medidas.

A la fecha (mayo de 2021), 91 países han ratificado o se han adherido al Acuerdo sobre Poblaciones de Peces (Naciones Unidas, 2020), entre ellos: España (Unión Europea: 19/12/03), Japón (07/08/06), Corea del Sur (01/02/08), Federación Rusa (04/08/1997) y Estados Unidos de América (21/08/96)[2]; no así China. ¿Qué acontece entonces con aquellos Estados que no son parte del Acuerdo, o no son miembros de una organización o arreglo subregional o regional de pesca, y no se comprometen a aplicar las medidas de conservación y ordenación establecidas por la organización o arreglo?

En este caso, existe una contraposición entre el derecho de todo Estado a pescar en alta mar, con el hecho de que un grupo de Estados haya establecido medidas de conservación y ordenación para una población de peces compartidas. Este artículo pretende reflejar las posturas doctrinales que hay sobre el tema, en el sentido de si la obligación de aplicar las medidas y la prohibición de acceso (en caso de no aplicarlas) son obligatorias para los Estados que no son parte del Acuerdo sobre Poblaciones de Peces.

2. Extensión del ámbito de aplicación del Acuerdo

El Acuerdo sobre Poblaciones de Peces, que se basa en las disposiciones pertinentes de la CNUDM de 1982, constituyó un enorme avance en la elaboración de un régimen jurídico amplio para la conservación a largo plazo y el aprovechamiento sostenible de las poblaciones de peces transzonales y altamente migratorias (Naciones Unidas, 2010). Aprobado el 08 de agosto de 1995 y vigente a partir del 11 de diciembre de 2001, el Acuerdo cuenta con dis-

---

2 Cabe destacar que Estados Unidos de América aún no ha ratificado la CNUDM, a diferencia de China (07/06/96). «Lo realmente significativo es que (. . .) es posible la prestación del consentimiento en obligarse por el Acuerdo de 1995 sin haberlo aportado previa o simultáneamente respecto de la CNUDM. Por lo tanto, paradójicamente, un tratado que tiene por título la CNUDM (. . .) no exige, para ser parte en él, estar vinculado por el instrumento que es su causa y que desarrolla» (Casado, 1996).

posiciones que han generado fuertes reacciones doctrinales, siendo estas, fundamentalmente, las relativas a la extensión del ámbito de aplicación de las obligaciones que se imponen en dicho instrumento (Pueyo, 2009). En efecto, el artículo 8, relativo a la cooperación para la conservación y la ordenación, dispone lo siguiente:

> Artículo 8.3. En los casos en que una organización o un arreglo subregional o regional de ordenación pesquera tenga competencia para establecer medidas de conservación y ordenación respecto de determinadas poblaciones de peces transzonales o poblaciones de peces altamente migratorios, los Estados que pescan esas poblaciones en alta mar y los Estados ribereños correspondientes cumplirán su obligación de cooperar haciéndose miembros de la organización o participantes en el arreglo, o comprometiéndose a aplicar las medidas de conservación y ordenación establecidas por la organización o el arreglo (. . .)
>
> 4. Únicamente los Estados que sean miembros de dicha organización o participantes en dicho arreglo, o que se comprometan a aplicar las medidas de conservación y ordenación establecidas por la organización o el arreglo, tendrán acceso a los recursos de pesca a que sean aplicables dichas medidas.

Estas normas, que van más allá de las disposiciones de la CNUDM, representan sin duda el desarrollo del Derecho Internacional. Dicho desarrollo fue posible gracias al rápido crecimiento de la conciencia y la difusión del interés de la comunidad internacional en la conservación y una mejor gestión de las poblaciones de peces transzonales y altamente migratorias en los últimos años (Hayashi, 1995)[3].

---

3 *"Whether this solution amounts to a denial of the freedom of such states to fish in the high seas, as has been argued, is debatable since the freedom to fish does not mean that it must be unregulated or done in a manner contrary to conservation and rational management. The whole evolution of the law of high seas fisheries has been pointing in this direction and the 1995 Agreement has only made explicit what was already well advanced in international law. The right to fish is not affected by this solution, but the*

Sin embargo, surge la siguiente pregunta: ¿son estas disposiciones aplicables a los Estados que no son partes del Acuerdo, y que además no se comprometen a aplicar las medidas de conservación y ordenación establecidas por una organización o arreglo? Al respecto, cobra relevancia uno de los principios fundamentales del Derecho Internacional: un tratado vincula solo a los Estados que son partes en él (*pacta tertiis nec nocent nec prosunt*). No obstante, hay algunos que defienden la aplicación de dichas disposiciones, debido a que han alcanzado una aceptación tan amplia, que llegan a formar parte del Derecho Internacional Consuetudinario.

3. *Pacta Tertiis*

Existe un grupo de autores que opina que las disposiciones relativas a la extensión del ámbito de aplicación del Acuerdo sobre Poblaciones de Peces, no son aplicables a los Estados que no son partes de este. Sin embargo, hay que distinguir a quienes afirman que dichas disposiciones no se aplican por ir en contra del principio internacional *Pacta Tertiis*; de aquéllos que señalan que no se aplican precisamente en función de dicho principio.

En efecto, existe un sector doctrinal que señala que los párrafos 3 y 4 del artículo 8 del Acuerdo están claramente en contradicción con lo dispuesto en la CNUDM, pues «van en contra del principio general del Derecho Internacional '*pacta tertiis nec nocent nec prosunt*', codificado en el Convenio de Viena de 1969 sobre el Derecho de los Tratados, conforme al cual un tratado no crea derechos ni obligaciones para un tercer Estado sin su consentimiento» (Yturriaga, 1997). También se ha señalado que dichas disposiciones son «(. . .) una auténtica provocación que hace tambalear principios fundamentales del Derecho de los tratados y las libertades de la alta mar, atendiendo a la satisfacción de un designio superior que impone la cooperación» (Remiro, 2010).

---

conditions for its exercise are established under a particular organization or arrangement" (Orrego, 2003).

Para dichos autores, el artículo 8.4. del Acuerdo es aplicable —en principio— a los Estados, no a partes en él. Es decir, si dichos Estados no se comprometen a aplicar las medidas de conservación y ordenación establecidas por una organización o arreglo, no tendrán acceso a los recursos de pesca a que sean aplicables dichas medidas. Sin embargo, como la disposición va en contra del principio *pacta tertiis* —en definitiva— las medidas no son aplicables a un Estado que no ha consentido con el Acuerdo.

Hay también quienes opinan que el Acuerdo sobre Poblaciones de Peces no constituye una violación de la regla *pacta tertiis*. Por el contrario, un análisis cuidadoso parece demostrar que el Acuerdo no crea obligaciones para terceros Estados, sino solo para aquéllos que han consentido en obligarse por el Acuerdo. Pues más allá de cualquier posible efecto *erga omnes* de las disposiciones en comento, debido al lenguaje y a los términos empleados —al hablar de «los Estados»—, los efectos del Acuerdo respecto de Estados no partes se precisan en el artículo 33, en donde no se contempla ninguna prohibición de acceso para estos, respecto de los recursos de un área regulada por una Organización Regional de Ordenación Pesquera (Pueyo, 2009). Por tanto, al clarificarse expresamente en el propio Acuerdo el alcance del mismo respecto a los Estados no partes, resulta clara la idea de que estos deberes —mucho más estrictos y explícitos sobre la cooperación— solo son aplicables entre los Estados partes del Acuerdo sobre Poblaciones de Peces y, por lo tanto, no son incompatibles con el principio *pacta tertiis* (Molenaar, 2000).

Por lo tanto, si bien el Acuerdo sobre Poblaciones de Peces parece desviarse de las disposiciones de la CNUDM, en definitiva, sus normas son vinculantes solo para los Estados Partes y, en ese sentido, no son contrarias al Derecho Internacional en general, incluida la CNUDM (Hayashi, 1995). Hasta ahí, la discusión parece zanjada, pues a los Estados no partes en el Acuerdo no les alcanzan las obligaciones contenidas en el párrafo 3 del artículo 8, ni la prohibición de acceso estipulada en el párrafo 4. Pero ¿podrían considerarse dichas disposiciones normas consuetudinarias de Derecho Internacional con el fin de hacerlas obligatorias a todos los Estados, partes no partes del Acuerdo sobre las Poblaciones de Peces?

4. ¿Costumbre internacional?

Existe un grupo de autores que sostiene que las disposiciones en comento no constituyen normas consuetudinarias de Derecho Internacional y, por lo tanto, a los Estados no partes en el Acuerdo —y que no están dispuestos a aplicar las medidas de conservación y ordenación adoptadas por una organización o arreglo— no se les puede negar su derecho de pescar en la alta mar. Si bien estos Estados «violan de manera insultante su obligación de cooperar para conservar recogido en la CNUDM y considerada como norma de Derecho Internacional general», se iría demasiado lejos si se considera «al parágrafo 4 del artículo 8 como norma consuetudinaria de Derecho Internacional con el fin de hacerla obligatoria a todos los Estados, partes o no partes del Acuerdo de 1995» (Vázquez, 2002). Para Erik Franckx (2000), las disposiciones relativas a la extensión del ámbito de aplicación del Acuerdo no constituyen costumbre internacional, debido a su carácter novedoso. Pues estas:

> (. . .) *appears to reflect progressive development rather than codification of present day international law (. . .) the logical conclusion to be reached is that outside the strict conventional framework, this provision must remain ineffective since it can hardly be considered as forming part of contemporary customary international law.*

Desde un punto de vista teórico, para el citado autor parece difícil sostener que estas disposiciones formarán algún día parte del Derecho Internacional Consuetudinario. El principal razonamiento es que el Derecho Consuetudinario no parece ser un vehículo apropiado para desarrollar reglas altamente técnicas y concretas como las contenidas en el Acuerdo. Sin embargo, bajo otro punto de vista, es posible sostener que la costumbre internacional «se ha adaptado a un nuevo hábitat», pues «los tratados se han convertido en uno de los más eficaces medios de formación de normas generales por vía consuetudinaria» y, a su vez, las organizaciones internacionales han provocado un cambio esencial —una aceleración— en los procedimientos de elaboración de la costumbre (Remiro, 2010):

> A la vista de la práctica que hasta el momento nos ofrecen las Organizaciones Regionales de Ordenación Pesquera (OROP), se estaría produciendo un progresivo reconocimiento por vía consuetudinaria de algunas de las obligaciones contenidas en el Acuerdo, lo que permitiría, en particular, no solo proclamar la obligación para todos los Estados —partes o no en el Acuerdo— de cooperar con las organizaciones regionales competentes (. . .) sino también superar los recelos que suscitan (. . .) algunas disposiciones controvertidas de este instrumento internacional (Pueyo, 2009).

Ahora bien, para que la práctica de las OROPs pueda conformar el elemento material de la costumbre internacional, es necesario, en primer lugar, una convicción general, lo que no quiere decir unanimidad, pues no se trata de un problema aritmético, sino de representatividad (Casado, 2014). Al respecto, cabe recordar que el Acuerdo sobre Poblaciones de Peces cuenta con 91 partes, que incluye a los principales países pesqueros del mundo, salvo China y Perú[4]. Si bien

---

4 De acuerdo a datos proporcionados por la Organización de las Naciones Unidas para la Alimentación y la Agricultura (FAO), los 20 mayores productores de pesca de captura marina durante el año 2018, son (de mayor a menor): China, Perú, Indonesia, Federación Rusa, Estados Unidos de América, India, Vietnam, Japón, Noruega, Chile, Filipinas, Tailandia, México, Malasia, Marruecos, República de Corea, Islandia, Myanmar, Mauritania, España (FAO, 2020). Al respecto, el profesor Casado Raigón (2014) ha afirmado que «con tantas ausencias sería atrevido afirmar que este Acuerdo de 1995, al menos en su conjunto, traduzca Derecho Consuetudinario o cristalice prácticas en vías de formación».

la participación en el Acuerdo ha llegado a considerarse «una de las principales modalidades por las que un país da a entender que es una nación pesquera responsable» (Naciones Unidas, 2010), todavía algunos Estados presentan dificultades con su contenido, toda vez que de adherirse o ratificarlo, se comprometen con reglas y obligaciones que en algunas áreas importantes superan el estricto marco de la Convención de 1982 (Franckx, 2000). Lo anterior ha impedido que el número de ratificaciones o adhesiones sea más amplio. Más aún si se tiene en cuenta que, de conformidad con el artículo 42 del Acuerdo, no se pueden formular reservas ni excepciones.[5]

No obstante, mientras más Estados apoyen una determinada regla, más probable es que esa regla constituya una solución socialmente óptima. Sin embargo, como el apoyo de la mayoría no es garantía de la racionalidad de una decisión (es solo una indicación de racionalidad), cuanto más seguros se pueda estar acerca de la racionalidad óptima social de una determinada situación, menos consentimiento se necesitaría observar (Petersen, 2011).

En segundo lugar, la práctica ha de ser uniforme, en el sentido de que «las respuestas o actuaciones de los Estados ante situaciones similares no sean contradictorias o discrepantes, sino sustancialmente idénticas, consistentes» (Remiro, 2010). En situaciones con un alto grado de certeza, la objeción a una norma consuetudinaria emergente seguirá, en la mayoría de los casos, intereses estratégicos. No obstante, si la conducta de un Estado daña los intereses de toda la comunidad internacional, no se podría permitir una objeción persistente. Pues cuando se ha identificado una regla que protege un bien común —como es la conservación y ordenación de los recursos marinos vivos—, entonces esta regla es vinculante para todos los Estados, independientemente de si se han opuesto o no (Petersen, 2011).

---

[5] Like the Convention the 1995 Agreement does not allow for reservations and exceptions in order to preserve the unity of the instrument and avoid the problem of states accepting parts that are in their interest while rejecting other aspects that are not as convenient (Orrego, 2003).

Por último, el elemento material de la costumbre reclama el trascurso de cierto lapso temporal. Se habla hoy de la aceleración en el proceso de formación de las normas consuetudinarias, siendo uno de los factores que han estimulado este fenómeno «la necesidad de regular áreas nuevas abiertas a la actividad humana por el avance tecnológico» (Remiro, 2010). A modo de ejemplo, se puede señalar que ante la creciente captura del recurso calamar gigante en el Pacífico Sur —por parte de los buques con pabellón de China— en mayo de 2020 la Organización Regional de Administración Pesquera para la Alta Mar del Pacífico Sur («SPRFMO», por sus siglas en inglés), dictó medidas de ordenación sobre dicha especie, pues a partir del 1 de enero de 2021, se deberán llevar observadores científicos en el 5 % de las naves[6].

Finalmente, para que surja una norma consuetudinaria, es preciso que la práctica se haya realizado con el convencimiento de que lo que se hace, es lo que se debe hacer. Hoy se habla de «*opinio iuris* del consenso facilitada y acelerada por el proceso de codificación y desarrollo progresivo del Derecho Internacional mediante tratados multilaterales y resoluciones de las Organizaciones Internacionales» (Remiro, 2010). Al respecto, es posible señalar que la Convención para la Conservación y Manejo de los Recursos Pesqueros de la Alta Mar del Pacífico Sur —adoptada el día 14 de noviembre de 2009 bajo el amparo de la CNUDM y el Acuerdo sobre Poblaciones de Peces—, creó la SPRFMO, de la cual China y Perú son miembros, a pesar de no ser partes del Acuerdo. Lo anterior, confirma la práctica consistente de estos Estados con las medidas de conservación y ordenación adoptadas por esa OROP, al ser miembros de esta.

---

6 South Pacific Regional Fisheries Management Organisation, *CMM 18-2020 Conservation and Management Measure on the Management of the Jumbo Flying Squid Fishery*. Online: <https://www.sprfmo.int/assets/Fisheries/Conservation-and-Management-Measures/2021-CMMs/CMM-18-2020-Squid-Consequential-12Mar2021.pdf> (Recuperado el 06 de mayo de 2021).

En definitiva, si bien no existe una regla clara propuesta en la jurisprudencia o doctrina internacional de cuánto consentimiento o cuánta práctica estatal consistente son necesarios para la formación del Derecho consuetudinario (Petersen, 2011), «*the only manner in which the novel principles enshrined in this agreement can be reasonably promoted in the future, is by securing as many ratifications as possible, preferably from a representative mix of countries, but especially including high seas fishing states*» (Franckx, 2000) y, de momento, las principales potencias pesqueras han ratificado el Acuerdo. El hecho de que importantes Estados que pescan en aguas distantes no se adhieran al Acuerdo sobre Poblaciones de Peces podría ocasionar problemas importantes al régimen previsto para la conservación y ordenación de la pesca en alta mar, por tanto, es imperativa una amplia aceptación del tratado (Juda, 1997).

5. Conclusiones

En el ámbito de la cooperación internacional, el principal impedimento para lograr que la ordenación de las poblaciones de peces compartidas —en una determinada región de alta mar— sea verdaderamente eficaz, radica en el hecho de que no todos los Estados se comprometen a aplicar las medidas de conservación y ordenación establecidas por una OROP o arreglo regional o subregional.

Sin embargo, los Estados no disfrutan de un derecho incondicional para pescar en la alta mar, pues existe el deber de cooperar para la conservación, toda vez que no se puede permitir un actuar en contra de una regla que protege un bien común, como es la conservación y ordenación de los recursos vivos en la alta mar.

Probablemente la Corte Internacional de Justicia sea quien deba determinar el ámbito de aplicación de los párrafos 3 y 4 del artículo 8 del Acuerdo sobre Poblaciones de Peces y, en definitiva, establecer si son o no normas de Derecho Internacional consuetudinarias.

6. Referencias

Carrere, M. (10 de agosto de 2020). La ruta de las flotas chinas pesqueras y sus antecedentes ilegales, *Mongabay*. Online: <https://es.mongabay.com/2020/08/la-ruta-de-las-flotas-chinas-pesqueras-y-sus-antecedentes-ilegales/> (Recuperado el 03 de mayo de 2021).

Casado Raigón, Rafael (1996), El Derecho de la Pesca en Alta Mar y sus Últimos Desarrollos, en *Cursos de Derecho Internacional de Vitoria-Gasteiz*, vol. 1.

Casado Raigón, Rafael (2014), La Convención de las Naciones Unidas sobre el Derecho del Mar y su Pretensión de Universalidad y Generalidad, en José Manuel Sobrino Heredia (Dir.) *La contribución de la Convención de las Naciones Unidas sobre el Derecho del Mar a la buena gobernanza de los mares y océanos*, vol. I, (Editoriale Scientifica).

FAO (2020), *El estado mundial de la pesca y la acuicultura 2020. La sostenibilidad en acción.*

Franckx, Erik (2000), *Pacta Tertiis and the Agreement for the Implementation of the Provisions of the United Nations Convention on the Law of the Sea of 10 December 1982 Relating to the Conservation and Management of Straddling Fish Stocks and Highly Migratory Fish Stocks.*

Hayashi, Moritaka (1995), The 1995 Agreement on the Conservation and Management of Straddling and Highly Migratory Fish Stocks: Significance for the Law of the Sea Convention, en *Ocean & Coastal Management*, vol. 29, núm. 1-3 (pp. 51-69).

Juda, Lawrence (1997), The 1995 United Nations Agreement on Straddling Fish Stocks and Highly Migratory Fish Stocks: A Critique, en *Ocean Development and International Law*, vol. 28, núm. 2 (pp. 147-166).

McCauley, Douglas; Jablonicky, Caroline; Allison, Edward H.; Golden, Christopher D.; Joyce, Francis H.; Mayorga, Juan; Kroodsma, David (2018), Wealthy Countries Dominate Industrial Fishing, en *Science Advances*, vol. 4, núm. 8, https://doi.org/10.1126/sciadv.aau2161.

Molenaar, Erik Jaap (2000), The Concept of 'Real Interest' and Other Aspects of Co-operation through Regional Fisheries Management Mechanisms, en *The International Journal of Marine and Coastal Law*, vol. 15, núm. 4 (pp. 475-531).

Naciones Unidas (2010), Acuerdo de 1995 sobre las poblaciones de peces transzonales y las poblaciones de peces altamente migratorios, en *Conferencia de revisión continuada del Acuerdo Relativo a la Conservación y Ordenación de Poblaciones de Peces Transzonales y las Poblaciones de Peces Altamente Migratorios* (Nueva York, 24 - 28 mayo 2010). Online: <https://www.un.org/depts/los/convention_agreements/review-conf/ FishStocks_S P_B.pdf > (Recuperado el 30 de abril de 2021).

Naciones Unidas (2020), Chronological lists of ratifications of accessions and successions to the Convention and the related Agreements. Online: <https://www.un.org/Depts/los/refer ence_files/status2019.pdf> (Recuperado el 03 de mayo de 2021).

Orrego Vicuña, Francisco (2003), The Changing International Law of High Seas Fisheries (Cambridge University Press).

Petersen, Niels (2011), *The Role of Consent and Uncertainty in the Formation of Customary International Law*, Preprints of the Max Planck Institute for Research on Collective Goods.

Pompeo, Mike [@SecPompeo] (27 de agosto de 2020). Twitter: <https://twitter.com/SecPomp eo/status/1298971408614199296> (Recuperado el 30 de abril de 2021).

Pueyo Losa, Jorge (2009), Derecho del Mar y libertad de pesca. Sobre las organizaciones regionales de ordenación pesquera y el Acuerdo de 1995, en J. Pueyo Losa, J. Jorge Urbina (coord.), *La cooperación internacional en la ordenación de los mares y océanos* (pp. 159-183).

Remiro Brotóns, Antonio (2010), *Derecho Internacional. Curso General* (Tirant lo Blanch).

Vázquez Gómez, Eva María (2002), *Las Organizaciones Internacionales de Ordenación Pesquera. La Cooperación para la Conservación y Gestión de los Recursos Vivos del Alta Mar* (ed. Junta de Andalucía. Consejería de Agricultura y Pesca).

Yturriaga Barberán, José A. (1997), Acuerdo de 1995 sobre Conservación y Ordenación de las Poblaciones de Peces Transzonales y Altamente Migratorios, en *Anuario Argentino de Derecho Internacional*, VII, 1996-1997.

The duties and responsibilities of the administrators in a situation of imminent insolvency

Thais Vitali Vieira
Ph.D. student at Universitat de Barcelona
thaisvitali@gmail.com

Abstract

The paper is about one of the cutting-edge topics of Corporate Law and Pre-bankruptcy Law: the duties of administrators in situations close to insolvency. As a central question: are there duties and responsibilities of administrators in situations of imminent insolvency or in situations close to insolvency? The subject will be presented considering article 19 of European Directive 2019/1023 and the fourth part of the UNCITRAL guide on insolvency and recommendations 255 and following. In addition, an overview of the subject in the Spanish legislation will be presented and then finally the reflection regarding whether the Spanish legislature will make use of such important recommendations of UNCITRAL.

Keywords: Imminent insolvency; directive on restructuring and insolvency; duties of directors; insolvency law; UNCITRAL.

Index

1. Introduction: the complexity of defining the state of business crisis

In general terms, and regardless of the jurisdiction, it is very difficult to define a moment of business crisis in a company. Laws may try to conceptualize this moment but pinpointing it exactly can be complicated given external and internal factors and the mutability that this state can bring.

A political crisis can affect a country's economy and consequently bring problems for companies and causing insolvency or bankruptcy. However, situations strictly related to the business can also trigger an internal crisis, such as: i) economic crisis due to a reduction in its gross revenues; ii) financial crisis in case the company's cash flow is inferior to the commitments that have been assumed; iii) asset crisis, in the event that its liabilities are greater than its assets; and also; iv) crisis generated as a result of industrial disasters such as contaminations, fires, explosions, etc.

There is a terminological diversity for the pre-state of crisis and this variety is observed both in the legislation and in the doctrine, as there are those who call this moment of "close to the crisis", and others as "pre-insolvency", as well as "imminent insolvency", or "likelihood of insolvency", etc.

Regarding the lack of terminology, the doctrine makes a criticism in the sense that the absence of precise delimitation affects the circumstances that must concur to determine a given a situation should be indeed classified as such. Therefore, there is legal relevance in determining the moment in which it occurs, in order to enforce the measures that may be established in this regard (QUIJANO GONZÁLEZ, 2019).

All these situations could be called "pre-insolvency" in this paper, defined as a situation of impotence or inability to comply regularly and punctually with the required financial obligations of the company.

However, the determination of this status is impossible without resorting to scientific areas other than legal, or, at least, not limited by the instruments offered by the corporate and Bankruptcy Law (RECAMÁN GRAÑA, 2015, p. 42).

In turn, although the law cannot freeze this exact moment and identify clearly and transparently a business crisis, it is already prepared for some types of alarms that may show signs of these crisis, such as, for example, the serious loss of share capital and the implications (the duties and responsibilities of the administrators in such situation) that this loss can bring to the company.

The concept of a serious loss of share capital has its origin in nineteenth-century French Corporate Law. More precisely, it was in the Commercial Code of 1807, where a specific article was not expressly provided, but it was conditioned that, for the constitution of a limited liability company, the statutes should contemplate a clause of dissolution of the company, in situations in which the company had losses representing a certain fraction of the capital stock.

At this time, the incorporation of companies was controlled by the government (governmental authorization system) and, if the statute did not contain such a clause, the creation of the company could be denied (MACHADO PLAZAS, 1997, p. 35 and 38).

Nowadays, in Spain, the situation of the serious loss of in proportion to the share capital is one the moments that experts understand as one of the signals of a corporate crisis. Article 363, "e" of the

Spanish Corporate Enterprises Act (CEA)[1] establishes that a corporate enterprise shall be dissolved due to losses that reduce its equity to an amount lower than half of the share capital, except when the capital is increased or decreased as required and application for insolvency protection is not warranted.

Based on this cause of dissolution, the Spanish system provides a whole regime of obligations and liabilities to the administrator (articles 365 and 367 of the CEA). In our opinion, this moment foreseen in the legislation can be considered the very beginning of an insolvency, or, at the very least, a warning that the Spanish company is facing a crisis.

2. Imminent insolvency concept at the Spanish law

There is no objective element in Spanish legislation, neither temporal nor patrimonial, that specifies the definition of imminent insolvency. The corporate legislation does not mention this concept at all, while the bankruptcy legislation does foresee it as a hypothesis of requesting (a right to request) the bankruptcy, which would be at the moment in which there shall be an impossibility of payment in the future (PALAO UCEDA, 2011, p. 184 and 185).

Thus, before specifically presenting the concept that appears in the bankruptcy legislation regarding this state of insolvency, we understand that it is important to reflect on what the word "imminent" means. This, from the Latin *immĭnens*, is an adjective used to describe something that threatens or is about to happen soon (RAE, 2021). If we apply it to the case of insolvency, we would be facing a threat of real insolvency, or an insolvency at risk of actually happening.

The concept of imminent insolvency is relatively new at the European level and Spanish legislation still does not classify it as a time when administrators have an obligation to lead the company in a

---

1 Royal Legislative Decree 1/2010, of 2 July, approving the consolidated text of the Corporate Enterprises Act.

given manner, be it through the Corporate Enterprises Act or the Act on Insolvency (AOI)[2]. Although, according to the majority of the doctrine, there would be always an obligation of the administrators to act in the event of pre-bankruptcy or "pre-crisis", as established with respect to the their duties in the cause of dissolution provided for in article 363 of the CEA.

In addition, although there is no explicit duty to act in the face of imminent insolvency provided for in Spanish law, there are other general duties of the administrator contemplated in chapter III, articles 225 and following of the CEA, such as the duty of diligence, duty of loyalty and information, among others.

This leads us to reach a preliminary conclusion that the absence of explicit duties in the face of imminent insolvency does not mean that the administrator should be release from specific obligations. Therefore, we are of the opinion that perhaps the legislation is minimally designed to protect the administrator in this case or whatever in informative terms regarding the insolvency.

In general terms, the AOI defines the state of insolvency as that in which debtors are in a position where they cannot regularly fulfill their enforceable obligations. Consequently, there are three elements on which the AOI builds the concept of insolvency: the impossibility of payment, the regularity of the breach and the non-enforceability of the obligations (VILA FLORENSA, 2013, p. 41). Either of these situations would culminate in a scenario that is called by the legislation as "current insolvency".

With regards to the imminent insolvency, the Spanish bankruptcy legislator included this hypothesis of imminent insolvency as one of the situations that would warrant a request for bankruptcy. Said inclusion in Spanish Law (2003) was inspired by German Law (1994), which in article 18.2 of the German Insolvency Law "*Insolvenzordung*" establishes that the debtor is in a situation of imminent insolvency (threat of insolvency) when it is **expected** that it will not

2 Royal Legislative Decree 1/2020, of 5 May, approving the consolidated text of the Act on Insolvency.

be able to meet its outstanding payment obligations at the moment they are due (MOYA BALLESTER, 2010, p. 161).

Currently, in Spanish legislation, the assumption of imminent insolvency is provided for in article 2, section 3 of the AOI which, as a novelty brought by the reform of bankruptcy legislation that occurred in 2003, included as a figure of indebtedness the current or imminent state of insolvency. The same section of the aforementioned article literally clarifies that "the debtor who **foresees** that he will not be able to regularly and punctually fulfill his obligations is in a state of imminent insolvency".

In the following articles of the AOI, no other details were mentioned about this state of insolvency, therefore some interpretation is necessary on the part of jurisprudence and doctrine. One example refers to the obligation or the right of the debtor to request the bankruptcy when the debtor is in a situation of imminent insolvency - the doctrine is almost unanimous in stating that the bankruptcy request is an option, an "opportunity" and not an obligation for the debtor (RUBIO, 2010, p. 84).

Considering that the thesis that the request for bankruptcy in the event of imminent insolvency is a right of the debtor (and not of some other subject, for example), it is convenient to analyze if in this situation of the impossibility to comply or of the impossibility of payments there are duties and responsibilities of administrators to act in such moment. This issue will be addressed in the following topic.

3. The subject in comparative law: are there duties and responsibilities of administrators in a situation of imminent insolvency?

As mentioned, despite of the directors' duties in the case of serious loss of capital as a cause of dissolution of the enterprise (which for us is the first signal of a imminent insolvency), the Spanish legislation did not mention explicitly any obligation due by the administrators in case of imminent insolvency.

Nevertheless, the issue has also been a matter of concern of the international community through the Directive (EU) 2019/1023 of the European Parliament and of the Council of 20 June 2019 on preventive restructuring frameworks, on discharge of debt and disqualifications, and on measures to increase the efficiency of procedures concerning restructuring, insolvency and discharge of debt (Directive EU 2019/1023).

Additionally, the same topic was presented by the United Nations Commission on International Trade Law (UNCITRAL) across the Legislative Guide on Insolvency Law part four: Directors' obligations in the period approaching insolvency (including in enterprise groups).

With respect to the content of these legal provisions, those will be further explored on the following sections.

3.1. Article 19 of European Directive EU 2019/1023 and the obligations of company administrators in the event of imminent insolvency

The Directive EU 2019/1023 on restructuring and insolvency was presented as a proposal in the European Parliament on November 22, 2016. After a few years of analysis, legislative process and ruling of the relevant European bodies, the proposal finally gained shape, counting with the approval and publication by the European Parliament precisely on June 26, 2019.

The approved Directive EU 2019/1023 has 35 articles, however, on the other hand, it has extensive 101 "Recitals" that demonstrate the objectives, justifications, peculiarities and, above all, instructions for the adoption of the Directive by the Member States. In general terms, the objective of the Directive is precisely to harmonize the milestones for preventive restructuring, with the objective of avoiding competition, and to save companies and workplaces, as stated in its first considerations.

In reference to the obligations of the administrators in face of the insolvency, the current text of the Directive on restructuring and insolvency is not the same as the text of the initial proposal. The initial content of the proposal demonstrated a special concern of the legislator regarding a duty of diligence and protection for the creditors, in addition to the obligations of the administrator's own interests.

However, the initial article was removed from the legislative text during the phases of discussion of the proposal (and also the observations to the duty of diligence and protection for the creditors - among other changes) and the final approved version of the Directive was included in article 19, Chapter 5, preceded of recitals 70 and 71, with a different title (that is, especially, the replacement of the term "directors" for "administrators") and with explicit mention of the imminent insolvency case.

Thus, with the new and approved text, it is also noted that the terms that the Member States would have to establish in its rules to guarantee compliance with the obligations by administrators, (until then, managers), were minimized. The current text is more generic, less binding or imperative (QUIJANO GONZÁLEZ, 2019).

Regarding the content of article 19 of the Directive EU 2019/1023[3], which specifically mentions the obligations of the administrators in the event of imminent insolvency, recitals 70 and 71 of the Directive call our attention. The 70th commentary explicitly suggests the creation of early warning mechanism to indicate the legacy of insolvency (within other measures that seem valuable to us), while recital 71 presents the concern of the European legislator regarding the protection of the interests of creditors.

3 Literally: Duties of directors - Article 19: Duties of directors where there is a likelihood of insolvency. Member States shall ensure that, where there is a likelihood of insolvency, directors have due regard, as a minimum, to the following: (a) the interests of creditors, equity holders and other stakeholders; (b) the need to take steps to avoid insolvency; and (c) the need to avoid deliberate or grossly negligent conduct that threatens the viability of the business.

In our opinion, the European legislator has acted in a meticulous way to detail the measures that may be incorporated not only by the Spanish legislator, when transposing the terms of the Directive in its domestic law. However, while the Directive is not transposed, the rules may also be simply observed by the administrators since the legislator also presented, through Recital 70, ideas and suggestions to detect a debtor with financial difficulties and lays out measures, opportunities, and with those, the greater the probability of avoiding a imminent insolvency.

Therefore, the Directive EU 2019/1023 suggests a series of details to achieve this advance of information that may reveal a possible complication of payments, such as: providing clear, up-to-date, concise and easy-to-use information on preventive restructuring procedures, as well "early warning tools"[4], with the aim of encouraging those indebted suffering financial difficulties to take proactive measures on time.

For all these reasons, it seems to us those national legislators, in Spain and in the other European Union Member States, will not only have to incorporate into their legal systems the obligations of social administrators in the event of imminent insolvency, but also will be required to have a good understanding of the matter, since there will hardly be any obligations formally established, but rather the creation of mechanisms that can detect a moment prior to the imminent insolvency itself.

---

4 According to the Directive EU 2019/1023, these early warning tools may be those that take the form of warning mechanisms that indicate, for example, when the debtor has not made certain types of payment, such as a non-payment of taxes or contributions to social security. In the terms of the recital 70, said tools could be developed by the Member States or by private entities, provided that their objective is met. In addition, Directive 2019/1023 stipulates that Member States should provide for example on a specific website or web page, online information regarding early warning tools, as well as adapt early warning tools according to size of the company, as well as establishing specific early warning provisions for large companies and groups of companies that taking into account their peculiarities.

With this, it seems that there will be a greater regulatory change than simply the transposition of the obligations of article 19 of the Directive. In addition, the bankruptcy request is precisely what is intended to be avoided with the entry into force of the Directive. In order to comply with the Directive EU 2019/1023, and transpose it the legislator will have to observe what is already established in domestic corporate and bankruptcy legislation, in order to harmonize the Directive in the best possible way and, above all, avoiding the request for bankruptcy or dissolution of companies.

In addition, at least in Spain, the legislator will have to create a principle of protection of creditors as a specific and explicit duty of administrators in a situation of proximity to insolvency, and grant priority in the enumeration of interested parties, since this concept does not exist in the Spanish regulatory environment (QUIJANO GONZÁLEZ, 2019).

Given the above, it seems that the Spanish legislator will have a great task in the coming year to adopt the Directive. Nevertheless, and despite of all our comments and the need of transposition of article 19 of the Directive EU 2019/1023 into the Spanish legal system, the current legislators have minimally manifested their opinion regarding the duties of the administrators across the draft bill for the reform of the Insolvency Law and incorporation into Spanish legislation the above mentioned Directive.

The draft bill dated of 8 of July of 2021, in its VII memorandum establishes that the provisions of Directive EU 2019/1023 regarding the duties of company administrators are implicit in the current regulations, so no new features shall be introduced in the current regime of social action or regarding the possible classification of bankruptcy as guilty.

Regarding the VII memorandum, we disagree with the point of view of the legislators and their position on the lack of necessity to incorporate specific rules of duties by administrators in order to avoid insolvency in a crisis situation.

As mentioned before, we defend the opinion that the duty of diligence, duty of loyalty and information are basic duties and these obligations should instruct the actions of administrators in a generalized manner. However, we understand that specific obligations should be regulated in case of a probable insolvency.

We also do not agree that the current Spanish laws contemplate explicitly the duties mentioned at the Directive EU 2019/1023, and the fact that the legislation supports interested parties with a social action or the qualification of the competition, does not remove the need to clarify how the administrator should act in a likelihood insolvency.

Our affirmations are based on the analysis of the fourth guide of UNCITRAL which specifies the obligations of administrators in the near insolvency period. We believe that this guide demonstrated an excellent work from UNCITRAL, of an admirable technical level and sets forth details that can contribute prodigiously to the Member States of the United Nations in the revision of their domestic laws on insolvency. The following sections of this article shall focus on this UN framework.

3.2. The recommendations for action by the social administrator set forth by the fourth UNCITRAL guide

The fourth part of the UNCITRAL legislative guide on the insolvency regime is a complete and true regulatory script with precise and clear 11 recommendations (recommendations 255 to 266) that detail the elements of the obligations of directors in the period close to insolvency, such as: 1) The nature of the obligations; 2) When the obligations arise: the period approaching insolvency; 3) Identifying the parties who have the obligations; 4) Liability; 5) Enforcement of the directors' liabilities.

Despite the fact that the UN has laid out 11 recommendations, this section of this article shall be focused on the terms that refer to the obligations of the administrators, that is, more specifically recommendations 255 and 256. These two recommendations are focused on the persons (specified in accordance with recommendation 258) who will have the obligations to have due regard to the interests of creditors and other stakeholders, as well as how these subjects shall need to take reasonable steps[5] avoid insolvency; and when it is unavoidable, minimizing the extent of insolvency.

It is not possible to affirm that the Directive EU 2019/1023 was influenced by the UNCITRAL recommendations[6] although, in our opinion, the European legislator missed an opportunity to present to the Member States a complete regime as far as imminent insolvency is concerned, as this is our vision with the UNCITRAL recommendations.

The United Nation Commission took care of the minimum details of this discipline and with a very refined technique, established a concept of imminent insolvency, the obligations that arise with it,

---

5 For the purposes of recommendation 255, reasonable steps might include: (a) Evaluating the current financial situation of the company and ensuring proper accounts are being maintained and that they are up-to-date; being independently informed as to the current and ongoing financial situation of the company; holding regular board meetings to monitor the situation; seeking professional advice, including insolvency or legal advice; holding discussions with auditors; calling a shareholder meeting; modifying management practices to take account of the interests of creditors and other stakeholders; protecting the assets of the company so as to maximize value and avoid loss of key assets; considering the structure and functions of the business to examine viability and reduce expenditure; not committing the company to the types of transaction that might be subject to avoidance unless there is an appropriate business justification; continuing to trade in circumstances where it is appropriate to do so to maximize going concern value; holding negotiations with creditors or commencing other informal procedures, such as voluntary restructuring negotiations; (b) Commencing or requesting the commencement of formal reorganization or liquidation proceedings (UNCITRAL, 2020).

6 The first edition of the recommendations of UNCITRAL was published in 2013, few years before the proposal of the Directive on restricting and insolvency.

the nature and moment that the obligations would arise, parties involved, liability regime, and, above all, real suggestions (and therefore that may be put in practice by a good administration) of preventive measures, among other details that are set forth in the fourth part of the aforementioned guide.

In any case, even though the EU Directive was not as effective and detailed as the UNCITRAL recommendations, we believe that the Spanish legislator, by complying with the obligation to transpose the Directive, will be able to take advantage of the complete regime created by the UN Commission.

4. The subject in Spanish legislation and the expectation of the transposition of the Directive EU 2019/1023

4.1. The proposal to bring the duties and responsibility for serious losses closer to the event of imminent insolvency

It is known that serious losses do not equate to imminent insolvency, much less current insolvency. In Spain, these are different legal disciplines, with different financial and accounting ramifications, as well as with a different legislative treatment.

In the meantime, we are of the opinion that the assumption of serious losses could be viewed a first alarm of "imminent insolvency" and, for this reason, in such a scenario, the administrator would be obliged to act more effectively in order to avoid a real insolvency or the request of the insolvency (that is to say, the administrator would not yet have to request bankruptcy due to imminent insolvency).

Therefore, if only for the purposes of applying analogously part of the duties established in the CEA, the assumption would be that, at a minimum, the administrator had the duty to call a board meeting to report[7] the suspicion of a future impossibility of payments. In the face of imminent insolvency, the administrator should summon the shareholders and inform them of the situation.

In reality, the alternative between the decision of the general meeting on the dissolution or the insolvency only arises in cases of imminent insolvency. Since the law does not yet establish a duty to initiate the bankruptcy procedure, the company (its bodies) still has a certain margin of decision to respond as it considers the appropriate to the interests to the economic situation raised. In this sense, it seems clear that the administrators in this case have the duty to call a general meeting within a period of two months (VÁZQUEZ CUETO, 2016, p. 95).

It would be therefore very diligent, in this case, to call a general meeting of an informative nature. We insist on the idea of taking advantage of what is available in the CEA only with regards to the duty of convening the meeting, without taking into consideration the other aspects that involve the situation of serious losses, such as reaction or taking mitigation measures of the problem, much less in what refers to the responsibility set forth by article 367 of the CEA.

Regarding the responsibility attributed to administrators set forth in article 367 of the CEA, for those who fail to comply with their duties and obligations in the face of serious losses (or any other situations set forth by article 363 of the CEA), the issue deserves further reflection and study, since it is a rather soft penalty to impose on the administrator in the event that he fails "his duty to inform" the other representatives of the company regarding the suspicion of impossibility of payments.

The scenarios of dissolution presented by article 363 of the CEA are specific cases and typified by law, enabling when companies and their administrators to confirm the occurrence of a insolvency but

---

7 RECAMÁN GRAÑA, by calling said meeting an "informative board", corroborates our reasoning that, in the event of imminent insolvency, the convening of the general meeting could only be informative (RECAMÁN GRAÑA, 2015, p. 242).

not suspect or foresee it. Therefore, given the lack of specific guidance on what is imminent insolvency it may be too early for the proposed approach in question to also apply to the liability action of article 367 of the CEA

4.2. Taking advantage of UNCITRAL recommendations

As mentioned before, in view of our opinion that the current Spanish system is not prepared and needs modification regarding the duties and obligations of administrators, different from what the legislator established in statements VII of the draft bill of the reform of Bankruptcy Law[8], we understand that article 19 of the Directive must be transposed and that the Spanish legislator will be able to take advantage of the UNCITRAL in the process.

If we compare the recommendations of the fourth part of the UNCITRAL legislative guide on the insolvency regime with the obligations contained in the Directive EU 2019/1023, there is a certain similarity between the proposals of one and another, especially with the initial concern regarding the interests of the creditors.

However, the UNCITRAL recommendations seem much more detailed, especially regarding the ideas of reasonable measures that may be included in the face of near insolvency (Recommendation 256, letter "a")[9]. In addition, the main objective of the recommendations can be perceived as from the beginning: to avoid insolvency.

---

8 GARCIMARTÍN, when commenting on the Directive EU 2019/1023, the current Spanish legislation is sufficient to meet this concern: the only thing that the Directive requires are rules that guarantee that administrators must have "due regard" to the interest of creditors. And for these purposes, the rules on general and bankruptcy liability are sufficient. If a debtor's "cramdown" mechanism is added, the circle is closed. Adding a twist in fiduciary duties is to leave shareholders adrift (GARCIMARTÍN, 2019).

9 Recommendation 256: For the purposes of recommendation 255, reasonable steps might include: ensuring proper accounts are being maintained and that they are up-to-date; being independently informed as

In other words, despite the current lack of discipline of explicit obligations imposed on administrators in the event of imminent insolvency in the Spanish system, we are of the opinion that, by including the recommendations of UNCITRAL, the Spanish legislator will be able to make use of the Directive and UNCITRAL contents and regulate the subject in a very effective way. The degree of harmonization of the Directive is minimal[10], however, if the Spanish State transposes the contents of the Directive and further regulates concepts such as the proper concept of imminent insolvency, obligations, liabilities, enforcement of the directors' liabilities, etc., also, it will be able to stand out among European and global insolvency

---

to the current and ongoing financial situation of the company; holding regular board meetings to monitor the situation; seeking professional advice, including insolvency or legal advice; holding discussions with auditors; calling a shareholder meeting; modifying management practices to take account of the interests of creditors and other stakeholders; protecting the assets of the company so as to maximize value and avoid loss of key assets; considering the structure and functions of the business to examine viability and reduce expenditure; not committing the company to the types of transaction that might be subject to avoidance unless there is an appropriate business justification; continuing to trade in circumstances where it is appropriate to do so to maximize going concern value; holding negotiations with creditors or commencing other informal procedures, such as voluntary restructuring negotiations; (b) Commencing or requesting the commencement of formal reorganization or liquidation proceedings.

10 The Directive EU 2019/1023 did not explicitly foresee the level of harmonization for transposing it to internal legal systems, that is, whether the harmonization will have to be of a minimum or maximum degree. Notwithstanding this, we understand that it is a minimum degree of harmonization, supported both by the lack of an explicit and clarifying provision in this regard, and by the deduction made based on what was established in Recital 8 of the Directive: "A higher degree of harmonization on restructuring, insolvency, debt relief and debarment is therefore essential for the proper functioning of the internal market in general and of the Capital Markets Union in particular, as well as for resilience of the European economies, and in particular for the maintenance and creation of jobs".

laws, becoming a reference on the subject, which is currently scarce at a worldwide level.

However, more importantly the legislator will be able to bring to the Spanish legal system more legal certainty, more stability of the administrators' pattern of action, since, as a result of such preventive measures, it will be able, more than ever, to in fact avoid insolvencies.

5. Conclusions

Undoubtedly, a reform in the Spanish regime is necessary to provide legal certainty to administrators regarding their actions and to allow the safe delimitation of the duties that must be carried in situations close to insolvency. Along this same line of reasoning, we believe that such regulation also requires the establishment of a specific deadline for the company to be aware of the exact moment it finds itself in a situation of imminent insolvency.

The Spanish legislator, when publishing AOI 1/2020, did not use this opportunity to transpose Directive 2019/1023 to neither clarify the gap in predictability of an insolvency scenario and therefore, actually avoid it altogether. On the other hand, the legislator also did not consider such issue when preparing the draft bill for the reform of the Insolvency Law and incorporation into Spanish legislation.

Regarding the Directive, we consider that the European legislator acted admirably in specifying the measures that should be incorporated into the legal systems of the Member States. However, we regret the fact that the Spanish legislators have not used the opportunity to improve the domestic legislation at the reform of the law in 2020. Their opinion, issued through the 2021 draft bill, is that the current Spanish legal regime already contemplates the duties of the administrators in the event of imminent insolvency.

We expect that when the transposition obligation is fulfilled, the legislator shall not only incorporate what is contained in the aforementioned Directive (at least to a minimum degree), but also should observe the UNCITRAL recommendations, since, being Spain a member country of the UN, there would be no reason not to take advantage of this excellent guide, which provides great technical detail, available to Member States when incorporating the recommendations into their respective national regulations.

In short, our hope and expectation is focused on the next legislative, corporate or bankruptcy reform of Spain, when we believe the rules and recommendations on the duties and responsibility of administrators in situations of imminent insolvency or close to insolvency must be explicitly incorporated.

6. References

GARCIMARTÍN, F.: *De nuevo sobre los deberes fiduciarios y la proximidad del concurso, Almacén de Derecho*, February 7, 2019, available in: <https://almacendederecho.org/de-nuevo-sobre-los-deberes-fiduciarios-y-la-proximidad-del-concurso/>, [Accessed 25-8-2021].

MACHADO PLAZAS, J.: *Perdida del capital social y responsabilidad de los administradores por las deudas sociales*, Madrid: Civitas, 1997.

MOYA BALLESTER, J., *La responsabilidad de los administradores de sociedades en situaciones de crisis*, Las Rozas (Madrid): La Ley, 2010.

PALAO UCEDA, J.: *La insolvencia inminente (análisis comparativo español y alemán), Anuario de Derecho Concursal*, September-December 2011, n. 24, Madrid: Civitas, p. 179-190.

QUIJANO GONZALÉZ, J.: Capital social y pérdidas cualificadas: deberes y responsabilidad de los administradores, *Revista de Derecho Concursal y Paraconcursal*, 2019, n. 31, Las Rozas (Madrid): Wolters Kluwer, available in <https://www.smarteca.es/my-reader/SMTA206_00000000_20190701000000310000?fileName=content%2FDT0000296737_20190625.HTML&location=pi-505&publicationDetailsItem=SystematicIndex> [Accessed 06-05-2021].

RECAMÁN GRAÑA, E.: *Los deberes y la responsabilidad de los administradores de sociedades de capital en crisis*, Cizur Menor (Navarra): Thomson Aranzadi, 2015.

RUBIO, J.: El deber legal de solicitud de concurso y el patrón de conducta de los administradores de la sociedad insolvente, *Anuario de Derecho Concursal*, September-December 2010, n. 21, Madrid: Civitas, p. 81-130.

SPANISH DICTIONARY, *Real Academia Española*, available in <https://dle.rae.es/inminente?m=form> [Accessed 07-05-2021].

VÁZQUEZ CUETO, J.C.: Disolución por pérdidas o solicitud de concurso voluntario: la alternativa legal en las sociedades de capital españolas· *Revista de Derecho*, 2016, n. 21, Managua (Nicaragua): Universidad Centroamericana (UCA), p. 75-103.

VILA FLORENSA, P.: *«De los presupuestos del concurso»*, Several authors (coords. SALA REIXACHS, A./ALONSO-CUEVILLAS SAYROL, J./ MACHADO PLAZAS, J./VILA FLORENSA, P.): *Proceso Concursal*, Barcelona: Bosch, 2013, p. 33-80.

Violencias emergentes: violencia en línea contra la mujer, estándares en Derechos Humanos e implementación en el derecho interno

Lina María Mejía Torres
Doctoranda en Derecho de la Universidad Autónoma de Madrid
linamejiat@gmail.com

Resumen

La era digital ha contribuido de manera significativa al desarrollo y el acceso de la humanidad a nuevas formas de interrelación; sin embargo, ha proporcionado también mecanismos que abren paso a problemáticas de los derechos humanos que es necesario abordar de forma urgente pues conllevan a vulnerar el núcleo básico de protección de aquellos. En este ámbito, han surgido contextos en los que se presentan violencias emergentes por medio de las TIC y que tienden a afectar a grupos históricamente discriminados ahora en una extensión virtual; por este motivo cuando se identifican nuevos escenarios en donde circunstancias de violencia específica se perpetúan es imperioso evaluar los retos y perspectivas para tratar de responder a esta problemática.

Palabras clave: Violencia en línea contra la mujer, derechos humanos, tecnologías de la información y la comunicación.

Abstract

The digital age has contributed significantly to the development and access of humanity to new forms of interrelation; However, it has also provided mechanisms that open the way to human rights problems that need to be addressed urgently, as they lead to a violation of the basic core of human rights protection. In this area, contexts have arisen in which emergent violence occurs through ICTs and which tend to affect historically discriminated groups now in a virtual extension; For this reason, when new scenarios are identified where circumstances of specific violence are perpetuated, it is imperative to evaluate the challenges and perspectives to try to respond to this problem.

Key words: Online violence against women, human rights, information, and communication technologies.

Índice

1. Violencia en línea contra la mujer en el Sistema de Naciones Unidas

Desde hace más de una década se advirtió que el desarrollo tecnológico había abierto un nuevo espacio para que la violencia en contra de la mujer se extendiera mediante otros mecanismos. Órganos, relatorías y resoluciones advirtieron que la violencia contra la mujer ahora se presentaba a través de las tecnologías de la información y la comunicación (TIC) y que era un riesgo inminente al cual se debía hacer frente para evitar que por medio de aquellas se perpetuara la discriminación histórica y estructural que se presentaba en los medios físicos.

A saber, en 2006 el secretario de la Organización de las Naciones Unidas (ONU) advirtió que era necesario abordar e investigar el uso de las TIC como un medio en el que se podrían expandir las formas de violencia, particularmente frente a las mujeres; en este marco señaló que ninguna enumeración de formas de violencia puede ser exhaustiva y la violencia contra la mujer cambia de forma continua y refleja a su turno la dinámica social, económica y política. De igual forma, indicó que los Estados debían estar preparados para enfrentar nuevas formas de violencia, especialmente contra la mujer a medida que estas se presenten o detecten (Asamblea General de Naciones Unidas, 2006).

Es a partir del 2012 que se empieza a consolidar la necesidad de extender la protección de los derechos humanos (DDHH) a esferas como el Internet y a espacios digitales. Esto precisamente lo señaló el Consejo de Derechos Humanos a través de la Resolución 20/8. En 2013, se comienza a instar a que los Estados utilicen las redes sociales y las tecnologías de la información como una herramienta para empoderar a las mujeres y que se adoptaran medidas para prevenir el uso de las TIC como un mecanismo en el que se desarrollan prácticas de acoso sexual, pornografía, trata de mujeres y otras formas emergentes de violencia (Comisión de la Condición Jurídica y Social de la Mujer, 2013).

Este mismo año, mediante Resolución 23/2 el Consejo de Derechos Humanos exaltó su preocupación por actos discriminatorios, intimidación, violencia y en general abusos en contra de la mujer afectando su libertad de opinión y expresión, y enfatizó la necesidad de facilitar el acceso y utilización de las mujeres respecto de las tecnologías de la información aplicando además una perspectiva de género.

En 2015, por medio de la Recomendación General 33 del Comité para la Eliminación de la Discriminación contra la Mujer se determinó que, si bien los espacios digitales y las tecnologías de la información son esenciales para lograr el empoderamiento de la mujer, estos también se convierten en medios para que se puedan desmantelar los estereotipos culturales, la discriminación y la violencia basada en género.

En 2016, se dio un desarrollo más avanzado cuando la Asamblea General emitió la Resolución 71/L.39 sobre el derecho a la privacidad en la era digital y alertó que las mujeres se enfrentan a abusos y violaciones al derecho a la privacidad y al respeto de sus derechos humanos en medios digitales. En esa misma instancia, el Consejo de Derechos Humanos el mismo año mediante Resolución 32/13 estableció como una obligación que los derechos humanos deben ser protegidos en Internet y se debían garantizar su promoción, protección y disfrute.

En 2017, la Resolución 32/42 que presenta el Informe de la Relatora Especial sobre la violencia contra la mujer, señala el deber de los Estados de combatir la violencia en línea y adoptar mecanismos para promover el respeto a la libertad de expresión y la prohibición de incitar al odio y a la violencia por medio de estos espacios. El mismo año, los Relatores Especiales de Naciones Unidas sobre la violencia contra las mujeres y la libertad de expresión emitieron una declaración conjunta frente al abuso y la violencia en línea contras las mujeres y establecieron que este tipo de violencia afecta los derechos humanos y particularmente el derecho a la igualdad y la libertad de expresión (Oficina del Alto Comisionado de las Naciones Unidas, 2017).

De forma similar, el Alto Comisionado de las Naciones Unidas manifestó que se debía promover el cierre de la brecha digital entre los géneros desde una perspectiva de DDHH. En su informe indicó que una de las razones de la brecha es la violencia en línea contra la mujer y que esto debía ser abordado en un contexto a gran escala de discriminación y violencia que también se presenta fuera de línea (Alto Comisionado de las Naciones Unidas para los Derechos Humanos, 2017). En sintonía con este planteamiento, la Resolución 71/99 de la Asamblea General de Naciones Unidas reconoció que las mujeres son particularmente afectadas por las violaciones al derecho a la privacidad en la era digital.

Uno de los puntos más importantes se dio en la Recomendación General 35 del Comité para la Eliminación de la discriminación contra la mujer, mediante la cual se actualizó el significado de violencia por razón de género contra la mujer y se reconoció que existían nuevas formas de violencia que se podrían presentar por nuevos medios como el de las TIC. Al mismo tenor, la Recomendación General 36, declaró que las niñas y las mujeres son particularmente afectadas por el ciberacoso.

Otras Resoluciones y Recomendaciones al respecto se dieron entre 2018 y 2020, por medio de la Relatora Especial sobre la violencia contra la mujer en donde se resaltó la importancia de abordar la violencia de género en línea desde una perspectiva de los derechos humanos y mitigar las formas de violencia facilitadas por las

TIC debido a que se perpetran de forma generalizada y son cada vez más comunes.

Si bien los pronunciamientos señalados no corresponden a la totalidad de Recomendaciones, Resoluciones o lineamientos expedidos por Naciones Unidas y sus organismos, estos corresponden a referencias significativas que dieron paso a identificar la violencia en línea contra la mujer como un problema emergente y con un componente de DDHH. A *contrariu sensu*, en los órganos de tratados parte del Sistema ONU no han promulgado decisiones específicas al respecto frente a casos particulares de violaciones a los derechos humanos de las mujeres con violencia en línea. Cabe destacar que los órganos de tratados como el Comité para la Eliminación de la Discriminación contra la Mujer y el Comité de Derechos Humanos han producido pronunciamientos frente a la violencia basada en género que pueden tomarse como referencia frente al contenido obligacional de los Estados y la necesidad de promoción, garantía y protección de los derechos de las mujeres en todos los ámbitos.

2. Violencia en línea contra la mujer en el Sistema Interamericano de Derechos Humanos

Por otro lado, a nivel Interamericano se determina que no existen criterios concretos frente a la violencia en línea contra la mujer. Lo que se ha adelantado al respecto son algunos lineamientos que pueden servir de antecedente para abordar esta problemática. Al respecto, la Organización de Estados Americanos (OEA) ha expresado que aún no se establece una definición acordada de la multiplicidad de la violencia en línea contra las mujeres en el marco de sus instrumentos legales como la Convención de *Belém do Pará* o la Convención Americana (Organización de los Estados Americanos, 2019).

No obstante, mediante Declaraciones, Recomendaciones e Informes particulares ha señalado la responsabilidad de los intermediarios de Internet y las redes sociales, y se han empezado a construir lineamientos respecto de las prácticas de violencia contra la mujer y la eliminación de la discriminación en línea o por medios virtuales.

En este aspecto, en 2015 la Declaración sobre la violencia y el acoso político contra las mujeres estableció que subsisten factores estructurales que inciden en la violencia contra las mujeres y las normas socioculturales y simbólicas, así como los estereotipos sociales y culturales que se perpetúan. Por tanto, se alentó a las redes sociales y otros medios TIC a adoptar medidas para eliminar la discriminación y los estereotipos sexistas.

En igual sentido, en 2017 se emite una Declaración conjunta —con el Relator Especial ONU, la Representante para la libertad de medios de la Organización para la Seguridad y la Cooperación en Europa (OSCE) y la Relatoría sobre la libertad de expresión de la Comisión Africana de Derechos Humanos— enfatizando que algunas modalidades de desinformación y propaganda pueden dañar la reputación y la privacidad de las personas, así como instigar a la violencia, la discriminación o la hostilidad hacia grupos identificables de la sociedad (Relator Especial de las Naciones Unidas para la Libertad de Opinión y de Expresión, 2017).

En 2020, se profiere la Declaración conjunta con el Relator ONU para la libertad de opinión, el Representante para la libertad de medios de comunicación de OSCE y el Relator Especial para la libertad de expresión de la OEA. Dicha Declaración aborda la libertad de expresión y elecciones en la era digital manifestando preocupación por las amenazas y ataques violentos en periodos y campañas electorales con el objeto de desprestigiar y menoscabar el trabajo; se indicó que estos ataques están dirigidos específicamente a las mujeres ocasionando desinformación y abusos en su contra por el papel que desempeñan. De igual modo, se llamó la atención a los intermediarios de Internet, pues pueden ser responsables por la desinformación, información errónea o información manipulada que se haya difundido de forma deliberada en sus plataformas si intervinieron específicamente en ese contenido o no lo hubiesen retirado (Relator Especial de las Naciones Unidas para la Libertad de Opinión y de Expresión, 2020).

Por otro lado, en 2018 la Comisión Interamericana de Mujeres a través del estudio las herramientas clave para el combate a la violencia contra las mujeres, determinó que las TIC tienen un ámbito que puede configurarse como una desventaja al ser un terreno fértil para el desarrollo de nuevas formas de violencia (Comisión Interamericana de Mujeres, 2013). En ese marco, señaló que para alcanzar la igualdad de género a través de la tecnología es imprescindible superar las barreras de acceso, pero también promover el uso estratégico para la defensa de los derechos de las mujeres y requiere que los Estados y terceros impulsen el uso positivo de las TIC para sancionar a personas, empresas y/o grupos que las utilicen para oprimir, explotar, difamar, discriminar y perpetuar la violencia.

La Comisión Interamericana de Derechos Humanos, por su parte, expidió un informe sobre la violencia y discriminación contra mujeres, niñas y adolescentes en donde advirtió que se observa la proliferación en el uso de las tecnologías y los espacios digitales para llevar a cabo actos de violencia como la violación, la explotación y la pornografía.

Manifestó en este informe que los Estados deben reconocer en sus marcos normativos las nuevas formas de violencia por razones de género para hacer respetar los DDHH en Internet. Advirtió igualmente que en los últimos años las TIC y el Internet se han utilizado como medio para perpetuar los estereotipos de género y la subordinación de las mujeres. Así, recalcó la importancia de adoptar estrategias, políticas y leyes para promover la educación y sensibilización sobre esta problemática, además de la necesidad de crear un entorno de protección mediante la reglamentación y supervisión de las TIC para minimizar los riesgos para las mujeres y las niñas (Comisión Interamericana de Derechos Humanos, 2019).

3. Violencia en línea contra la mujer. Retos y perspectivas desde los Derechos Humanos

Agotando estos puntos de referencia generales, es menester entonces establecer algunas preguntas de cómo abordar la violencia en línea contra la mujer o por medio de las TIC y, sobre todo, *cómo abarcar este tipo de violencias desde un punto de vista de los DDHH teniendo como base la obligación de los Estados de adaptar su normatividad interna a los estándares de DDHH. A este cuestionamiento se debe agregar el planteamiento de cómo responder a las violencias emergentes desde el derecho interno y la implementación de los lineamientos desarrollados hasta el momento frente a la violencia en línea contra la mujer.*

Frente a estas formulaciones en primer lugar es necesario caracterizar las diferentes acciones que corresponden a la violencia en línea contra la mujer, pues si bien no existe un criterio consolidado del cómo se presentan, sí existen experiencias internacionales frente al qué significa esta violencia y los mecanismos por medio de los cuales se materializa. Aquí, se debe referir que el común denominador son las TIC que por medio de ellas o como un factor adicional potencian comportamientos de violencia contra la mujer por el hecho de ser mujer. Atendiendo al significado de violencia basada en género —contra la mujer— desde los DDHH se puede establecer que corresponde a todo acto que tiene o puede tener como resultado un daño o sufrimiento de cualquier índole para la mujer y que se da en cualquier esfera.

Igualmente, tiene como arista adicional la reproducción de patrones, prácticas discriminatorias, prejuicios y todo acto de jerarquización o dominación que esté basado en la idea de inferioridad o superioridad de cualquiera de los sexos o de funciones estereotipadas de los mismos. Es decir, bajo este contexto las acciones que hacen parte de la violencia contra la mujer en espacios en línea tienen también como trasfondo los dispositivos sociales y culturales que fomentan los factores referidos.

En relación al segundo planteamiento, se debe referir que existen múltiples instrumentos en materia de DDHH mediante los cuales se aborda la multiplicidad de derechos que se pueden ver afectados por la violencia en línea contra la mujer. A saber, el Pacto Internacional de Derechos Civiles y Políticos, la Convención sobre la Eliminación de todas las Formas de Discriminación contra la Mujer, la Convención *Belém do Pará* y otros instrumentos ya referidos.

En referencia al criterio de cómo abordar las violencias emergentes, es necesario tener en cuenta que existen bases jurídicas que sustentan la obligación de eliminar todas aquellas formas que menoscaben arbitrariamente un derecho en razón al género o sexo de una persona. En este sentido, es menester mitigar todos aquellos elementos integrantes de la violencia —para este caso contra la mujer— que hagan parte de la afirmación de manifestaciones de relaciones de poder históricamente desiguales y que se reconozca como una problemática de DDHH que puede afectar la vida, integridad, expresión y otros derechos en virtud de acciones o prácticas socialmente permitidas.

De igual forma, se requiere que a nivel interno los Estados (a pesar de avanzar en temas de género) reconozcan, adopten o hagan frente a los obstáculos que se generan a partir del uso de TIC y, así mismo, tomen las acciones apropiadas en ocasiones donde estos métodos son utilizados para cometer actos de violencia contra la mujer. Al respecto ya existen lineamientos consolidados que pueden servir de base para materializar y formalizar estrategias de prevención y promoción de los derechos humanos de las mujeres por medio de las TIC.

En referencia al último planteamiento relacionado con el ordenamiento jurídico interno, se debe acudir a materializar la jerarquía de los tratados de DDHH que por desarrollo en su mayoría constitucional y jurisprudencial hacen parte de un solo cuerpo normativo. De igual forma, se deben introducir constantes actualizaciones no solo al aparte normativo sino la vinculación de políticas públicas integrales para enfrentar la violencia contra la mujer y las nuevas formas que se presenten para materializarla.

Por otro lado, haciendo énfasis en el Sistema Interamericano de Derechos Humanos (SIDH) se debe acudir a figuras como el control de convencionalidad para efectuar juicios actuales de comparación, de esta manera, bajo el objeto de establecer la compatibilidad entre la Convención e instrumentos del SIDH y las normas internas se puede adaptar y observar la garantía y efectividad de los derechos contenidos en el mismo frente a los nuevos retos que se presentan como lo son las violencias emergentes.

Del mismo modo, bajo esta aplicación e incluso mediante el control difuso, se debe instar a que Jueces Domésticos, Tribunales y cualquier Autoridad Pública a que apliquen en el derecho interno lineamientos internacionales en DDHH o inapliquen en caso tal una norma lesiva a aquellos. En igual término, se deben realizar controles *ex officio* en razón a la fuerza vinculante de los Tratados de Derechos Humanos, que para el caso será mediante el mecanismo de incorporación de estándares internacionales al ordenamiento jurídico interno. Además de ello, se debe examinar la posible responsabilidad internacional de los Estados en esta materia, debido a que dentro de sus componentes existen distintos factores como comportamiento de órganos del Estado, delegación de funciones, órganos dispuestos, legislación interna, actuaciones judiciales, entre otros, que pueden acarrear su configuración.

Verbigracia, bajo la situación objeto de examen esto se podría ver reflejado en no consagrar dentro de su ordenamiento jurídico interno recursos judiciales efectivos para enfrentar hechos como la violencia en línea contra la mujer, no adecuar su ordenamiento jurídico interno de acuerdo a estándares internacionales en torno a las violencias emergentes y no adoptar las medidas necesarias para suprimir las normas y prácticas de cualquier naturaleza que impliquen una violación a las garantías previstas en la Convención o el Tratado respectivo para la materialización efectiva de las garantías y el libre y pleno ejercicio de los DDHH.

4. Conclusiones

Frente a lo expuesto, es menester establecer preguntas acerca de cómo abordar la violencia contra la mujer por medio de las TIC desde un punto de vista de los DDHH. A este cuestionamiento se debe agregar el planteamiento de cómo responder a las violencias emergentes desde el derecho interno y la implementación de los lineamientos desarrollados hasta el momento frente a la violencia en línea contra la mujer a nivel internacional que en principio debe servir de referencia para responder por el uso responsable y adecuado de la ciencia y la tecnología en materia de género y la obligación tripartita de los Estados de respeto, garantía y protección de los Derechos Humanos.

Desde esta óptica, atendiendo a los estándares de derechos humanos se deben llevar a cabo estrategias y cualquier otra acción que respondan a un uso responsable y adecuado de la ciencia y la tecnología en materia de género, como lo indica la Comisión sobre la Condición de la Mujer respecto a la virtualidad e Internet se destaca que es necesario «asegurar que las leyes, políticas y prácticas no permitan crear nuevas formas de violencia contra las mujeres» (Asociación para el Progreso de las Comunicaciones, 2011). En conclusión, quedan aún abiertas preguntas de cómo los Estados deben responder ante estas circunstancias sobre todo desde la garantía y el deber que les corresponde derivada de la obligación tripartita referida de los DDHH y es urgente desde esa perspectiva generar estas respuestas.

5. Referencias

Asociación para el Progreso de las Comunicaciones (24 de mayo de 2011). *Los derechos en Internet son derechos humanos* . Obtenido de Asociación para el Progreso de las Comunicaciones:https://www.apc.org/es/pubs/derechos-de-internet-son-derechos-humanos-sostiene-apc-ante-el-consejo-de-derechos-humanos

Alto Comisionado de las Naciones Unidas para los Derechos Humanos (5 de mayo de 2017). *Promoción, protección y disfrute de los derechos humanos en Internet: medios de cerrar la brecha digital entre los géneros desde una perspectiva de derechos humanos.* Obtenido de documents-dds-ny.un.org:https://documents-dds-ny.un.org/doc/UNDOC/GEN/G17/111/86/PDF/G1711186.pdf?OpenElement

Asamblea General de Naciones Unidas (6 de julio de 2006). *www.acnur.org.* Obtenido de Estudio a fondo sobre todas las formas de violencia contra la mujer. Informe del Secretario General: https://www.acnur.org/fileadmin/Documentos/BDL/2016/10742.pdf

Comisión de la Condición Jurídica y Social de la Mujer (6 de noviembre de 2013). *Conclusiones convenidas sobre la eliminación y prevención de todas las formas de violencia contra la mujer y la niña.* Obtenido de www.un.org: https://www.un.org/womenwatch/daw/csw/csw57/CSW57_Agreed_Conclusions_(CSW_report_excerpt)_E.pdf

Comisión Interamericana de Mujeres (15 de octubre de 2013). *Las TICs: Herramientas clave para el combate a la violencia contra las mujeres* . Obtenido de Comisión Interamericana de Mujeres: http://www.oas.org/es/cim/docs/Articulo-TICs-ESP.pdf

Comisión Interamericana de Derechos Humanos (2019). *Violencia y discriminación contra mujeres, niñas y adolescentes: Buenas prácticas y desafíos en América Latina y en el Caribe.* Washington D.C: Organización de los Estados Americanos. Obtenido de Organización de los Estados Americanos.

Council of Europe (noviembre de 2011). *Convenio del Consejo de Europa sobre prevención y lucha contra la violencia contra las mujeres y la violencia doméstica.* Obtenido de Council of Europe Treaty Series - No. 210: https://rm.coe.int/1680462543

Oficina del Alto Comisionado de las Naciones Unidas (8 de marzo de 2017). *www.ohchr.org.* Obtenido de UN experts urge States and companies to address online gender-based abuse but warn against censorship : https://www.ohchr.org/EN/NewsEvents/Pages/DisplayNews.aspx?NewsID=21317&LangID=E

Organización de los Estados Americanos (25 de noviembre de 2019). *Combatir la violencia en línea contra las mujeres.* Obtenido de Organización de los Estados Americanos : https://www.oas.org/es/sms/cicte/docs/20191125-ESP-White-Paper-7-VIOLENCE-AGAINST-WOMEN.pdf

Relator Especial de las Naciones Unidas para la Libertad de Opinión y de Expresión (7 de marzo de 2017). *Declaración Conjunta Sobre Libertad De Expresión Y "Noticias Falsas" (Fake News), Desinformación Y Propaganda.* Obtenido de Organización de los Estados Americanos: http://www.oas.org/es/cidh/expresion/showarticle.asp?artID=1056&lID=2

Relator Especial de las Naciones Unidas para la Libertad de Opinión y de Expresión (30 de abril de 2020). *Declaración Conjunta sobre Libertad de Expresión y Elecciones en la Era Digital.* Obtenido de Organización de los Estados Americanos: http://www.oas.org/es/cidh/expresion/showarticle.asp?artID=1174&lID=2

Edad avanzada y toma de decisiones Hacia la superación del desencuentro normativo entre la regulación interna y la internacional

Gonzalo Tapia Escanilla
Doctorando Universidad de Barcelona
gtapiaes7@alumnes.ub.edu

Resumen

El derecho a tomar las propias decisiones tiene una incidencia capital en el ámbito de la vida personal y de la planificación de la propia existencia. El respeto a la capacidad jurídica de las personas mayores —concepto que incluye, en este marco, la personalidad, pero también la capacidad de obrar— contemplado en diversos instrumentos internacionales, se contrapone a la regulación interna española y chilena, ya que en estas naciones impera un sistema de sustitución de la voluntad e incapacitación, que en la práctica implica la muerte civil de una persona, pese al teórico abandono de esta noción.

La deficiencia regulatoria a nivel interno que deja de manifiesto el paralelo entre ambos marcos normativos comporta la existencia de un derecho de autonomía de las personas mayores de «dos velocidades». Los estándares internacionales señalados para el efectivo goce del derecho de capacidad jurídica son plenamente exigibles en los Estados que han ratificado los respectivos convenios, por lo que se hace necesario un pronto ajuste normativo de los ordenamientos jurídicos internos, basado en el desarrollo de sistemas de apoyo a la toma de decisiones de las personas mayores, con pleno respeto a su autonomía y dignidad.

Palabras clave: personas mayores; capacidad jurídica; derecho de autonomía; incapacitación; España-Chile.

Abstract

The right to make one's own decisions has a major impact on people's personal life and on the planning thereof. Respect for the legal capacity of the elderly —a concept that includes, in this framework, both legal personality and the capacity to act— contemplated in various international instruments, is opposed to the internal Spanish and Chilean regulation, since in these nations a system of incapacitation and substitution of the person's will prevails, which in practice implies the civil death of a person, despite the theoretical abandonment of this notion.

The comparison between both levels of legislation reveals the existence of a "two-speed" right of autonomy for older people. The international standards indicated for the effective enjoyment of the right to legal capacity are fully enforceable in the States that have ratified the relevant conventions, which is why a prompt normative adjustment of the domestic legal systems is necessary, based on the development of support systems for the decision-making of the elderly, with full respect for their autonomy and dignity.

Keywords: older people; juridical capacity; right of autonomy; incapacitation; Spain-Chile

Índice

1. Introducción

El envejecimiento de la población es un fenómeno mundial que avanza rápidamente, con mayor velocidad en países desarrollados y en vías de desarrollo. En el caso de España se prevé que para el año 2035 las personas de 65 años o más representen al 26,5 del total de la población, según Proyecciones de población 2020-2070, del Instituto Nacional de Estadísticas (INE, 2020). «Chile no está ajeno a esta realidad, al ser el único país latinoamericano que proyecta para el 2050 tener más de 30 % de su población con 60 años o más», según un reciente informe (Leiva *et al.*, 2020, p 800.). Esta transformación demográfica, unida al proceso histórico de especificación de derechos humanos de distintos colectivos y minorías, ha dado paso a un sistema de garantías establecido en favor de las personas mayores, lo cual se ha visto reflejado en distintos instrumentos internacionales del sistema universal e interamericano de derechos humanos.

Con el transcurso del tiempo, y de forma gradual, las personas van perdiendo paulatinamente su nivel de autonomía, lo cual no puede ser entendido como un todo o nada. A pesar de las diferencias sociales, culturales y de sistemas jurídicos que pueda tener España con Chile, se comparte la problemática del envejecimiento sostenido de la población y la vigencia de sistemas de incapacitación y de tutela que se contraponen al derecho de autonomía de las personas mayores, a su libertad respecto a la toma de decisiones y, sin duda, al respeto de su dignidad. En España se han realizado notables esfuerzos por conceder un papel protagonista al principio de autonomía de las personas mayores, introduciendo el año 2003 figuras como la autotutela, el patrimonio protegido y los poderes preventivos. Sin embargo, al igual que en Chile, se mantiene aún vigente un sistema de sustitución de la voluntad y de incapacitación que en la práctica implica la muerte civil de una persona.

La disyuntiva que cabe plantearse entonces es si, a pesar de las modificaciones parciales, el sistema en su conjunto se adapta o no a las exigencias y estándares internacionales en cuanto al derecho a la capacidad jurídica y a la toma de decisiones de las personas mayores. Los instrumentos internacionales vigentes obligan a los países suscriptores a adoptar medidas para adaptar la legislación interna, modificando los sistemas actuales de protección, que pasan necesariamente por la intervención del juez y la consiguiente sustitución de la voluntad del incapacitado. El camino parece ser entonces la adopción de disposiciones respetuosas de la libertad de elección y dignidad de la persona mayor, y de medidas de protección que no implican la limitación o privación de derechos, sino que constituyen un acompañamiento para que las personas puedan ejercer sus derechos y una ayuda para tomar decisiones en caso de necesitarlo. Por estas razones, los sistemas de apoyo a la toma de decisiones de las personas mayores aparecen como una necesaria alternativa para los países que no han superado la incapacitación y la limitación forzosa de la capacidad de obrar.

2. Derecho de autonomía

El derecho de autonomía se consagra como principio, tanto de la Convención sobre los derechos de las personas con discapacidad (en adelante, CDPD), ratificada por España en 2008, al igual que Chile; así como también en la Convención Interamericana sobre la Protección de los Derechos Humanos de las Personas Mayores (en adelante, CPDHPM), ratificada por Chile en 2017. En ambos casos se considera una doble vertiente de este principio: por un lado, el aspecto físico y, por el otro, el aspecto volitivo. El aspecto volitivo, relativo a la toma de decisiones, que es el que nos concierne a efectos de este artículo, se divide a su vez en dos variantes: una preventiva, relativa al respeto de la voluntad de la persona, pudiendo esta escoger, en miras al futuro, el sistema que se le ha de aplicar ante una eventual pérdida de la capacidad y la persona que lo ha de representar y/o apoyar; y otra variante decisional, que concierne a la toma de decisiones en aspectos personales de la vida, al respeto de la voluntad de la persona mayor y de sus derechos de la personalidad (Pereña Vicente, 2016, pp. 196-205). Este último aspecto de la autonomía debería mantenerse indemne a pesar de la presencia de un sistema de apoyo a la toma de decisiones o de la representación en casos donde la persona no pueda ejercer sus derechos por sí misma.

En el Derecho español, el aspecto más desarrollado es el que se ha indicado como vertiente preventiva del derecho de autonomía por medio de instituciones como los poderes preventivos o la autotutela. Sin embargo, aún queda mucho camino por recorrer en la protección de la autonomía decisional de las personas mayores, destacando positivamente a la fecha el Proyecto de Ley por la que se reforma la legislación civil y procesal para el apoyo a las personas con discapacidad en el ejercicio de su capacidad jurídica, de 17 de julio de 2020. En Chile se debe avanzar en ambas vertientes por existir un retraso legislativo mayor, el Código Civil (en adelante, CC) «estudia la capacidad desde un aspecto negativo, desde el aspecto de las incapacidades. Clasifica las incapacidades y establece todo un sistema de protección de las incapacidades (las guardas, entre otras)» (Ruz Lártiga, 2011, p. 378).

Capacidad jurídica: concepto internacional que incluye personalidad y capacidad de obrar

El derecho a tomar las propias decisiones está previsto en diversos instrumentos internacionales, tales como la Declaración Universal de

Derechos Humanos, que en su artículo 6º señala: «Todo ser humano tiene derecho, en todas partes, al reconocimiento de su personalidad jurídica». Por su parte, el Pacto Internacional de Derechos Civiles, consagra en su artículo 16 el mismo derecho con idéntico texto. Este amparo implica el reconocimiento de la persona como sujeto de derecho, por tanto, capaz de ser titular de derechos y obligaciones reconocidos por las normas jurídicas. Así mismo, otras convenciones y normas regionales de derechos humanos recogen esta idea. Es el caso de la Convención sobre la Eliminación de Todas las Formas de Discriminación Contra las Mujeres (art.15); la CDPD (art.12), y la CPDHPM, que reconoce el derecho a la autonomía y a la independencia (art.7). En el caso de estas últimas convenciones, se incluyen también los conceptos de capacidad jurídica y ejercicio de la capacidad jurídica.

El concepto de capacidad jurídica en estos dos textos se perfila, pues, como autónomo. El uso de una terminología diversa, que implica muchas veces diferencias conceptuales, se ha traducido en complicaciones para consensuar, entre los Estados que ratifican estos instrumentos internacionales, el real sentido y límites del derecho protegido. Así, podemos observar que no se hace referencia alguna a la capacidad de obrar contenida en el ordenamiento jurídico español, lo cual no implica que esta desaparezca, sino que es incluida en estos instrumentos como «ejercicio de la capacidad jurídica».

El Estado español respeta plenamente la titularidad de derechos de las personas mayores, y les reconoce su personalidad y capacidad jurídica, según se desprende de la interpretación de los principios rectores del respeto al libre desarrollo de la personalidad y a la dignidad de toda persona consagrados en el artículo 10 de la Constitución española. Sin embargo, lo que estos instrumentos internacionales recogen como ejercicio de la capacidad jurídica, o capacidad de obrar en el derecho español (capacidad de ejercicio en otros ordenamientos jurídicos), no recibe el mismo nivel de protección a nivel interno, difiriendo sustancialmente de lo propuesto por el sistema internacional de derechos humanos. Lo mismo ocurre en

Chile, nación que mantiene un sistema de incapacitación aplicado a las personas mayores con la siguiente paradoja:

> (. . .) en principio, las personas que van progresivamente perdiendo autonomía decisional e incrementan su dependencia funcional en razón de su gran edad, carecen de toda protección civil, pues el Código las reconoce plenamente capaces. Luego, para recibir la protección de la ley, no hay otro camino que incapacitarlas mediante un procedimiento judicial de interdicción, lo que conduce a un atentado a su dignidad como personas, al desconocerles estos derechos fundamentales al respeto de su autonomía e independencia (Ruz Lártiga, 2019, p 16).

Queda claro de este modo que mediante los sistemas de sustitución de la voluntad se despoja a la persona de lo que en Chile se conoce como capacidad de ejercicio, privando a la persona mayor, en definitiva, de su aptitud para ejercer derechos y contraer obligaciones, lo cual implica su desaparición de la vida del derecho.

A pesar de este escenario, en España se ha avanzado en la concepción de una «modificación» de la capacidad de obrar, dejando atrás el concepto de «incapacitación legal», lo cual se debe fundamentalmente a la aprobación de la Ley 15/2015, de 2 de julio, de Jurisdicción Voluntaria. Sin embargo, en ambos casos, incapacitación y modificación de capacidad, el objetivo de estas medidas es la protección de la persona por medio de una institución tutelar, que mantiene la antigua nomenclatura, motivo por el cual persiste el problema.

La normativa internacional resulta incompatible con el actual sistema de incapacitación, tutela y curatela que impera en España y de Chile por no existir en estos países un sistema de apoyos tal como se propone en el artículo 12 de la CDPD. Este artículo en particular establece que los Estados parte deberán proporcionar salvaguardas relativas al ejercicio de la capacidad jurídica, promoviendo el respeto a la voluntad y las preferencias de las personas (Petit Sánchez, 2020, p 275.). Así mismo el artículo 7 de la CPDHPM reconoce el derecho de la persona mayor a la toma de decisiones conforme a sus tradiciones y creencias e impone a los Estados la obligación de disponer de mecanismos para el adecuado ejercicio de los derechos consagrados en ella.

Los mecanismos de apoyo a los que se refieren estos instrumentos internacionales requieren, según dispone el ya citado artículo 12 de la CDPD, que las salvaguardas sean proporcionales y adaptadas a las circunstancias de las personas, lo cual claramente no ocurre cuando se incapacita civilmente a una persona o se le impone un tutor o curador por la vía judicial, muchas veces sin atender lo suficiente a la voluntad del incapacitado. La proporcionalidad implica que las medidas estén graduadas y se adapten al nivel de pérdida de capacidad de la persona. Esto en la práctica no ocurre, pues si bien la «modificación judicial de la capacidad» admite graduaciones en el Derecho español (art.760.1 LEC; arts. 287, 289, 290 CC), estas se aplican poco o no se les saca el provecho suficiente. Aun en circunstancias en que se apliquen instrumentos vigentes en España como los poderes preventivos, cuyo aporte ha sido innegable, no existe en ellos la proporcionalidad, pues por definición el mandatario representa a su mandante, pero no le asiste. Es decir, se sustituye a la persona independientemente de su nivel de pérdida de capacidad, pero no se está obligado a tener en cuenta su voluntad ni preferencias personales en el momento de ejercer el mandato. En este sentido sería positivo

> (. . .) extraer el poder preventivo del contrato de mandato y regularlo como lo que es, una institución de protección de la persona, con una normativa completa que además acoja en su seno todo acuerdo bilateral o multilateral (acuerdos de apoyo) o disposición unilateral (poderes) que tengan por objeto dar soporte, ayuda y en su caso representar a una persona con algún grado de discapacidad psíquica (Valls, 2020, p 20.).

3. Los desacuerdos regulatorios: derechos a dos velocidades

En los ordenamientos jurídicos nacionales mencionados en este artículo, se detecta que la legislación no se hace cargo de la protección de la toma de decisiones de las personas mayores, y que en su estado actual dista mucho del ideal señalado en la normativa internacional de derechos humanos. Los actuales sistemas de capacidad/incapacidad que imperan en España y Chile no tienen en cuenta aspectos personales como las carencias y vulnerabilidades de las personas mayores; por el contrario, las ignoran e invisibilizan.

La deficiencia regulatoria a nivel nacional que deja de manifiesto el paralelo entre ambos marcos normativos comporta la existencia de un derecho de autonomía de las personas mayores de «dos velocidades»: uno de mayor desarrollo en cuanto a sus estándares de protección y valoración internacional y otro, si se quiere de orden práctico, en los ordenamientos jurídicos internos, que no garantizan ni protegen el goce efectivo de tal derecho. Es decir, existe, por un lado, un parámetro o estándar delimitado por el marco regulatorio internacional de derechos humanos, que podemos definir como un «ideal», y, por otra parte, el estado actual o «real» de la legislación española y chilena, que aspiran a avanzar y acercarse a estos parámetros.

Los Estados mencionados que no han superado la incapacitación y sustitución de la voluntad como medida de protección —a pesar de los marcados avances en la materia de sus vecinos en ambos continentes (Europa y América latina)—, mantienen vigentes legislaciones civiles vetustas que se inspiran en aspectos principalmente patrimoniales a la hora de establecer mecanismos de resguardo para las personas que pierden sus capacidades físicas o mentales. Estas figuras jurídicas, destinadas a abrigar los derechos de personas en especial situación de vulnerabilidad, dejan completamente de lado aspectos personales relacionados con la voluntad de la persona, como preferencias, definición de un plan de vida, o simplemente gustos personales, que no son tomados en cuenta. Es así como rige hasta nuestros días la institución de la incapacitación, pensada para aquellas personas que pierdan su capacidad de obrar «. . . por enfermedades o deficiencias persistentes de carácter físico o psíquico que impidan a la persona gobernarse por sí misma[1]», entregando en definitiva a un tercero la administración de sus negocios y prevaleciendo siempre la protección del interés del incapaz, desde la perspectiva de la institución que dispensa este amparo.

Todo parece indicar que concebir a las personas mayores como simples sujetos pasivos de protección jurídica no contribuye a su reconocimiento como sujetos de derecho, e impone como sistema una solución infantilizadora que priva de sus derechos fundamentales a quien se pretende proteger. Este afán protector para con los mayores podría considerarse un tipo de maltrato indirecto; ya lo adelantaba el sociólogo español Enrique Gil Calvo en 2003:

> Lo más triste del trato que damos a los ancianos no es que les abandonemos a su suerte —lo que al menos les obliga a valerse por sí mismos—, sino que les tratemos como a menores de edad necesitados de protección y tutela, lo que les coloca bajo nuestro poder discrecional y arbitrario. Pues al sentirnos magnánimos y aceptar protegerles, lo hacemos privándoles de sus derechos, tras expropiarles su propia responsabilidad personal como sujetos agentes. Por eso les engañamos con mentiras piadosas —para que no sufran, los pobrecitos—, les impedimos que elijan por sí mismos —no vayan a hacerse daño sin querer— y tomamos decisiones por ellos, llegando en la práctica a incapacitarlos, aunque solo sea informalmente[2].

Recordemos que el modelo propuesto por el sistema internacional de derechos humanos aboga por un sistema de apoyo a la toma de decisiones basado en la dignidad intrínseca de la persona. Es bas-

---

1 Artículo 200 Código Civil (CC) español.

2 Gil Calvo, E., El maltrato a la vejez, *El País*, 21/09/2003 https://elpais.com/diario/2003/09/21/opinion/1064095210_850215.html

tante claro, entonces, que existe un desencuentro de las normas del derecho interno y el derecho internacional en materia de protección de la autonomía y toma de decisiones de las personas mayores, siendo en definitiva este grupo de la población uno de los más afectados por esta desprotección. Esta situación lamentablemente ha quedado de manifiesto en tiempos de pandemia. En los momentos de mayor contagio se confinó a personas en sus habitaciones de residencias de mayores por largos periodos de tiempo, en contra de su voluntad, incomunicados con el mundo exterior y sus familias y sin la menor supervisión por parte de la autoridad, lo cual finalmente desembocó en denuncias de organismos como Amnistía Internacional, sobre violaciones a los derechos humanos según señala un reciente estudio (Amnistía Internacional, 2020). El nuevo estado jurídico-social impuesto por la pandemia mundial de la COVID-19 ha dejado en evidencia el impacto producto de situaciones de vulnerabilidad en la vida de las personas mayores, siendo uno de los puntos más críticos el respeto a su derecho de autonomía y toma de decisiones. Este escenario puede servir a nuestra sociedad como revulsivo para proteger estos derechos de manera clara y expresa, para así garantizar su disfrute y exigibilidad aun en momentos extremos como el de la pandemia.

4. Estándares internacionales plenamente exigibles

Los estándares internacionales señalados para el efectivo goce del derecho de autonomía de las personas mayores y la protección de la toma de decisiones son plenamente exigibles en los Estados que han suscrito estos convenios, por lo que se hace necesario un pronto ajuste normativo en sus respectivos ordenamientos a nivel nacional basado en el desarrollo de un sistema de apoyo a la toma de decisiones de las personas mayores que les permita disfrutar de su derecho de autonomía hasta el final de sus días. Es necesario, entonces, adecuar la regulación interna, implementar sistemas de apoyo a la toma de decisiones con pleno respeto a la dignidad de las personas mayores, teniendo en cuenta además los principios de necesidad, proporcionalidad y subsidiaridad (Ruz Lártiga, 2019, p 20.).

Por otro lado, los apoyos que reciba la persona mayor en aras de proteger su autonomía deben propender a generar un equilibrio entre el derecho a la autonomía y el mejor interés de la persona en el ejercicio de su capacidad jurídica. La premisa elemental para producir esta reforma es que las personas mayores como sujetos de derecho conservan la misma capacidad jurídica que el resto de la población y, por lo tanto, pueden ejercerla en igualdad de condiciones. Desafortunadamente, a pesar de que este razonamiento puede parecer obvio, la verdad es que no se ha extendido lo suficiente, no obstante, los infructuosos esfuerzos de Naciones Unidas por promover la igualdad de todas las personas en el reconocimiento de sus derechos fundamentales. Por ello, se ha tenido que avanzar hacia la especificación de derechos de ciertos grupos de la población, considerados vulnerables, con la creación de convenios específicos de derechos humanos destinados a proteger de manera efectiva a este conjunto de colectivos que por diversos motivos no se encuentran en igualdad de condiciones respecto al resto de la población. Con todo, se hace necesario la creación de un instrumento universal de derechos humanos en favor de las personas mayores que aglutine convenios regionales y que dé amparo efectivo a este grupo etario.

En el contexto actual no es admisible que una persona mayor deba verse representada ni sustituida por otra en la realización de sus actos jurídicos por el simple hecho de envejecer. Para un adecuado ejercicio de sus derechos, y teniendo en consideración que en el proceso de envejecimiento existe una pérdida natural de capacidades cognitivas y físicas que todas las personas sufrimos con el paso de los años, es necesario disponer de apoyos y ayudas para adoptar las propias decisiones manteniendo vigente el respeto por la autonomía de la persona el mayor tiempo que sea posible.

Se espera entonces que las nuevas regulaciones que adapten el derecho interno a los estándares internacionales exigidos por el sistema internacional de derechos humanos en materia de protección de la toma de decisiones apuesten por la prevalencia de la voluntad de la persona mayor, dejando de lado —aunque sea parcialmente— la concepción de un supuesto «interés» del individuo que se busca proteger. Estas ideas aparentemente contrapuestas deben mantener un equilibrio en el desarrollo de las instituciones jurídicas que buscan, por un lado, proteger la voluntad de la persona y, por otro lado, la aplicación de las medidas de apoyo y ayuda, por ser considerados estos sujetos de protección (Pereña Vicente, 2016, pp. 119-120).

5. A modo de conclusión: hacia sistemas de apoyo basados en los principios de proporcionalidad, subsidiariedad y necesidad

Las alternativas para estructurar un sistema de apoyo a la toma de decisiones de las personas mayores son variadas. Además, es preciso tener en cuenta el costo económico que supondría brindar ayuda y soporte a un grupo de la población en expansión. Una alternativa es tomar en consideración la posibilidad de desjudicializar la modificación de la capacidad jurídica promoviendo acuerdos y potenciando herramientas como los poderes preventivos (Valls, 2020, p 26.), dejando a la curatela como ultima ratio, pero replanteada como una institución tutelar.

Como ya se adelantó, un adecuado sistema de toma de decisiones para personas mayores con apoyo, como alternativa a la tutela, debería contemplar el cumplimiento de los siguientes principios: a) Proporcionalidad: este principio aparece en primer lugar como una limitación a la potestad del juez y responde a la idea de ponderar y valorar la gradualidad de la medida de apoyo que se pretende establecer, justificado el fin que se persigue, dejando fuera de este modo las medidas innecesarias o excesivas, «la intensidad del apoyo podrá variar según las circunstancias de cada persona y el tipo de acto o actos para los que se instrumenta» (Valls, 2020, p

21.). En este sentido, las medidas de protección más gravosas solo pueden ser aplicadas cuando se requiera la tutela de un bien jurídico superior a los que puedan verse afectados por su aplicación. b) Necesidad: se refiere a que un instrumento de apoyo a la toma de decisiones solo será necesario en la medida que la persona mayor pierda su capacidad cognitiva o física de modo que le impida una adecuada manifestación de su voluntad para la toma de decisiones, procurando siempre respetar la autonomía decisional de quien se pretende proteger. En otras palabras, el sistema solo deberá brindar apoyo a la persona mayor, cuando esta intervención sea necesaria, y en el bien entendido de que esta intrusión mejorará las condiciones necesarias para que la persona mayor adopte sus decisiones. c) Subsidiaridad: hace alusión a que las medidas de protección, dado su carácter especial, se aplicarán solo cuando las reglas del derecho común no otorguen la protección necesaria. La idea es que cada dispositivo de protección sea aplicado cuando el de menor intensidad no asegura una protección suficiente (Ruz Lártiga, 2019, p 20.). Otro enfoque de este principio apunta a que las medidas de apoyo que ofrece la ley deberían ser consideradas solo para aquellos casos en que el apoyo familiar o comunitario no sea suficiente (Valls, 2020, p 21.), prefiriendo de este modo a los apoyos que haya establecido previamente la persona de manera voluntaria, dejando como excepción a los apoyos impuestos judicialmente.

Durante la redacción de este artículo fue publicada en España la Ley 8/2021, de 02 de junio, para el apoyo a las personas con discapacidad en el ejercicio de su capacidad jurídica, que abre grandes esperanzas respecto a los temas abordados.

6. Referencias

Amnistía Internacional (2020, 3 diciembre). *España: Las personas mayores en residencias han sido abandonadas durante la pandemia de COVID-19.* Amnesty International. Recuperado 8 de mayo de 2021, de: https://

www.amnesty.org/es/latest/news/2020/12/spain-older-people-in-care-homes-abandoned-during-covid19-pandemic/

Gil Calvo, E. (2003, 21 septiembre). *El maltrato a la vejez.* Elpais.com. Recuperado 10 de Mayo de 2021, de: https://elpais.com/diario/2003/09/21/opinion/1064095210_850215.html

INE base / Demografía y población /Cifras de población y Censos demográficos / Proyecciones de población / Últimos datos. (s. f.). INE. Recuperado 8 de mayo de 2021, de: https://www.ine.es/dyngs/INEbase/es/operacion.htm?c=Estadistica_C&cid=1254736176953&menu=ultiDatos&idp=1254735572981

Leiva, A. M., Troncoso-Pantoja, C., Martínez-Sanguinetti, M. A., Nazar, G., Concha-Cisternas, Y., Martorell, M., Ramírez-Alarcón, K., Petermann-Rocha, F., Cigarroa, I., Díaz, X., & Celis-Morales, C. (2020). Personas mayores en Chile: el nuevo desafío social, económico y sanitario del Siglo xxi. *Revista médica de Chile, 148*(6), 799–809. https://doi.org/10.4067/s0034-98872020000600799

Pereña Vicente, M. (2016). La Convención de Naciones Unidas y la nueva visión de la capacidad jurídica. *REVISTA IUS, 4*(26), 119-120-196-205. https://doi.org/10.35487/rius.v4i26.2010.232

Petit Sánchez, M. (2020). La adopción de medidas de apoyo para las personas con discapacidad armonización entre la autonomía de la voluntad y el mejor interés. *Revista de Derecho Civil Notarios y Registradores, VII* (5), 265-313.

Ruz Lártiga, G. (2011). *La capacidad, en Explicaciones del derecho civil tomo I.* Ed. Abeledo Perrot. Legalpublishing.

Ruz Lártiga, G. (2019). El impacto en la legislación civil chilena de la recepción de las nociones de autonomía e independencia contenidas en la Convención Interamericana de los Derechos Humanos de las Personas Mayores. *Revista de Derecho (Coquimbo), 26,* e3635. https://doi.org/10.22199/issn.0718-9753-2019-0002

Valls, J. M. (2020a, abril 1). *La abolición de la incapacitación. El notario y los apoyos a la discapacidad (I)La Convención de Nueva York y su incumplimiento en España (*).* notarisdecatalunya.org. Recuperado 10 de mayo de 2021, de: https://www.notarisdecatalunya.org/es/actualidad/publicaciones/la-notar%C3%ADa/la-notar%C3%ADa-20192-3

Valls, J. M. (2020b, octubre 1). *La abolición de la incapacitación. El notario y los apoyos a la discapacidad (II).* notarisdecatalunya.org. Recuperado 10 de mayo de 2021, de: https://www.notarisdecatalunya.org/es/actualidad/publicaciones/notar%C3%ADa/notar%C3%ADa-20201-2

Gender mainstreaming in international human rights law and its implications for national constitutions

Clara Esteve Jordà
PhD student at Universitat Rovira i Virgili
clara.esteve@urv.cat

Abstract

This contribution addresses gender mainstreaming in International Human Rights Law (IHRL). The alleged platform of universality in the human rights discourse remains steeped in patriarchal assumptions: the legal subject is based on the liberal pattern of the autonomous male, possessive individualism, and self-sufficiency. Even so, thousands of women and LGTBIQ+ collectives are raising their voices every day through new national and international feminist movements, in what some have already called the fourth feminist wave. It is precisely this context of demands that may be strong enough to inspire a reinterpretation of IHRL, and thus force states to make a real commitment to gender equality. Human rights must necessarily be conceived as a legal umbrella of protection against universal vulnerability, a quality intrinsic to the human condition. This also implies a paradigm shift in the articulation of justice and equity in national constitutions. It is essential to review some fundamental legal categories, but above all to gender mainstreaming constitutional provisions in a cross-cutting manner. Only in this way will it be possible to rebuild a law for more equitable and inclusive human societies.

Keywords: human rights, gender equality, fourth feminist wave, universal vulnerability.

Resum

La present contribució aborda la integració de la perspectiva de gènere en el Dret Internacional dels Drets Humans (DIDH). La pretesa plataforma d'universalitat en el discurs dels drets humans roman impregnada d'assumpcions patriarcals: el subjecte jurídic es basa en el patró liberal de l'home autònom, l'individualisme possessiu i l'autosuficiència. Tanmateix, milers de dones i col·lectius LGTBIQ+

alcen la veu cada dia a través de nous moviments feministes nacionals i internacionals, pel que ja es comença a parlar d'una quarta onada feminista. És precisament aquest context de reivindicacions el que pot ser prou fort com per inspirar una reinterpretació del DIDH, i obligar així els Estats a assumir un compromís real amb la igualtat de gènere. Necessàriament, cal reconsiderar els drets humans com un paraigua jurídic de protecció enfront de la vulnerabilitat universal, qualitat intrínseca a la condició humana. Això implica també un canvi de paradigma en l'articulació de la justícia i l'equitat en les constitucions nacionals. Resulta imprescindible revisar algunes categories jurídiques fonamentals però, sobretot, incorporar una perspectiva de gènere transversal en les disposicions constitucionals. Només així serà possible reconstruir un dret per a societats humanes més equitatives i inclusives.

Paraules clau: drets humans, igualtat de gènere, quarta onada feminista, vulnerabilitat universal.

Resumen

La presente contribución aborda la integración de la perspectiva de género en el Derecho Internacional de los Derechos Humanos (DIDH). La pretendida plataforma de universalidad en el discurso de los derechos humanos permanece impregnada de asunciones patriarcales: el sujeto jurídico se basa en el patrón liberal del varón autónomo, el individualismo posesivo y la autosuficiencia. Aun así, miles de mujeres y colectivos LGTBIQ+ alzan la voz cada día a través de nuevos movimientos feministas nacionales e internacionales, por lo que ya se habla de una cuarta ola feminista. Este contexto de reivindicaciones puede ser lo suficientemente fuerte para inspirar una reinterpretación del DIDH, y obligar así a los Estados a asumir un compromiso real con la igualdad de género. Necesariamente, los derechos humanos deberán reconsiderarse como un paraguas jurídico de protección frente a la vulnerabilidad universal, cualidad intrínseca a la condición humana. Esto implica también un cambio de paradigma en la articulación de la justicia y la equidad en las constituciones nacionales. Resulta imprescindible revisar algunas categorías jurídicas fundamentales, pero, sobre todo, incorporar una perspectiva de género transversal en las disposiciones constitucionales. Solo así será posible reconstruir un derecho para sociedades más equitativas e inclusivas.

Palabras clave: derechos humanos, igualdad de género, cuarta ola feminista, vulnerabilidad universal.

Index

1. Introduction: where the law has not reached

Little girls sexually abused without really knowing what is going on. Teenage girls walking down the street with fear because others were raped. Wives who can't stop the beatings. Humiliated. Beaten. Stabbed. Murdered. Ignored women scrubbing floors for four bucks. Or for free. Women migrating across the ocean to care for other women's children. Women who were promised prosperity and ended up prostituting their bodies. Single mothers questioned for their motherhood. Non-mothers questioned for their non-motherhood. Women without wombs, humiliated for feeling women. Undervalued sexual identities. Labels, many labels. Sexual orientations as a ground for conviction. Gender-conditioned jobs. Gender pay gap. Glass ceiling and sticky floor. The world does not seem to go very well in the *Androcene*.

Among the myriad hierarchies that prevail in the 21st-century world, male-female subordination remains in almost every social community. Indeed, patriarchy is still the main source of gender inequalities. Within this social system, based on economic, legal, and political relations (Hennessy, 2006, p. 421), some men hold power and predominate in political leadership, moral authority, social privilege, and control of property (Meagher, 2011, p. 420). Individually and collectively, they dominate, oppress, and exploit women by appropriating their productive and reproductive force, their bodies, minds and sexuality. Among the historical male claims to power are physical force, legal sanctions, intellectual structures, religious systems, economic privileges, social institutions, and cultural norms (Walby, 1989). However, patriarchy not only excludes women, but also the entire LGTBIQ+ collective, children or dependent men. Or to put it better, it only includes a specific male model. After all, patriarchy only gives a few men access to power, i.e., there are also male hierarchies (Facio, 2002).

It has been argued that the emergence of patriarchy dates back to the Neolithic era (Engels, 1884; Lindsey, 2016; Johnson, 2014)[1]. Nonetheless, with the advent of the Industrial Revolution, the androcentric logic found a new ally: capitalism. The workforce split in two. On the one hand, there was the production, quantifiable in monetary terms and computable through indicators such as GDP. On the other hand, there was reproduction, unpaid and carried out almost exclusively by women. This division of labour has remained in place to this day. Thus, patriarchy found a way to continue ruling, generating more sophisticated forms of oppression (Lerner, 1987, p. 31).

Still today, capitalist patriarchy is a perfect explosive cocktail for the systematic violation of many human rights. From birth to death, gender runs individuals from the roots of their hair to the tips of their toes, harming them in countless situations. Across the world, women's possibilities to participate in political, civil, economic, and

---

1 Although some scholars have rejected it for lack of evidence, many others have asserted human societies as originally matrilineal. The mother-child bond was the source of culture, religion, and community. Goods were held in common, but with the expansion of agriculture and livestock farming, men began to claim ownership of crops, animals, and land, thus developing the notion of private property. From this point onwards, men were concerned with passing this property on to their own heirs and tried to control the sexual life of women, to ensure legitimate offspring. This led to the development of the nuclear family, and later, to the development of the State, which legitimized men's rights over women.

cultural processes that affect social organisation remain limited. Neoliberal capitalism ensures the invisibility of life-sustaining reproductive work, mostly carried out daily by women. Meanwhile, a few people enjoy a set of privileges at the expense of many others, thus generating multiple inequalities and exclusions which, in turn, intersect with other axes of domination.

In this context, national laws and policies favour and legitimise many of these inequalities. Law, along with customary practices, continues to prevent women from accessing and controlling the resources on which their very existence depends, such as land, property, and housing. Economic, social, and labour discrimination and abuses persist, and gender-based violence remains a scourge in all societies as a symptom of a still patriarchal culture. Many sexual and reproductive health rights are still denied, and persecution on grounds of sexual identity and orientation remains a harsh reality in many states. Notwithstanding the formal efforts of the International Human Rights Law (IHRL), they have not yet been enough to prevent thousands of women, girls and the LGTBIQ+ community from suffering gender-based discrimination in every area of their lives. Rather, the basic and universal legal framework is also infested with patriarchal assumptions, which are quickly transferred into law, reinforcing and perpetuating the crisis of justice we are experiencing today.

2. International Human Rights law framework: when the universal is male

Today, there seems to be some global consensus on the full and equal recognition of women's rights as a whole. Indeed, the eradication of all forms of gender discrimination is a priority objective within the international community, as reflected in IHRL. Article 2 of the Universal Declaration of Human Rights (UDHR) recognises the entitlement to all rights and freedoms without distinction of sex, sexual orientation and gender identity or "other status". The International Covenant on Civil and Political Rights (ICCPR) and the International Covenant on Economic, Social and Cultural Rights (ICESCR) establish in their common article 3 the right to equality between men and women in the enjoyment of all rights. Likewise, the Convention on the Elimination of Discrimination against Women (CEDAW) requires States Parties to take measures to eliminate discrimination against women and establishes guidelines and strategies to achieve real equality. Furthermore, Goal 5 of the 2030 Agenda for Sustainable Development calls for achieving gender equality and empowering all women and girls.

Nevertheless, the development of IHRL has been biased and androcentric, based on an atomistic and possessive individualistic vision. The holder of rights materialised, from its inception, in a male white morphology and the socio-political status of the owner, as well as in hyper-rationality, autonomy and heterosexuality. The man set himself up as a universal but abstract rights-bearer par excellence. The UDHR both conceptually and procedurally was built on the silence of women, privileging a male point of view, i.e., taking the male experience as paradigmatic and constructing women as 'the other', or the 'non-subject'. It may be that, by not naming women specifically, the UDHR was assuming that the universal was already gendered (Otto, 2006, p. 321). It is particularly relevant that the only specific reference to women's equal rights is in the context of the family. That is, in the private sphere traditionally attributed to them[2]. In contrast, neither gender-based violence nor sexual and reproductive rights are addressed at any point.

In the same line, the Declaration on the Elimination of Violence against Women (DEVAW), encountered many obstacles in 1993. The recognition of the specificity of women's harm was believed

---

2 Article 16.1 UDHR *Equal rights in marriage.* Men and women of full age, without any limitation due to race, nationality or religion, have the right to marry and to found a family. They are entitled to equal rights as to marriage, during marriage and at its dissolution.

to undermine the alleged "universality" of human rights. Again, it was assumed that men's injuries were representative of the universal human being, but women's harms were not (Grear, 2010, p. 109). For its part, the Beijing Platform for Action[3] is not legally binding, but rather a show of political will with a series of recommendations. It is up to the countries to decide whether to translate the declaration into concrete measures, which is why, so far, no country has fulfilled all the objectives. Furthermore, women lag behind men on all sustainable development goals of the 2030 Agenda. This may be evidence that there cannot be a single focus on women's issues to reduce discrimination against them, as all indicators are intertwined. For instance, a girl born into a poor household and forced into early marriage is more likely to drop out of school, give birth too young, suffer complications during childbirth, suffer domestic violence, have fewer job opportunities, and so on.

3. Notice to mariners: the fourth-wave feminism is here

Since the second decade of this century, several events, such as Trump's rise to power in the United States, the emergence of sexual abuse and gang rape scandals, as well as the numerous femicides that fill the news every day, have raised the voices of many women[4].

---

[3] Declaration and Platform for Action of the Fourth World Conference on Women's Rights, celebrated during 4–15 September 1995 in Beijing, China.

[4] In 2016, Donald Trump defeated Hillary Clinton in the US presidential election, prompting a major march against this defeat, which is also seen as an attack on women's rights. Several other incidents galvanised the movement, including Jimmy Savile allegations (UK, 2012), Bill Cosby sexual assault cases (US, 2014), Isla Vista killings (US, 2014), Jian Ghomeshi's trial (Canada, 2016), Harvey Weinstein sexual assaults and harassments in the Hollywood industry (2017), the Westminster sexual scandals (worldwide and UK, 2017), 'La Manada' gang rape case

Incredulous at an apparently equal but factually unequal world, women began to mobilise through new national and international feminist movements, in what some have already called the fourth feminist wave[5]. They take advantage of social media opportunities to denounce sexual harassment, rape culture, violence against women and employment discrimination[6]. They also place special emphasis on women's empowerment, new masculinities and intersectionality (Britannica, 2019). Thus, this current wave examines the interlocking systems of power that contribute to the stratification of traditionally marginalised groups. It advocates for their greater representation in politics and business, arguing that society would be more equitable if policies and practices incorporated all people's perspectives (Munro, 2013).

Through the press, news and social media women collaborate, mobilise, and speak out against power abuses and in support of equal opportunities for girls and women. In addition, they believe that boys and men should have greater opportunities to express their emotions and feelings freely and present themselves as they wish. Moreover, this current stage is characterized by a wide variety of new feminisms (lesbian feminism, transfeminism, post-genderism, post-feminism...), with wide fluidity and flexibility in terms of the strategies and tactics used. Above all, a broad concern for the precise character of the feminist subject should be highlighted. Feminist subjectivity has diversified, and the role of historically excluded groups

---

in Spain (2018) and the widespread increase in domestic violence during the COVID-19 pandemic.

5 The fourth wave of feminism has been considered to begin in 2012, with the protests in India and the global outrage over a gang rape in Delhi on December 16, 2012 (Udwin, 2015).

6 The movements 'Me Too' and 'Time's Up' are helping survivors of sexual violence, especially women of colour. Dozens of powerful men are being judged in politics, business, entertainment and the media. Also remarkable is the Chilean, participatory, protest performance in 2019, '*Un violador en tu camino*', with the aim of demonstrating against violations of women's rights, which had a great international impact and reception (BBC News Mundo, 2019).

within feminism has been made visible: queer women, lesbian, gay, bisexual and trans women, black and minority ethnic women, and even men (Dean & Aune, 2015). In any case, it seems that all these voices will no longer be silent.

This complex web of theoretical and practical movements claims women's rights as one of the great challenges of modern democracy on the international agenda. It is precisely this context of feminist consciousness and resistance that may be powerful enough to inspire a reinterpretation of IHRL. And this is where vulnerability theory must come in. For in order to address the challenges of the twenty-first century, everything points to the need to articulate a feminist legal theory that takes into account shared bodily limitations and embodied vulnerability as essential aspects of the legal subject (Matambanadzo, 2012). It seems imminent to recognise that all human beings are interdependent and need care[7].

Thus, human rights should be conceived as a space for the recognition of universal vulnerability, with an emphasis on needs rather than entitlements. IHRL should be configured as an instrument for the protection of vulnerabilities, not of individual autonomy, thus separating itself from the utopia of self-realisation. It ought to challenge taken-for-granted patriarchal notions and legal formalism that prevents real and meaningful progress towards equity. This interpretative change should encourage the deconstruction of legal systems and force states to make a real commitment to the principle of gender equality and non-discrimination.

---

7 However, vulnerability must be distinguished from dependency. As Fineman points out, vulnerability is universal and constant, while dependency is episodic, sporadic, and largely developmental in nature (Fineman, 2008).

4. Rethinking Human Rights towards equity. Implications for national constitutions

To this end, the understanding of human rights should be rethought, by stripping them of its current neoliberal, individualistic and androcentric envelope. They must necessarily be conceived as a legal umbrella to protect against vulnerability, a quality intrinsic to the mere human condition and intensified by coexistence in society. A vulnerability-based perspective must recognise the interconnectedness and reciprocity of human existence and the constant potential for dependency throughout the human life cycle (Turner, 2006, p. 27). This approach makes it possible to question the patriarchal inertia persisting in the legal culture, as well as in the customary practices that prevent real and significant progress towards equality. Effective legal alternatives will be those that, taking this human rights framework, enable the disruption of hegemonies and ensure women's meaningful participation in decision-making processes. Incorporating their perspectives and experiences into the universal human rights imagination is crucial for a more equitable future.

But then, what about national constitutions? What are the implications for the fundamental legal institutions in traditional legal systems? States promote and ratify the treaties and their optional protocols through the action of designated bodies. However, there must be compatibility between ratified international law and national constitutions, as they constitute the axiological core of states. Constitutional law requires that legal processes, institutions, and substantive standards be consistent with human rights, including the basic principles of non-discrimination and equality before the law. They are responsible for protecting human rights and ensuring gender equality and can even take measures to improve the situation of women and girls. Constitutional recognition of fundamental rights and freedoms is therefore essential for the protection of human rights.

For this reason, guaranteeing the effectiveness of gender equality implies a paradigm shift in the articulation of justice in national constitutions too. Most likely, some basic legal categories will need to be adjusted or replaced. Terms such as 'subject', 'man', 'woman', 'property', 'legal personality', 'family' and 'marriage' may have played a role in driving and sustaining the *Androcene*. But, above all, it will be essential to incorporate the gender perspective in a cross-cutting and inclusive manner. So far, classical constitutions have not been well constructed in this regard, and legislative efforts at the national level have not been sufficient to combat gender inequality. Constitutions must not only fight against discrimination from an individual point of view but must also stand for a law that takes into account the structural subordination generated by capitalist patriarchy as a whole.

5. Conclusions

IHRL has important conceptual and procedural limitations that make it difficult to recognise gender-based rights violations as human rights violations. The full inclusion of women and the LGTBIQ+ community in universal representations of humanity seems unlikely if the universal subject, the standard, continues to base its universality on the recognition of a particular man's attributes. The central position of the white heterosexual male appears, wholly and exclusively, as the status of all individuals in the orbit of the legal system. Because legal concepts and categories are based on a very specific gender, the responsibility of states towards individuals has never been focused on the universal need for protection. The prevailing legal justice has been conceived in liberal constitutions as abstract, general, universal, and blind to human frailty. This leads to a vicious circle: as long as human rights do not address the vulnerability; states will not be bound by treaties or their constitutions either.

In this context, however, it must be acknowledged that the fourth feminist wave has made these situations of inequality much more visible. New global communication networks question fundamental patterns of legal thinking and pose new challenges in the construction of constitutional governance frameworks for a more equitable world. These new movements emerge as a socio-political, philosophical, economic, and cultural response that joins the associative movement. Through activism in the streets and on social media, women and LGTBIQ+ groups are creating spaces for reflection and debate, and propose practical solutions and legislative measures to protect gender equality and fundamental rights worldwide.

This feminist resistance may become the light that illuminates the new human rights discourse. To unveil the predatory and hierarchical dynamics enacted by capitalist patriarchy, IHRL must begin by listening to these hitherto silenced voices, their experiences, and their needs. Only in this way, starting from the natural fragility of human beings, will states be able to approach their constitutions from a gender-sensitive perspective. This inherent vulnerability requires states to be active, engaged, and responsive, to monitor institutions and ensure that the promise of equality is fulfilled. For indeed, the egalitarian project is feasible and desirable: everyone benefits from it. It is simply a matter of understanding that the patriarchy of the minority limits the possibilities of billions of people to live in freedom and deprives society of its full potential.

6. References

BBC, El violador eres tú: el potente himno feminista nacido en Chile que resuena en México, Colombia, Francia o España. *BBC News Mundo*, 30 November 2019, accessed <https://www.bbc.com/mundo/noticias-america-latina-50610467>.

Dean, J., & Aune, K., Feminism Resurgent? Mapping Contemporary Feminist Activisms in Europe, *Social Movements Studies*, vol. 14, n. 4, 2015, pp. 375-395.

Encyclopædia Britannica, The Fourth Wave of Feminism, 8 February 2021, accessed 4 May 2021 <https://www.britannica.com/topic/feminism/The-fourth-wave-of-feminism>.

Engels F., *The Origin of the Family, Private Property and the State*, London, Penguin Classics, 2010. First published: 1984.

Facio A., Con los lentes del género se ve otra justicia, *El otro derecho*, vol. 28, 2002, p. 85.

Fineman, M., The Vulnerable Subject: Anchoring Equality in the Human Condition, *Yale Journal of Law and Feminism*, vol. 20, n. 1, 2008, pp. 1-23.

Grear, A., *Redirecting Human Rights. Facing the Challenge of Corporate Legal Humanity*, Hampshire, Palgrave Macmillan, 2010.

Hennessy, R., Patriarchy, in Harrington A, Marshall, B. L., & Müller H. P., *Encyclopedia of Social Theory*, London & New York, Routledge, 2006, pp. 420-422.

Johnson A.G., *The Gender Knot, Unravelling Our Patriarchal Legacy*, 3rd ed., Philadelphia, Temple University Press, 2014.

Lerner, G., *The Creation of Patriarchy*, New York, Oxford University Press, 1987.

Lindsey L., *Gender Roles. A Sociological Perspective*, 6th ed., Oxford and New York, Routledge, 2016.

Matambanadzo S.M., Embodying Vulnerability: A Feminist Theory of the Person, *Duke Journal of Gender Law & Policy*, vol. 20, 2012, pp. 45-83.

Meagher, M., Patriarchy, in Ritzer G., & Ryan J. M., *The Concise Encyclopedia of Sociology*, Oxford, Blackwell, p. 441.

Munro, E., Feminism: A Fourth Wave?, vol. 4, n. 2, *Political Insight*, 2013, pp. 22-25.

Otto, D., Lost in Translation: Re-scripting the Sexed Subjects of International Human Rights Law, in Orford A. (Ed.), *International Law and its Others*, Cambridge, Cambridge University Press, 2006, pp. 318-356.

Turner B.S., *Vulnerability and Human Rights*, Pennsylvania, The Pennsylvania State University Press, 2006.

UDWIN, L. (Dir), *India's Daughter,* BBC Storyville, United Kingdom and India, 2015.

UNITED NATIONS, *Universal Declaration of Human Rights,* 10 December 1948.

International Covenant on Economic, Social and Cultural Rights (ICESCR), RES 2200A (XXI) of 16 December 1966.

International Covenant on Civil and Political Rights (ICCPR), RES 2200A (XXI) of 16 December 1966.

Convention on the Elimination of all Forms of Discrimination Against Women (CEDAW), A/RES/34/180 of 18 December 1979.

Declaration on the Elimination of Violence against Women (DEVAW), A/RES/48/104 of 20 December 1993.

Beijing Declaration and Platform for Action, 15 September 1995.

Transforming our world: the 2030 Agenda for Sustainable Development, A/RES/70/1 of 25 September 2015.

WALBY, S., Theorizing Patriarchy, *Sociology,* vol. 23, n. 2, 1989, 213-234.

La influencia de las doctrinas internacionales de protección a las víctimas y las garantías penales: una necesaria diferenciación de contextos

Lorena Alemán Aróstegui
Investigadora predoctoral FPU contratada
por la Universidad Pública de Navarra
Facultad de Ciencias Jurídicas
de la Universidad Pública de Navarra
lorena.aleman@unavarra.es

Resumen

El objeto de este texto es proponer algunas ideas preliminares que pretenden servir para aportar una perspectiva crítica al aumento del punitivismo como estrategia para la protección de las víctimas. Sostengo la idea de que existen determinadas doctrinas internacionales de protección de las víctimas que están sirviendo para promover un incremento del punitivismo en los sistemas penales nacionales. Estas doctrinas tienen su origen en el contexto de victimización internacional, y pretendo defender que este contexto tiene unas particularidades que explican el surgimiento de estas doctrinas en él y que lo diferencian de los contextos de victimización nacionales. Sin embargo, se ha producido una traslación de estas doctrinas al ámbito interno, y considero que, no solo no tiene sentido, sino que, además, puede resultar perjudicial para el sistema de garantías del Estado de Derecho, e incluso para las propias víctimas.

Palabras clave: Derecho penal internacional, doctrinas internacionales, víctimas, Derecho penal, garantías penales.

Índice

1. El sistema internacional de protección de los derechos humanos y su relación con los sistemas nacionales

El sistema internacional de protección de los derechos humanos experimentó un desarrollo sin parangón tras la Segunda Guerra Mundial. El Derecho internacional humanitario comenzó a desarrollarse antes. Sin embargo, es con la aprobación, por la Asamblea General de Naciones Unidas, de la Declaración Universal de Derechos Humanos (DUDH, 1948) y, en el contexto europeo, por el Consejo de Europa, del Convenio Europeo de Derechos Humanos (CEDH, 1950), cuando se sientan las bases para constituir un *Derecho internacional de los derechos humanos*. Junto a estas declaraciones, también se crearon órganos jurisdiccionales: la Corte Internacional de Justicia (CIJ, creada con la Carta de las Naciones Unidas de 1945) y el Tribunal Europeo de Derechos Humanos (TEDH, 1959). En esta misma época, paralelamente, comenzaron a iniciarse experiencias de tribunales penales internacionales, hasta que, en el año 2002, con la entrada en vigor del Estatuto de Roma, se creó la Corte Penal Internacional (CPI), el primer tribunal penal internacional de carácter permanente. Con ello, nace el Derecho penal internacional (DPI), cuyo objetivo es determinar la responsabilidad individual derivada de los crímenes internacionales. El DPI es *penal* porque consiste en la determinación de una responsabilidad por crímenes con consecuencias jurídico-penales, y es *internacional* porque su objeto no son los delitos, sino los crímenes internacionales, y el órgano jurisdiccional competente no es un órgano estatal, sino un tribunal internacional (Gil Gil y Maculan, 2016).

De esta forma, el sistema de protección internacional de los derechos humanos se integra, por una parte, de una serie de declaraciones, mandatos y órganos que se dirigen a los Estados para que aseguren la protección de los derechos humanos (obligaciones de prevención de las violaciones, investigación y reparación); pero también, por otra parte, de un mecanismo penal propio que opera para determinadas violaciones (*crímenes internacionales*). Este sistema de protección internacional parte de la premisa fundamental de que, de acuerdo con el principio de soberanía, son los Estados los competentes para proteger los derechos y utilizar mecanismos penales en sus territorios. A partir de aquí, las relaciones entre el ámbito internacional y los nacionales dan lugar a dos formas de intervención de lo internacional en lo nacional.

Por un lado, un *sistema de protección internacional impropio*, que consiste en que, dado que son los Estados los competentes para prevenir y sancionar las violaciones de derechos, el Derecho internacional realiza *simplemente* una labor de supervisión, corrección y sanción a los Estados, respecto de la que es su tarea y dentro del margen que estos le han concedido. En este sentido, en el contexto europeo, el Consejo de Europa realiza una labor de supervisión de la vulneración de derechos en los Estados miembros, a través de organismos como el Comité europeo para la Prevención de la Tortura (CPT) o el Comisario de Derechos Humanos, que realizan visitas a los Estados, elaboran informes y tratan de promover el respeto de los derechos humanos. También se realiza una labor de corrección y sanción por medio de las sentencias que dicta el TEDH, cuyas condenas pueden dar lugar a modificaciones en los ordenamientos internos. Asimismo, desde la Unión Europea (UE), de acuerdo con la Carta de los Derechos Fundamentales de la UE (CDFUE, 2000), se dictan Directivas europeas que obligan a los Estados a incorporar a sus ordenamientos previsiones que favorezcan la protección de los derechos humanos. Todo ello constituye un sistema que denomino *impropio* porque se aplica sobre los ordenamientos de los Estados y puede dar lugar a modificaciones en el Derecho de los Estados, pero estos siguen siendo los competentes.

Por otro lado, un *sistema de protección internacional propio* que se da en aquel marco en el que el Derecho internacional opera con competencia *propia*. No vela por que los Estados protejan los derechos (no realiza mandatos al Derecho interno), sino que interviene directamente y hace desaparecer la competencia de los Estados. Aquí se encuentra el DPI, cuyo objeto está muy restringido, pues se ocupa de las vulneraciones de derechos que constituyen *crímenes internacionales*. Se considera que el DPI es de aplicación subsidiaria respecto de los Derechos internos y que la competencia jurisdiccional de la CPI se rige por el *principio de complementariedad* respecto de las jurisdicciones penales nacionales. Es decir, en principio, los Estados son los competentes y, subsidiariamente, la competencia pasa a la CPI, que entonces se convierte en exclusiva (Maculan, 2016). Por tanto, el DPI opera cuando no lo hace el Derecho penal interno.

Desde mi punto de vista, la diferenciación de los ámbitos de aplicación de estos dos sistemas de protección resulta muy importante porque separa dos contextos completamente diferentes: uno, en el que el Estado mantiene sus funciones, aunque estas puedan verse condicionadas desde el ámbito internacional; y otro, en el que el Estado no es competente y, en su lugar, operan directamente las normas y aparatos internacionales. En este sentido, me gustaría proponer un posible criterio de determinación para la operatividad del sistema de protección internacional propio o DPI: el *contexto internacional*, como elemento constitutivo de los *crímenes internacionales*.

2. Las particularidades del contexto internacional

Actualmente, los *crímenes internacionales* son el crimen de genocidio, los crímenes contra la humanidad, los crímenes de guerra y el crimen de agresión. La comisión de estos crímenes puede producirse por medio de modalidades de ataque diversas, pueden materializarse en un solo ataque o en múltiples, y también pueden generar un determinado resultado o varios. No existe un acuerdo doctrinal ni jurisprudencial acerca de cuáles son los criterios para determinarlos, pero se suele señalar que son aquellos que constituyen una «violación muy grave de bienes jurídicos muy importantes», afectando a la comunidad internacional (Gil Gil y Maculan, 2016, p. 37).

Frente a lo anterior, me gustaría proponer un criterio diferente: un elemento que denomino *contexto internacional*, que considero que es común a todos los crímenes internacionales. Consiste en la comisión del crimen por parte de un Estado, desde un aparato estatal o desde un aparato organizado que, *de facto*, tiene el control del territorio de un Estado porque, o bien este no es capaz de contenerlo, o incluso, facilita esa comisión por omisión o colaboración. Por tanto, estos crímenes implican la intervención, directa o indirecta, de un aparato estatal y, en consecuencia, un escenario de impunidad en el ámbito interno, y esto es lo que puede explicar el motivo por el que es necesario «construir un marco de responsabilidad penal desvinculado del ordenamiento estatal» (Gil Gil y Maculan, 2016, pp. 44). Es decir, dado que el efecto fundamental de la aplicación del DPI es la no aplicación del Derecho penal interno y, por tanto, la superación de la soberanía del Estado en el monopolio del poder punitivo, considero que el criterio para determinar cuáles son los crímenes internacionales tiene que estar relacionado con ello.

El elemento del *contexto internacional* es determinante porque se caracteriza por la especial facilidad para la comisión del crimen, la expectativa de impunidad y la posibilidad de reiterar la conducta en el futuro. En este sentido, este contexto «supone que el autor cuenta con medios de los que no dispone el autor de un delito común y que por lo general facilitan su impunidad y el éxito de su conducta criminal» (Gil Gil, 2016b, p. 372). Por eso entiendo que el elemento determinante de los crímenes internacionales no iría ligado con bienes jurídicos específicos del ámbito internacional, sino con un elemento de la conducta típica: cometer el crimen desde un aparato del Estado o teniendo asegurada la inacción de este frente al crimen. En otras palabras, se trata de la comisión del crimen siempre desde una especial posición de poder, porque: o bien se ostenta el monopolio del ejercicio de la violencia, junto con los aparatos de reconocimiento, persecución, enjuiciamiento y reparación; o bien se disputa el ejercicio de la violencia al primero y se está a salvo de su acción represiva. Aquí está la diferencia clave con los delitos que puede perseguir el propio Estado. Así, el elemento del *contexto internacional* ofrece unas particularidades que determinan la competencia del DPI, porque el Estado dejó de velar por la protección de derechos y, por tanto, el Derecho penal interno no puede ser ya una herramienta válida para el enjuiciamiento de los crímenes cometidos en el seno de ese Estado. Es por eso que el fundamento del DPI se encuentra en la *teoría de la responsabilidad de proteger*, apareciendo su competencia cuando el Estado no cumple con su deber de protección (Maculan, 2016). En este sentido, aunque se pueda admitir que la autoría de los crímenes internacionales sea atribuible a organizaciones no estatales, considero que algún tipo de participación estatal siempre será un elemento fundamental, si no constitutivo, del propio crimen internacional.

Es importante que la utilización de este elemento del *contexto internacional* no dé lugar a confusión. En primer lugar, debe distinguirse la delincuencia trasnacional de los crímenes internacionales. La *delincuencia trasnacional* es aquella que se desarrolla en distintos territorios que exceden de las fronteras de un único país y que, por eso, para su persecución, requiere de una cooperación internacional. Pero, en esta cooperación internacional, los Estados mantienen su competencia en la persecución y sanción de estas conductas, y el Derecho internacional solamente se ocupa de regular los mecanismos de coordinación para que las legislaciones de los países puedan aplicarse de forma efectiva y armonizada (Gil Gil y Maculan, 2016). En segundo lugar, se discute la posibilidad de que el terrorismo pueda ser considerado un crimen internacional. Algunas autoras consideran que no constituye un crimen internacional porque no existe «una definición internacional clara y compartida» y porque «no genera responsabilidad penal individual independientemente de su criminalización en los ordenamientos nacionales» (Gil Gil y Maculan, 2016, p. 48). Desde mi punto de vista, y de acuerdo con la argumentación que he realizado hasta ahora, no constituye un crimen internacional en sí mismo mientras los aparatos de los Estados efectivamente traten de perseguir y castigar los actos terroristas —como, por ejemplo, ocurre en el Estado español—, de forma que no existe la necesidad de que el DPI sustituya a los Estados soberanos en su labor. En tercer y último lugar, con respecto a la tortura, existen diferentes posturas. Algunas proponen que se considere un crimen internacional autónomo, otras que sea considerado un crimen de guerra o un crimen contra la humanidad si se produce en un contexto específico o si se comete como parte de un ataque masivo o sistemático (Gil Gil y Maculan, 2016). Al hilo de la argumentación anterior, considero que la tortura sí debe ser considerada un crimen internacional porque, en su comisión, concurre el elemento de *contexto internacional* descrito, ya que se comete desde los aparatos del Estado y con una expectativa de impunidad. Una expectativa que, además, en el caso del Estado español parece cumplirse, puesto que, a pesar de que en nuestro ordenamiento interno existe el delito de tortura, las reiteradas condenas del TEDH a España por violación de la vertiente procesal del art. 3 CEDH por no investigar casos de tortura, muestran que en este ámbito el Estado se abstiene de llevar a cabo su labor de protección del respeto de los derechos humanos. Es por eso por lo que, desde mi punto de vista, la tortura debería considerarse un crimen internacional, de manera que su denuncia tuviera una tramitación directa ante tribunales internacionales para evitar a las víctimas todo el peregrinaje previo ante las jurisdicciones del propio Estado que, en muchas ocasiones, no realizan investigaciones efectivas.

El elemento del *contexto internacional* descrito hace nacer, pues, la competencia del DPI porque los Derechos penales nacionales no son aptos para la persecución y sanción de los crímenes internacionales. Pero, además, como se verá a continuación, este contexto también coloca a las víctimas de estos crímenes en una posición muy particular.

3. La protección internacional de las víctimas y las víctimas internacionales

El sistema de protección internacional de las víctimas se integra de las propias normas internacionales que protegen los derechos humanos. Además, existen algunos textos internacionales que se ocupan específicamente de las víctimas. En el ámbito de la ONU, se encuentran la *Declaración sobre los principios fundamentales de justicia para las víctimas de delitos y del abuso de poder* (Asamblea General, 1985), y los *Principios y directrices básicos sobre el derecho de las víctimas de violaciones manifiestas de las normas internacionales de derechos humanos y de violaciones graves del derecho internacional humanitario a interponer recursos y obtener reparaciones* (Comisión de Derechos Humanos, 2005). Además, existe una declaración y un convenio sobre víctimas de desapariciones forzadas. En el ámbito europeo, destacan, por un lado, desde el Consejo de Europa, el *Convenio núm. 116 sobre indemnizaciones a las víctimas de delitos violentos* (1988), la *Recomendación R(85)11 sobre la posición de la víctima en el marco del Derecho Penal y del proceso penal* (1985) y las *Líneas directrices sobre la protección de las víctimas de actos terroristas* (2005); y, por otro lado, desde la UE, la *Directiva 2004/80/CE sobre indemnización a las víctimas del delito* y la *Directiva 2012/29/UE de normas mínimas sobre los derechos, el apoyo y la protección de las víctimas de delitos*. Finalmente, en el ámbito americano, la *Convención Interamericana sobre desaparición forzada de personas* (1994).

A partir de este marco internacional, algunos autores consideran que se recogen distintas categorías de víctimas y que, por tanto, no existe un concepto internacional único de víctima (Fernández de Casadevante, 2009). Sin embargo, desde mi punto de vista, de estos textos es posible extraer las dos formas de protección internacional señaladas antes: la *impropia*, cuando se contienen previsiones relativas a víctimas de delitos, y que van dirigidas a que los Estados establezcan las medidas necesarias para su protección, y la *propia*, cuando se contienen previsiones relativas a víctimas internacionales, como las víctimas de abuso de poder o las de violaciones manifiestas, y que son normas que operan directamente en el *contexto internacional*.

Así, considero que es posible determinar una categoría de *víctimas internacionales* que, por correspondencia con los *crímenes internacionales*, serían aquellas víctimas de graves ataques a bienes jurídicos fundamentales, realizados desde el aparato estatal o por organizaciones que actúan gracias a la inacción represiva de un determinado Estado. En este sentido, las *víctimas internacionales* son las víctimas no reconocidas por los propios Estados y cuyo reconocimiento debe realizarse por el ordenamiento jurídico internacional. De esta forma, el elemento constitutivo de estas víctimas es también el aludido *contexto internacional*, ya que la impunidad que lo caracteriza determina el no reconocimiento de la victimización. Por tanto, las víctimas internacionales se constituyen a partir del fenómeno de su *revictimización*: son las víctimas que ya han sido revictimizadas, de manera que acumulan un nuevo daño —su no reconocimiento, la imposibilidad del acceso a la justicia y su no reparación— que se añade al generado por el crimen y, así, «elevan» su categoría a la de *víctimas internacionales*.

Más allá de los textos enumerados antes, en realidad, la protección de las víctimas internacionales se ha visto configurada a menudo en el caso concreto, en el marco de procesos de *justicia transicional.* Cada uno de estos procesos ha tenido características diversas en función de las circunstancias políticas, sociales y culturales concretas, pero, muchos de ellos se han caracterizado por la utilización de amnistías u otras medidas de limitación de la responsabilidad criminal, para tratar de garantizar una convivencia pacífica en el futuro (Ibarra Padilla, 2016). En consecuencia, se enunciaron doctrinas internacionales de protección de las víctimas que han tenido una importante influencia.

4. Las doctrinas internacionales de protección de las víctimas y su traslación al ámbito interno

La doctrina más importante que deriva de la situación anteriormente descrita es la *doctrina de la lucha contra la impunidad.* Consiste en la denuncia de impunidad por la falta de investigación, persecución, captura, enjuiciamiento y condena de responsables de graves violaciones de derechos humanos. Asimismo, exige la restricción de algunos principios básicos del Derecho penal: inamnistiabilidad, imprescriptibilidad, inindultabilidad y no aplicación de los principios de *non bis in ídem* e irretroactividad. Por tanto, consiste en una rebaja de las garantías penales propias del Estado de Derecho. Para entender esta doctrina es fundamental tener en cuenta cuál es su origen: nació en el marco de los delitos contra la humanidad, de la criminalidad de Estado o favorecida desde el Estado (Silva Sánchez, 2008 y 2009, y Gil Gil, 2016a). Es decir, concurriendo ese *contexto internacional,* que se caracteriza porque los crímenes se cometen con una expectativa de impunidad y de no reconocimiento de las victimizaciones —al menos en el marco del ordenamiento interno—; y, especialmente, tras procesos de justicia transicional que determinaron limitaciones de responsabilidad o, incluso, amnistías.

Otra doctrina que se desarrolla a partir del mismo contexto es la *doctrina del derecho de la víctima al castigo.* No existe un derecho de la víctima al castigo ni en las constituciones ni en los códigos penales, y tampoco la jurisprudencia del TEDH lo ha enunciado. El derecho a la tutela judicial efectiva del art. 24.1 CE del que son titulares las víctimas —como el resto de la ciudadanía— consiste en el derecho de acción, pero no en el derecho a la condena y al castigo (Silva Sánchez, 2008 y 2009). Sin embargo, siguiendo esta doctrina, cada vez más autores defienden la existencia de este derecho y, de hecho, novedades como el art. 13 del Estatuto de la víctima del delito, que permite la participación de la víctima en algunos expedientes penitenciarios, están alineadas con esta idea. Desde mi punto de vista, esta es una doctrina derivada de la anterior: dada la ausencia de una respuesta institucional de quien ostenta el *ius puniendi* ante la vulneración de derechos, a la víctima, titular del derecho vulnerado, se la erige como competente para esa acción de castigo que en nuestros sistemas no ostenta. Por tanto, la premisa para sostener este derecho al castigo es la existencia de impunidad.

Si bien es posible entender —aun pudiendo disentir— el sostenimiento de estas doctrinas en el contexto internacional —en el que la impunidad es un elemento definitorio y determinante, por la propia forma de comisión de los crímenes internacionales—, la idea central que quiero sostener aquí es que se está produciendo un fenómeno de ampliación o traslación de estos planteamientos al contexto nacional de los delitos «comunes» y esto, en primer lugar, carece de sentido, porque no concurre ese escenario de impunidad, y, en segundo lugar, entraña un importante riesgo de rebaja generalizada de las garantías penales (Silva Sánchez, 2009).

Sin embargo, «la evitación de la impunidad se ha convertido en el más "moderno" de los fines del Derecho penal» (Silva Sánchez, 2009, p. 36). Para ello, la idea de *impunidad* ha sido ampliada, instrumentalizada y, al final, vaciada de contenido, sirviendo para justificar y sostener un punitivismo elevado al infinito. Por eso, en primer lugar, es necesario tratar el fenómeno de la impunidad desde una perspectiva crítica, negando una idea absoluta de acabar con la impunidad, pues este fin nunca puede priorizarse sobre la obligación de protección de los derechos fundamentales de todas las personas (Pastor, 2005), y tratando de evitar que sea utilizada para un discurso demagógico. Y, en segundo lugar, debe reconocerse que el escenario de impunidad que se plantea en el contexto internacional no tiene absolutamente nada que ver con las prácticas penales ante los delitos que se cometen en los Estados. Es falso el mensaje que frecuentemente transmiten los medios de comunicación de que las personas que cometen delitos «entran por una puerta y salen por otra». Es falso y altamente peligroso, porque este mensaje sirve para sostener este tipo de doctrinas de lucha contra la impunidad y derecho de la víctima al castigo en contextos en los que esa impunidad no existe, sino, de hecho, todo lo contrario, pues tenemos uno de los sistemas penales más duros del contexto europeo.

5. Algunas consideraciones finales

La traslación de las doctrinas de la lucha contra la impunidad y del derecho de la víctima al castigo, de origen internacional, al ámbito del Derecho penal interno, constituyen un fenómeno de instrumentalización del protagonismo de las víctimas para continuar en la deriva punitivista de nuestro sistema penal. Así, se legitima un poder punitivo con cada vez menos límites que, a su vez, erosiona cada vez más nuestro sistema de garantías (Herrera Moreno, 2014). Y, con ello, se alcanza la perversión de utilizar la defensa de los derechos humanos para justificar un infinitamente creciente punitivismo —cuando precisamente estos se concibieron para evitar una aplicación abusiva de lo punitivo—, consolidándose la idea de que el poder punitivo es necesario y eficaz en la solución de todos los problemas sociales (Pastor, 2005).

La cuestión es: ¿la acción del sistema penal sirve, *realmente*, para favorecer la situación de las víctimas? Desde mi punto de vista, la respuesta es negativa. En primer lugar, porque el fin del sistema penal —dado que consiste en la imposición de un *mal*— es el castigo del infractor, y no la reparación de las víctimas, por lo que debería partirse de la idea de que los mecanismos penales no son los adecuados para atender a este fin (Silva Sánchez, 2008). En segundo lugar, porque, aunque el castigo penal sí consiguiera satisfacer a aquellas víctimas que tuvieran deseos vindicativos, no es cierto que todas las víctimas necesiten y/o reclamen el castigo como medida necesaria para su satisfacción (Varona, Zuloaga y Francés, 2019). En tercer lugar, porque el funcionamiento de los propios mecanismos penales entraña un alto riesgo de revictimización (Tamarit Sumalla, 2017). Por varios motivos: porque obliga a las víctimas a participar en el proceso penal como testigos, enfrentadas a sus agresores, pero sin ninguna disposición sobre el devenir de ese proceso; porque cuestiona el relato de las víctimas —su *credibilidad*—, dado que el proceso judicial consiste en la necesidad de contradicción y sometimiento a prueba de todo lo que se plantee para poder determinar la «verdad judicial», la cual constituirá el único relato válido; porque impone una escala de reconocimiento que se rige en función de la dureza de la condena, es decir, que obliga a las víctimas a medir la veracidad y gravedad de su victimización de acuerdo con la condena que se dicte: cuanto más dura sea la respuesta penal, más justa habrá sido la respuesta; y porque, finalmente, lo que en todo caso prioriza el proceso penal es la realización del poder punitivo.

En conclusión, debe rechazarse la posibilidad de una mejora en la protección de los derechos humanos a través del incremento del punitivismo. Los derechos de las personas procesadas y los derechos de las víctimas no solo son compatibles —pues no es necesaria la renuncia de los primeros para proteger los segundos—, sino que ambos son derechos que pueden —y deben— maximizarse paralelamente porque son derechos frente al Estado. Por tanto, corresponde exigir al Estado que se encargue, tanto del refuerzo de las garantías penales que permitan un ejercicio del poder punitivo propio de un Estado social y democrático de Derecho, como de la creación de verdaderos mecanismos públicos (no penales) de reconocimiento, atención y reparación de todas las víctimas.

6. Referencias

Fernández de Casadevante, C. (2009). Las víctimas y el Derecho internacional. *Anuario de Derecho Internacional*, Vol. XXV, pp. 3-66.

Gil Gil, A. (2016a). Sobre la satisfacción de la víctima como fin de la pena. *InDret*, núm. 4, pp. 1-39.

Gil Gil, A. (2016b). Los crímenes contra la humanidad. En: A. Gil Gil y E. Maculan (dirs.) *Derecho penal internacional*, Madrid: Dykinson, pp. 369-387.

Gil Gil, A. y Maculan, E. (2016). Qué es el Derecho penal internacional. En: A. Gil Gil y E. Maculan (dirs.) *Derecho penal internacional*, Madrid: Dykinson, pp. 37-49.

Herrera Moreno, M. (2014). ¿Quién teme a la victimidad? El debate identitario en victimología. *Revista de Derecho Penal y Criminología*, 12, pp. 343-404.

Ibarra Padilla, A. M. (2016). Justicia transicional: la relación Derecho-Poder en los momentos de transición. *Revista de Derecho. Universidad del Norte*, pp. 237-261.

Liñán Lafuente, A. (2016). Origen y evolución del Derecho penal internacional. En: A. Gil Gil y E. Maculan (dirs.) *Derecho penal internacional*, Madrid: Dykinson, pp. 51-64.

Maculan, E. (2016). La Corte Penal Internacional. En: A. Gil Gil y E. Maculan (dirs.) *Derecho penal internacional*, Madrid: Dykinson, pp. 79-103.

Pastor, D. R. (2005). La deriva neopunitivista de organismos y activistas como causa del desprestigio actual de los derechos humanos. *Nueva Doctrina Penal*, núm. 1, pp. 73-114.

Silva Sánchez, J. M. (2008). ¿Nullum crimen sine poena? Sobre las doctrinas penales de la 'lucha contra la impunidad' y del 'derecho de la víctima al castigo del autor'. *Derecho Penal y Criminología*, vol. 29, núm. 86-87, pp. 149-171.

Silva Sánchez, J. M. (2009). Una crítica a las doctrinas penales de 'lucha contra la impunidad' y del 'derecho de la víctima al castigo del autor'. *Revista de Estudios de la Justicia*, núm. 11, pp. 35-56.

Tamarit Sumalla, J. M. (2017). Una lectura victimológica del Estatuto jurídico de las víctimas. *Cuadernos José María Lidón*, núm. 13, pp. 115-138

Varona, G., Zuloaga, L. y Francés, P. (2019). *Mitos sobre delincuentes y víctimas. Argumentos contra la falsedad y la manipulación*. Madrid: Catarata.

Refugees: international law and India

Saif Rasul Khan
Ph.D. Research Scholar, Department of Law,
Gauhati University, Assam, India
saifrasulkhan@gmail.com

Abstract

The protection of refugees is afforded at the international level by the detailed United Nations Convention on Refugee, 1951 aided by the Protocol of 1967. These documents, along with the fundamental human rights guaranteed by the Universal Declaration of Human Rights and the twin Covenants provide a strong refugee protection regime at the international level. The Refugee Convention, 1951, though a product of the post-war crisis of Europe, has been amended and attuned to the international conditions, especially after the decolonization of Asia in the aftermath of World War II and of Africa in the 1960s. There was an influx of refugees in India, in its immediate aftermath of independence in 1947, from Pakistan, then formerly both East and West Pakistan. India has not signed the Refugee Convention in all these years and has addressed the refugee problem, whenever it is faced with it, on a subjective basis. Successive governments have cleared the position that India does not need to either ratify the convention or draft any specific domestic law on the subject. The Passports Act, 1967 and Foreigners Act of 1946 are the two laws that provide some provisions of dealing with refugees; however, they do not specifically address the question of forced migration and thus, are incomplete in nature. A major factor in absence of any law is that the government views the nature and extent of responsibility entrusted on a nation under the Refugee Convention as excessive. Furthermore, the experiences of India with the UNHRC in the 1970 liberation of Bangladesh, formerly East Pakistan, solidified the resistance of the government. India has a considerable refugee population and even without any specific legislative framework, these refugees have been afforded the basic human rights protection. However, there is subjectivity in determining the nature and extent of protection and that creates the possibility of bias and discrimination. This has been observed in the current refugee crisis in South East Asia, i.e., the exodus of Rohingyas from Myanmar. The Indian government has categorically stated that the Rohingyas who are living in India are illegal migrants and need to be deported to Myanmar. The position of the government reflects that an impartial methodology may not be offered to all; as seen in the case of Rohingyas, wherein religion is a prominent factor in the discriminatory assessment. Thus, the national legislative regime and systems conflict with that of international law and while international law is respected, it is not always implemented in practice. The nature of international law being such, India tries to evade its responsibilities under the veil of the dualism theory of international law. Even though the Constitution of India provides for implementation of international law, it is subject to adoption of domestic law within the jurisdiction of India. Thus, in light of the above, the research attempts to review this question of conflict between national systems and international law and identify the key limitations of international law, with a specific focus on the practical aspects of refugee regulation in India.

Keywords: dualism, refugee, India, Rohingyas

Index

1. Introduction

The concept of refugees in the twentieth century is understood in relation to the conditions post World War I. Though there were millions who were displaced during that period, it was not till the end of World War II that Europe encountered a refugee crisis on such a large-scale. The effects of the refugee crisis after the second world war had a global impact that transformed the framework of refugee laws at the international level.

World War I had led to the displacement of people, though not comparable to that of World War II. In 1921, by virtue of the contribution of Fridtjof Nansen, an international refugee assistance system was first established. Popularly known as the *'Nansen passport'*, many refugees were issued the status under the sponsorship of the League of Nations. In 1943, the United Nations Relief and Rehabilitation Administration was formed to assist refugees in the midst of the war. This was follows by the International Refugee Organisation in 1946. It was in the aftermath of the second World War that a more systematic approach was adopted for addressing the refugee problem. The formation of the United Nations and the acknowledgement of the refugee crisis in Europe resulted in the conclusion of the refugee convention under the aegis of the United Nations.

The sheer scale of destruction, loss of human life and the political conditions post World War II created an environment in which a considerable number of people were forced out of their home countries. The Jewish population was one such group that had to flee from persecution of the German Nazi regime who, under the leadership of Hitler, had systematically persecuted and murdered the Jews for religious reasons. The Allied forces had a major task of creating a new world order to prevent the horrors of the war from being repeated. Consequently, the first step taken was the formation of the international organisation, i.e., the United Nations in 1945. The United Nations was entrusted with the responsibility of saving future generations from war, while reaffirming and upholding basic human rights, justice and social progress.

Aiding the ideals and principles, the Universal Declaration of Human Rights was immediately drafted and adopted in 1948 as a charter of basic principles fundamental for every member nation of the United Nations. The Declaration, in Article 14, provided that every person has the right to seek and enjoy asylum in other countries. This was aimed to protect the significant population that had to migrate within Europe owing to persecution during the second World War. With this aim clearly stipulated and affirmed by the United Nations, the office of the United Nations High Commissioner for Refugees (hereinafter referred to as UNHCR) was established in 1950 to help and support the millions of European refugees. Though initially formed for only three years, the organisation continues to function in the current world with its mandate of humanitarian assistance for refugees.

The effects of World War II could be observed globally with the intensification of the Cold war and new refugee movements. The period after the war was marked by a process of decolonization of many nations in Asia and Africa, which resulted in the expansion of the refugee problem. Refugees moved from the east to the west and even within geographical regions owing to formation of new countries. In the 1960s there was a considerable refugee crisis in Africa. In all these situations, the UNHCR contributed to advance the protection and rehabilitation of refugees within the broader aims of the United Nations and of the Convention relating to the Status of Refugees, 1951 and the 1967 Protocol.

2. International legislative framework under the United Nations

The term, 'refugee' has been defined in many ways by different organizations and international covenants. The most authoritative definition is provided in the Convention relating to the Status of Refugee, 1951, the first focused document on refugee protection. The convention in Article 1(A)2 provides a detailed definition of the term focusing on key elements such as fear, persecution, and fleeing their own country with no scope for return.

Article 1A, paragraph 2, read now together with the 1967 Protocol and without the time limit, then offers a general definition of the refugee as including any person who is outside their country of origin and unable or unwilling to return there or to avail themselves of its protection, on account of a well-founded fear of persecution for reasons of race, religion, nationality, membership of a particular group, or political opinion. Those who possess more than one nationality will only be considered as refugees within the Convention if such other nationality or nationalities are ineffective (that is, do not provide protection).

The refugee must be "outside" his or her country of origin, and the fact of having fled, of having crossed an international frontier, is an intrinsic part of the quality of refugee, understood in its ordinary sense. However, it is not necessary to have fled by reason of fear of persecution, or even actually to have been persecuted. The fear of persecution looks to the future and can also emerge during an individual's absence from their home country, for example, as a result of intervening political change.

Thus, in essence it refers to a person who has been forced to flee his or her country because of persecution, war, or violence. There is a well-founded fear of persecution for reasons of race, religion, nationality, political opinion or membership in a particular social group. They are unable to return to their own homes or are afraid to do so. Some of the leading causes are war and ethnic, tribal and religious violence.

The 1951 Convention relating to the Status of Refugees was subsequently modified in 1967, referred to as the Refugee Protocol. The two conventions form the core of the international refugee law framework.

2.1. The 1951 convention relating to the status of refugees

The 1951 Refugee Convention is the main international instrument of refugee law which came into force on April 22, 1954. There are nineteen Signatories and one hundred forty-six State Parties to the Convention as of date. (United Nations High Commissioner for Refugees, 2021) The Convention defines the term refugee[1], the nature of legal protections, assistance and social rights. The definition is detailed in nature and though it is extensive, the main understanding is centred around the concept of persecution and the inability to return to home country.[2]

The Convention details a host of rights which should be provided to refugees by the member states, including rights pertaining to Non-discrimination, religion as fundamental to their existence. Further, under Chapter II, the juridical status is enumerated in the Convention which guarantees numerous rights for refugees. These rights can be categorized in two different categories; some as guaranteed to aliens and some which are as afforded to nationals of a

---

1 Art. 1. The extensive definition is exhaustive within the framework of that period. The definition includes the past experiences, the specific dynamics of the refugee problem in Europe and also enumerates specific categories who are excluded within the main understanding of the term 'refugee'.

2 Art. 1(A)(2).

state. The former includes rights such as property, liberal professions, housing, public education, movement etc., among others. Treatment as guaranteed to nationals include rights such as access to courts, right of association, public relief etc. among others. Besides identifying the essential characteristics of the refugee, States party to the Convention also accept a number of specific obligations which are crucial to achieving the goal of protection, and thereafter an appropriate solution. Foremost among these is the principle of non-refoulement.[3] As set out in the Convention, this prescribes broadly that no refugee should be returned in any manner whatsoever to any country where he or she would be at risk of persecution. The principle has attained the position of being a non-derogable peremptory customary norm of international law or 'jus cogens'.

The Convention also defines a refugee's obligations to host governments and certain categories or people, such as war criminals, who do not qualify for refugee status. The Convention was limited to protecting mainly European refugees in the aftermath of World War II, but another document, the 1967 Protocol, expanded the scope of the Convention as the problem of displacement spread around the world, thereby removing the temporal and geographical limitations.

2.2. The 1967 protocol relating to the status of refugees

The Protocol is often referred to as "amending" the 1951 Convention, but in fact, and as noted above, it does no such thing. The Protocol is an independent instrument, not a revision within the meaning of article 45 of the Convention. States parties to the Protocol, which can be ratified or acceded to by a State without be-

[3] Article 33, United Nations Convention Relating to the Status of Refugees, 1951. Non-refoulment is a cardinal principle which essentially prohibits the return of an individual to a country where he/she may be persecuted, i.e., where there is a risk that his or her life or freedom would be threatened on account of race, religion, nationality, membership of a particular social group, or political opinion.

coming a party to the Convention, simply agree to apply articles 2 to 34 of the Convention to refugees defined in article 1 thereof, as if the dateline were omitted (article I of the Protocol). Article II on the cooperation of national authorities with the United Nations is equivalent to article 35 of the Convention, while the few remaining articles (just eleven in all) add no substantive obligations to the Convention regime.

3. Indian context of refugees

India is in a unique position as far as refugee matters are concerned. India has not ratified either of the international refugee conventions, but it is the hub of many refugees who come to India with the hope of finding a safe and suitable life. Each case of such refugee protection is dealt with on a subjective case-by-case basis which makes it difficult to identify and harmonize the process of refugee protection.[4] Moreover, there is absence of any concrete data on the exact figures of refugees living in India as it does not have any established system for management of refugees.

India does not have a sense of uniformity in its refugee policy. Owing to the lack of regulatory norms, refugees struggle to access basic rights, live in poverty and work, if possible, in the informal sector. In case of women and child refugees, there is also increased risk of trafficking and exploitation. The conditions of refugees are determined by the socio-political nature of India, including xenophobia and hyper-nationalism.

The reluctance to ratify the international conventions raises some doubts regarding the dedication and seriousness of the state to address such issues. The protection regime provided in the international conventions can guarantee a simplified and uniform process

---

[4] India has historically welcomed the Tibetans, Sri Lankan Tamils and have accommodated into the mainland. The Dalai Lama has been living in India since the Chinese occupation in India.

which may be extremely fruitful for ensuring equality and non-discrimination and avoiding political interference in such matters.

Though India has not signed these twin conventions on refugee protection or the twin conventions for stateless persons; it is nevertheless bound to conform to some pertinent principles which are universal status of these fundamental rights, most of which are reflected in the Universal Declaration of Human Rights and the two Conventions. Additionally, some principles have reached the status of being a jus cogens. These are certain pertinent principles that are to be followed universally irrespective of the ratification status and without any derogation. One such principle is that of non-refoulment of refugees. In general, India respects the principle of non-refoulement, however, that is subject to individual circumstances and composition of the refugees. As observed in case of Rohingyas of Myanmar, India has considered the deportation of approximately 40,000 refugees, in violation of the non-refoulement policy.

3.1. Refugee crisis post-independence and Bangladesh liberation, 1971

The post-independence period was defined by large-scale refugee interactions between the newly created nations of India and Pakistan, i.e., both East and West Pakistan. At that time, the UN Refugee Convention was designed to suit the Euro-centric migration of refugees within the broader concept of persecution and did not provide for the newly independent colonized nations. Additionally, there was an inbuilt colonial and post-colonial element in the Convention.

Even though it was expanded in 1967, the reluctance of India was based on an inadequacy of a universal appeal of the Convention and of fears of international interference in internal matters. Furthermore, the geo-political conditions of the south-Asian nations made it challenging for any form of such commitment at the international platform. More than persecution, the refugee crisis in India was predicated on partition and war. These two concepts are not reflected in the definition of refugee.

The experience of the Indian state with the UNHCR during the 1971 Bangladesh war which resulted in another major migration crisis in the region, was another prominent experience that substantiated the concerns of the Indian government in context of an international agreement. During that period, though the UNHCR extended its assistance, there were many conflicting experiences that deterred India. One particular aspect was that of the funding. The then government led by Mrs. Indira Gandhi expected some form of financial aid to be provided by the UN agencies which were not sufficient with reference to the expenses and resources utilised to provide for the refugees. The government also alleged that the UNHCR was more concerned about local integration than repatriation of the refugees, thereby affecting the composition of the population in the border states to Bangladesh. Furthermore, the political relations between the Indian government and the government of East-Pakistan in context of the then UNHCR Commissioner, Mr. S. Aga Khan (Manuvie, 2019) also affected the dynamics between the concerned parties.

3.2. Legislative framework and subjectivity in practice

India regulates migration within the broad framework of the Foreigners Act, 1946. The Act does not differentiate between the various sections of forced migration and fails to define the distinctions therein. Consequently, as per the provisions of the law, the police are empowered to take any suitable action against the alleged foreigners. Thus, in case of Rohingyas, many are imprisoned and have been denied access to basic human rights. The policy of subjectivity in addressing the question of refugees may be sufficient to deal with limited numbers but certainly is inadequate for large-scale migration. Each state police have different attitudes and policies and thus, this gives rise to biases and prejudice in refugee protection.

An attempt was made by Shashi Tharoor, former United Nations diplomat and current member of the Indian National Congress, India, to introduce the Asylum Bill in 2015. However, this bill was not even considered for discussion in the Parliament by the then government in power. Since then, there has been no sincere effort to address the refugee problem in a systematic manner or any discussion for a clear legislative framework in India.

3.3. The Rohingya migration crisis in India

As of July 2019, an estimated 7,42,000 Rohingya children, women and men have fled to Bangladesh escaping violence in Myanmar since August 25, 2017. (Refugees, n.d.) The Rohingya crisis is a global issue which has its origin to the persecution of the Muslims by the majoritarian state and police forces in Myanmar. The Rohingyas, as they are so called, belong primarily to the Rakhine area of Myanmar and have from years continued to face the oppression and targeted violence of the majoritarian state and forces who believe that they are originally from Bangladesh and have illegally immigrated to Myanmar. The violence continues in the region and due to the fear of such persecution based on religious grounds, many fled the state leaving everything behind. Most of the refugees have made their way to Bangladesh primarily; some made their way to other South-Asian states including India. The vast majority of Rohingya refugees are women and children, including new-born babies. Many others are elderly people requiring additional aid and protection. The Rohingyas are stateless persecuted beings and this crisis has resulted in a shift in the political and social relations between the states in the region.

Over 40,000 of those Rohingyas, who fled Myanmar, have entered India illegally, according to government's estimate. The number of Rohingyas registered with the UNHCR is at around 40,000, while there are many who are living illegally as well. Due to the non-ratification of the international treaty, India has complete autonomy to decide on the matter and take any decision as it may deem fit.

The government has labelled them as 'illegal migrants' and thereby subject to deportation. (Pasricha, 2018) As per the UNHCR, India has been welcoming to many refugees even though there are no concrete protection mechanisms. Further, requisite assistance has been provided, from time to from, depending on the subjective nature of each crisis. One of the most prominent examples is that of the Dalai Lama, who continues to reside in India as a refugee.

The primarily concern of the present government is security concerns due to the fragile nature of those who have been shunned and forced to move out of their own homes. The matter was presented before the Hon'ble Supreme Court wherein the state held that there were issues of security as they believed that some of them had militant background and could be of significant threat to the security of the state (Dutta, 2017).

The international community, particularly the UNHCR and Amnesty International, have requested the state to address the issue with humanity as it concerned the lives of many victims who had done nothing wrong to face such brutalities in the hands of the majoritarian forces. Due to the lack of a concrete system or any legal framework, the various intricacies are difficult to identify and extremely unpredictable in nature. Apart from some specific laws, namely the Passports Act, 1967, the Foreigners Act, 1946 there are no clear laws for refugees. The Constitution only provides for who is a citizen in Articles 5-11 and there are some related provisions in the Citizenship Act 1955. However, there is no legal instrument akin to the Refugee Convention, 1951 in India. The attempt in 2015 by Congress MP Shashi Tharoor, titled the Asylum Bill, 2015 did not attain any traction in the Parliament. The Bill sought to provide for the establishment of a legal framework to deal with refugee problem. However, it did not concretize into a substantial law. Therefore, the state is free to do as it may please depending on the circumstances in each case. Consequently, the Indian Government has time and again reiterated that the status of such Rohingyas is of illegal migrants and they shall be all deported in time (Hussain, 2019).

4. Conflict between international law framework and domestic systems

4.1. Concept of dualism

The concept of dualism reflects the conflict between international law and municipal law. Under the doctrine of dualism, international law can have effect and a binding legal force at the domestic level if there are provisions made within the municipal law. The theory propounded by Triepel, Anziloti, Oppenheim refers to the condition as prevalent in India, i.e., there is separation between international law and domestic law and the formed depends on the latter subject to political will and processes within the domestic jurisdictions of India. Enforcement through a municipal law is a condition precedent to implementation of international law and thus, the refugee convention cannot be applied in India directly without a domestic law on the subject or creating a law incorporation the international refugee treaty.[5]

Within the Constitution of India, Article 51, which is in the nature of a directive principle to states, makes it obligatory on the part of the state to foster respect for international law and treaty obligations within the broader ideals of international peace and security, resolution of conflict and just relations between state. Attuned to this article is Article 253 which empowers the Parliament to make any law for implementation of treaties, agreements, conventions or any other relation decisions made at any international conference, association or other such bodies. This also includes bilateral and multilateral treaties with other nations. Thus, the onus lies with the Union Legislature to bring into effect such international laws and treaties within the domestic jurisdiction of India.

Though no specific nature of international law is applicable in its entirety in India, the courts have adopted a more liberal approach

[5] State of West Bengal v. Kesoram Industries, 2004.

with the principle of harmonious construction between international law and domestic law and have reiterated that it remains a constitutional principle to ensure that international law is respected and whenever needed, be given effect through parliamentary procedures.[6] However, is it acknowledged by courts and in practice that the Constitution is the ultimate law of the land and thus, no such international law will be implemented which shall violate or contradict the Constitution of India.

4.2. Sovereignty

Sovereignty is another prominent reason for the government's resistance to signing of the Convention. Article 35 of the Refugee Convention provides for and mandates cooperation from local and national authorities to give effect to the provisions of the Convention. Additionally, the provision also requires reporting of data regarding the same, and specifically in relation to the conditions of refugees, the implementation of the Convention and the laws and regulations in force relating to refugees domestically within the nation. All these provisions are presumed to interfere with the functioning of the state and interference in the sovereign functions of the government. The provisions of Article 35 are visualized as giving sweeping powers to the UNHCR and other agencies to undertake activities within its mandate, subservient to that of the national authorities. The responsibility and accountability bestowed upon national authorities is considered to be excessive as per the Indian authorities and thus, ratification of the Refugee Convention remains a utopian vision.

In addition to the specific provision, the state does not wish to be pressurised or be answerable to the international community subsequent to ratification. Most nations in south-east, that have not signed the convention, consider migration to be a bilateral issue which should be dealt with by individual states. (Sharma, n.d.) In

---

[6] Krishna Sharma v. State of West Bengal, 1954; Keshavnanda Bharti v State of Kerala, 1973.

addition, there are concerns that with the ratification, India will be coerced into accepting more refugees than it currently does and that will add to the pressures of the state.

4.3. Non-enforceability of actions of the United Nations and lack of sanctions

India is one of the leading developing nations with substantial soft power in the global political standing of the nations of the world. In terms of geo-political and international relations, India is a prominent force in South-East Asia. India was one of the first fifty states to sign the United Nations Charter and has been active in terms of its participation in the world organization. However, it has been a challenging relationship, primarily owing to the lack of authority of the United Nations to compel action from the state.

In addition to the twin Covenants, India is a signatory to a few United Nations Conventions, including the convention on torture, on elimination of all forms of discrimination against women and racial discrimination, rights of the child and of migrant workers etc., among others. Domestic provisions have also been made in relation to these areas. However, in terms of the communication with the Committee established under each of these conventions, India has not been responsive. Reporting, as mandated under these Conventions, are pending for years with some dating back to 2007 (Office of the High Commissioner for Human Rights, n.d.). The lack of communication and of enforcement on the part of the UN bodies has resulted in a difficult relationship between the two.

The Universal Period Review, which was done thrice, in 2008, 2012 and 2017 had recommended the need to accede to the UN Refugee Convention (United Nations High Commissioner for Refugees, 2017). Unfortunately, these have not been implemented and there is no form of accountability in such conditions as the whole foundation of international law is based on mutual respect and agreement (Štulajter, 2017). There are no coercive actions or sanctions and thus, there is a sense of autonomy and of subjectivity in the nature of actions of states in context of the relationship with the United Nations, and thus, there is dependency on the international community and self-enforcement of these principles and norms (Kirgis, 1996).

5. Need for a comprehensive law in India

Considering how subjective the treatment of refugees is in India, the legislators should consider drafting a clear, well-defined and universal law for refugee and stateless persons protection. The subjective nature of the protection may perpetuate discrimination and prejudice in the treatment of persons who have already faced severe trauma. As observed in the case of the Rohingyas, the political hues and interference has shifted the issue from being a humanitarian one to a political tool for some vested interests (Kinseth, 2019). At present, there is complete autonomy to deal with refugees instinctively. Such power of determination could hinder the implementation of human rights law and inevitably results in blatant violation owing to personal prejudices.

Additionally, the unavailability of concrete data on refugees makes it challenging to identify and track them to aid and support their vulnerability. Establishing a concrete legal framework may help in this direction by providing a clear mechanism of registering and swiftly granting refugee status. India should work in cooperation with specialized international institutions to create an environment which is encouraging while ensuring full transparency.

6. Conclusion

Considering the precarious position in India, the current Rohingya crisis must be dealt with humanity and empathy. The Indian government, instead of removing them from the country, should rather focus on identifying them and providing a specific designated place as refugee camps. The government, if needed, must take aid and assistance of international organizations such as the I.C.R.C. and the U.N.H.C.R. The Rohingyas are facing extremely hostile circumstances in their home country and without the support of the international community and influential states like India, these innocent Rohingyas will perish. Additionally, the priority of the state should also be to draft a clear law for refugee protection as well as for stateless persons. It is unfair to put all these various categories of external displacement as that of illegal migrants as their reasons for fleeing from their own homes to a different country may vary. The issue of refugees should be addressed with compassion and humane attitude. It is the responsibility of the international community to join hands and come together to help these helpless citizens of the world.

7. References

Dutta, P. K. (2017, September 20). *What is Rohingya crisis and why India needs to have a concrete refugee policy and a law.* India Today. https://www.indiatoday.in/india/story/what-is-rohingya-crisis-india-narendra-modi-refugee-policy-law-1047162-2017-09-18.

Hussain, Z. (2019, January 3). India deports second Rohingya group to Myanmar, more expulsions likely. *Reuters.* https://www.reuters.com/article/us-myanmar-rohingya-india-idUSKCN1OX0FE

Jain, M.P., Indian Constitutional Law, 2016, 7th Edition (reprint), Lexis Nexis, Haryana. Kinseth, A. S. (2019, January 29). India's Rohingya shame.

Al Jazeera. https://www.aljazeera.com/opinions/2019/1/29/indias-rohingya-shame/

Kirgis, F. L. (1996, February 22). *Enforcing International Law*. American Society of International Law. https://www.asil.org/insights/volume/1/issue/1/enforcing-international-law

Manuvie, R. (2019, December 27). *Why India is home to millions of refugees but doesn't have a policy for them*. ThePrint. https://theprint.in/opinion/why-india-is-home-to-millions-of-refugees-but-doesnt-have-a-policy-for-them/341301/

Office of the High Commissioner for Human Rights. (n.d.). *Treaty bodies countries, Reporting status for India*. OHCHR. Retrieved May 20, 2021, from https://tbinternet.ohchr.org/_layouts/15/TreatyBodyExternal/countries.aspx?CountryCode=IND&Lang=EN

Pasricha, A. (2018, October 14). *Rohingya Refugees in India Rattled After First-Ever Deportations*. Voice of America. https://www.voanews.com/south-central-asia/rohingya-refugees-india-rattled-after-first-ever-deportations

Refugees, U. N. H. C. for. (n.d.). *Rohingya emergency*. UNHCR, The UN Refugee Agency. Retrieved May 20, 2021, from https://www.unhcr.org/rohingya-emergency.html

Sharma, D. (n.d.). *Why India Did Not Sign the 1951 Refugee Convention - HG.org*. HG.Org. Retrieved May 20, 2021, from https://www.hg.org/legal-articles/why-india-did-not-sign-the-1951-refugee-convention-41414

Štulajter, M. (2017). Problem of enforcement of an international law – analysis of law enforcement mechanisms of the United Nations and the World Trade Organization - Journal of Modern Science - Issue 2(33) (2017) - CEJSH - Yadda. *Journal of Modern Science, 2(33)*, 325-335.

United Nations High Commissioner for Refugees. (2017). *Refworld | Compilation on India - Report of the Office of the United Nations High Commissioner for Human Rights*. Refworld. https://www.refworld.org/docid/591972604.html

Jurisdicción entrelazada: una (posible) contribución al análisis de los conflictos entre órdenes constitucionales heterárquicos

Álef Augusto Pereira Correia
Graduarse en Universidad Estatal Feira de Santana
alefcorreiafsa@gmail.com

Las concepciones de los órdenes constitucionales e internacionales entrelazados que se presentan tienen una premisa común: la relación entre los órdenes jurisdiccionales heterárquicos no puede resolverse exigiendo una jerarquía estricta entre estos órdenes. En ausencia de jerarquías, la solución a los problemas legales que se enmarcan entre estas dos jurisdicciones está a merced de la creación de niveles constitucionales regionales (Constitucionalismo Multinivel), compartiendo redes de interpretaciones y culturas (Interconstitucionalidad) o el diálogo entre los tribunales que aparecen en el litigio (Transconstitucionalismo).

Sin embargo, en el corazón de estos enfoques está el entendimiento de que las instituciones son capaces de resolver estos conflictos mediante el intercambio de información o el cambio de estructura. El constitucionalismo multinivel, a pesar de contemplar elementos de democracia y reestructuración, apunta a instancias futuras e inciertas ante el escenario burocrático de instancias supranacionales. La interconstitucionalidad contribuye significativamente con los significados de una determinada hermenéutica transestatal, ampliando los círculos de interpretación del texto constitucional. Pero no logra mantener el contacto con la realidad fáctica, donde las condiciones de posibilidad para su implementación carecen de objetividad y demostración empírica. El transconstitucionalismo, tomando como alcance la noción de dialéctica de resolución de conflictos, presenta el problema de manera empírica, pero choca con los límites de la asimetría de las formas jurídicas —como prevé su proponente— y en ausencia de un mecanismo objetivo para resolver el conflicto en los casos. de ineficacia del diálogo. Además, a pesar de defender la existencia de una relación jerárquica entre las jurisdicciones constitucionales e internacionales, es innegable —por la naturaleza de los ejemplos planteados en su obra— que Marcelo Neves considera mayoritariamente como válidos los casos en los que —en el diálogo—. Prevaleció la posición de la instancia Internacional.

De manera diferente, pensamos que el camino para una mejor comprensión y análisis de estos conflictos está en el desarrollo de la idea de Jerarquía entretejida citada por Gunther Teubner (1989) y Marcelo Neves (2009). Esto se debe a que Teubner no concede una profundización de las implicaciones en cuanto al uso de este concepto, mientras que Marcelo Neves lo aplica de manera diferente a la pretendida por el proponente.

La idea de Jerarquía entrelazada está ligada a la teoría de Douglas Hofstadter (2001) que apunta a la posibilidad de una inteligencia o conciencia artificial que encuentre contornos en las matemáticas (Gödel), el arte (Echer) y la música (Bach). Para Hofstadter, las computadoras son la síntesis de la inconsciencia, criaturas inflexibles e (*prima facie*) incapaces de querer obedecer las reglas. Se cuestiona, entonces, ¿cómo se puede programar el comportamiento inteligente? La gente intenta componer una larga serie de reglas en formalismos estrictos para enseñar a las máquinas inflexibles a ser flexibles. Sin embargo, ¿qué tipo de «reglas» podrían capturar todo lo que pensamos que constituye un comportamiento inteligente? Ciertamente, dice Hofstadter, debe haber reglas en todo tipo de niveles diferentes. Debe haber muchas reglas «simples», «metarras» para modificar las reglas «simples», luego «metametras» para modificar las metras, etc. La flexibilidad de la inteligencia proviene de la gran cantidad de reglas diferentes y diferentes niveles de reglas (Hofstadter, 2001, p. 28-29).

Estos problemas son comprensibles a través de estructuras cognitivas presentes en determinadas áreas del conocimiento. A través de algunos cánones y escapes en la composición «Ofrenda musical» (Hofstadter, 2001, p. 8-11) de Johann Sebastian Bach es posible comprender los procesos en los que se producen «giros extraños» o «jerarquías entrelazadas». La «Ofrenda Musical» es, en sí misma, una gran evasión intelectual, en la que se entretejen muchas ideas y formas y donde son frecuentes interesantes dobles sentidos y sutiles alusiones. Es una composición musical de escape a seis voces. Sin embargo, lo que hace que este canon sea diferente de todos los demás es el hecho de que cuando termina, o más bien, cuando parece terminar, ya no está en el tono de Do menor, sino en el de D menor. De manera inexplicable, Bach supo modular (cambiar el tono) frente a sus oyentes. Y el canon está construido de tal manera que su «fin» se mezcla imperceptiblemente con el principio; así, el proceso puede repetirse para llegar al tono de Mi y nuevamente al principio. Estas sucesivas modulaciones llevan el oído a provincias de clave cada vez más remotas, por lo que, tras algunas de ellas, cabría esperar que nos alejáramos mucho del tono inicial. Sin embargo, mágicamente, exactamente después de seis de estas modulaciones, se restaura el tono original de Do menor. El fenómeno de los «giros extraños» o «jerarquías entrelazadas» ocurre siempre que, cuando nos movemos hacia arriba (o hacia abajo) a través de los niveles de un sistema jerárquico, nos encontramos, inesperadamente, de regreso al punto de partida.

Esta noción también encuentra expresión en el trabajo artístico de Escher, como lo que Hofstadter analiza sobre la obra «Dibujando manos», en la que hay niveles que normalmente se ven como jerárquicos —lo que dibuja y lo que se dibuja— que se vuelven entre sí, creando una jerarquía entrelazada (Hofstadter, 2001, p. 758). También es posible percibir esta relación en lo que el autor llama «el más cerrado de todos los giros extraños» en la obra «Print Gallery», en la que vemos una imagen de un cuadro que se contiene a sí mismo (Hofstadter, 2001, p. 16).

Este mismo entendimiento se verifica en el Teorema de incompletitud de Gödel, al concluir que el sistema de Principia mathica de Whitehead y Russell es «incompleto», ya que existen verdaderas afirmaciones de la Teoría de Números de que sus métodos de demostración son demasiado débiles para probar (Hofstadter, 2001, p. 20). El Teorema de Gödel muestra que «existen limitaciones fundamentales con respecto a los sistemas formales coherentes, dotados de autoimagen (Hofstadter, 2001, p. 856)». Gödel utiliza la paradoja de Epiménides (un extraño giro de un solo paso) como base para explorar el razonamiento matemático en sí mismo (Hofstadter, 2001, p. 18-29). Una traducción utilizada por Hofstadter para referirse a la paradoja de Epiménides se expresa en dos declaraciones: «La siguiente oración es falsa. La frase anterior es verdadera». El punto básico de esta relación es que la primera oración se refiere a la segunda y, en consecuencia, debe estar en un nivel superior al de la segunda. Pero, por la misma razón, la segunda frase se refiere a la primera y, por tanto, también debe estar en un nivel superior a la primera. Como esto es imposible, las dos oraciones son, en una perspectiva lingüística, «sin sentido». Más precisamente, tales oraciones simplemente no se pueden formular en un sistema basado en una estricta jerarquía de lenguajes. Los giros extraños que involucran reglas que se modifican, directa o indirectamente, están en el corazón de la inteligencia. Esta concepción apunta a los «nodos» que surgen cuando los sistemas se vuelven hacia sí mismos. Al usar el teorema de Gödel como metáfora, Hofstadter presenta la dificultad que tiene una computadora para reproducir su razonamiento (produciendo una autorreflexión), demostrándose como una barrera.

Cuando los seres humanos pensamos, modificamos nuestras propias reglas mentales, y modificamos las reglas que modifican las reglas, etc. (una especie de superentrelazado), lo que no parece suceder con las computadoras. Pero estas son, por así decirlo, «reglas de *software*». Sin embargo, las reglas básicas (*hardware*) no cambian, son niveles inviolables. Tienes acceso a tus pensamientos, pero no a tus neuronas. Las reglas del software en varios niveles pueden cambiar: las reglas del hardware no; de hecho, es su rigidez la que se debe a la flexibilidad del *software* (Hofstadter, 2001, p. 753-754). Estas reglas de hardware son niveles inviolables que no están controlados por reglas de software. Hofstadter concluye que cualquier jerarquía entrelazada requiere un nivel inviolable para gobernar sus acciones:

> Hay un nivel inviolable —llamémoslo nivel I en el que residen las convenciones de interpretación; también hay un nivel entrelazado—, el nivel E, en el que reside la jerarquía entrelazada. Así que estos dos niveles siguen siendo jerárquicos: el nivel I controla lo que sucede en el nivel E, pero el nivel E no afecta ni puede afectar al nivel I. No importa que el nivel E sea en sí mismo una jerarquía entrelazada, sin embargo, está controlado por un conjunto de convenciones externas a él. El punto importante. Como indudablemente se ha dado cuenta, no hay nada que nos detenga de hacer lo «imposible», es decir, entrelazar el nivel I y el nivel E, haciendo que las convenciones de interpretación mismas estén sujetas a revisión, de acuerdo con la situación en el tablero de ajedrez. Pero para llevar a cabo este «superentrelazado», tendrías que estar de acuerdo con tu oponente sobre convenciones adicionales para conectar los dos niveles, y hacerlo crearía un nuevo nivel, un nuevo tipo de nivel resistente a la manipulación, por encima del nivel «superentrelazado» (o por debajo de él, si lo prefiere). Esto podría continuar indefinidamente. (...) Cada vez que piensas que has encontrado el final, hay una nueva variación sobre el tema de 'saltar fuera del sistema' que requiere cierta creatividad para ser identificada (Hofstadter, 2001, p. 755-756).

La jerarquía entrelazada ocurre cuando lo que se presume que son niveles jerárquicos claros sorprenden y se mezclan de una manera que viola la jerarquía. El elemento sorpresa es importante; esta es la razón por la que también se le llama «giros extraños», ya que un simple entrelazado no implica violaciones de presuntas distinciones de nivel (Hofstadter, 2001, p. 259).

Esta situación se ilustra a través de un juego de ajedrez que se desarrolla en varios otros. El nivel I se traduciría en un juego que incluye las reglas comunes del ajedrez. En el nivel «E», una convención, permitiría modificar el movimiento del caballo cada vez que un jugador tuviera un turno. Por lo tanto, el jugador 1 podría modificar las reglas del movimiento de los caballos a cualquier número (por ejemplo, 5.2), mientras que el jugador 2 podría hacer cambios en los movimientos en más o menos 1 (por ejemplo, 4.3). Estos movimientos están limitados por las reglas definidas por el jugador 1 y, al mismo tiempo, las reglas son cambiables por los movimientos del jugador 2 (Hofstadter, 2001, p. 754-755). Sin embargo, el tablero original que mantiene la regla original es inviolable, porque no puede verse afectado por cambios en las reglas y movimientos de quienes están subordinados a él. Pero en este nivel también existen las convenciones de interpretación que permiten acordar que se interpreten los diferentes tableros, el acuerdo de cada jugador para jugar alternativamente y el acuerdo de cada persona para tener la posibilidad de cambiar el tablero alternativamente.

Esta limitación en los «giros extraños» está relacionada con los conflictos de orden jurisdiccional heterárquico en la medida en que tienen tanto un «nivel inviolable» como un «nivel de jerarquías entrelazadas». El entrelazamiento de distintos ordenamientos jurídicos —sobre todo «heterárquicos» (Hofstadter, 2001, p. 144 y 758)— llama la atención cuando se trata de colisiones de sentencias de tribunales constitucionales con tribunales internacionales.

En 1988, Martin Scorsese produjo la película titulada *La última tentación de Cristo* para dar otra mirada a la vida de Jesús. En Chile, el 11 de noviembre de 1996, el Consejo Nacional de Calificación Cinematográfica aprobó la proyección de la película mediante resolución administrativa. Sin embargo, siete abogados interpusieron una apelación invocando la representación de la Iglesia Católica y Jesucristo, por considerar que la proyección de la película violaba el espíritu religioso y el honor de Jesucristo, lo que fue aceptado por los tribunales locales. La Corte Suprema de Chile, el 17 de junio de 1997, convalidó la decisión que dejó sin efecto la resolución administrativa. Olmedo Bustos y otros interpusieron ante la Corte Interamericana de Derechos Humanos (CIDH) el derecho a exhibir la película, alegando violación a la libertad de expresión, y la CIDH aceptó la solicitud y ordenó la exhibición de la película.

En Brasil, entre los años 1972 y 1975, unas setenta personas, campesinos y miembros del partido comunista, que supuestamente forman parte de un movimiento de resistencia contra la dictadura, desaparecieron forzosamente en la región de Araguaia, estado de Tocantins. El Ejército brasileño habría realizado operaciones para exterminar a los miembros del movimiento, teniendo éxito. Con la llegada de la Ley 6.683/1979 (Ley de Amnistía), el Estado no investigó la muerte de la guerrilla. Julia Gomes Lund (madre de uno de los guerrilleros muertos) y otros se unieron a la CIDH con el objetivo de responsabilizar al Estado brasileño por las muertes, así como exigir que se completen las investigaciones para responsabilizar a los perpetradores. La CIDH ha determinado que la Ley de Amnistía Brasileña carece de eficacia jurídica, ya que impide la investigación y sanción de graves violaciones a los Derechos Humanos y, por lo tanto, es incompatible con la Convención Americana. Al pronunciarse sobre la recepción de la Ley de Amnistía por la Constitución de 1988, la Suprema Corte Federal de Brasil decidió que no le corresponde al Poder Judicial revisar el acuerdo político que, en la transición del régimen militar a la democracia, resultó en la amnistía de todos los que les cometieron delitos políticos y conexos en Brasil entre el 2 de septiembre de 1961 y el 15 de agosto de 1979.

Ambos casos son representaciones de situaciones en las que la exigencia de una jerarquía estricta no tiene la capacidad de resolver el problema de viabilidad. Sus dos decisiones divergentes, que abordan un mismo problema, y son dictadas por órganos jurisdiccionales de la misma posición jerárquica que se entrelazan en los trazos del conflicto jurídico. En su teoría, Hofstadter imagina una situación en la que los tribunales se entrelazan en las decisiones judiciales, teniendo siempre un tribunal superior que regula el conflicto sin verse afectado por este entrelazamiento (nivel inviolable). Sin embargo, el autor señala situaciones en las que el propio tribunal constitucional se ve envuelto en un conflicto de naturaleza entrelazada (Hofstadter, 2001, p. 760). Como en los casos presentados, en situaciones como esta, no es posible buscar algo que esté por encima —otro nivel inviolable— para resolver un conflicto en este orden. No es posible recurrir a una autoridad que esté «por encima». Según Hofstadter, en tales casos, una posibilidad es recurrir a una fuente superior de reglas. Esta fuente, sin embargo, está en un nivel más bajo: la gente, que no opera de arriba hacia abajo, sino de abajo hacia arriba (Hofstadter, 2001, p. 261).

Esta situación revela una Jurisdicción entretejida o súper entrelazada, en palabras de Hofstadter, y las posibilidades de recurrir a un nivel inviolable: el pueblo. Tanto el derecho constitucional como el internacional tienen su legitimidad en los ciudadanos o jurisdicciones, ya sea como ciudadanos estatales o como ciudadanos globales. Este proceso se da no solo a través del poder constituyente, sino también a través de la representación indirecta que empodera al representante del Estado que ratifica y da vigencia a los tratados y acuerdos internacionales. Así, «nosotros el pueblo» (Ackerman, 2015) sería el nivel inviolable que establece las convenciones de interpretación. Este nivel regula no solo la Constitución, sino también los tratados y acuerdos internacionales.

Marcelo Neves, por el contrario, sostiene que existe una «jerarquía entrelazada» entre los órdenes normativos del derecho comunitario y el derecho nacional, que se observan recíprocamente (Neves, 2009, p. 156). En la perspectiva de Neves, la Constitución sería el nivel inviolable (Neves, 2009, p. 295; Neves, 2016b, 246) en el que residen las convenciones de interpretación. Si bien la Constitución del Estado constitucional es normativamente vinculante para sus concretizadores, especialmente jueces y tribunales constitucionales, el autor sostiene que se reconstruye permanentemente a través de su interpretación y aplicación por esos mismos concretizadores. Además de leer las polémicas entre cortes heterárquicos de adentro hacia afuera, al afirmar que la Constitución es el nivel inviolable en casos de entrecruzamiento de órdenes constitucionales e internacionales, Marcelo Neves va en contra de la premisa de Hofstadter, según la cual el nivel inviolable no puede ser afectado por el nivel entrelazado. Es cierto que —como afirma Neves— el «nivel inviolable» puede estar involucrado, en el juego constitucional dinámico, con otros niveles (entrelazados) en un «nivel superentrelazado» (Neves, 2009, p. 295). Sin embargo, para que exista el superentrelazamiento que sostiene a Hofstadter, no solo es necesario que el nivel inviolable se entrelaza con el nivel de las jerarquías entrelazadas, sino también que este proceso cree un nuevo nivel inviolable, donde las convenciones de interpretación puedan mediar y regular los procesos de entrelazado. Los participantes deben estar de acuerdo con las convenciones posteriores para vincular los dos niveles, y este acto crearía un nuevo nivel, un nuevo tipo de nivel inviolable, por encima del nivel superentrelazado (o por debajo de él) (Hofstadter, 2001, p. 756).

Al establecer que la Constitución sería un nivel inviolable, Marcelo Neves afirma que el nivel entrelazado —inferior— serían los tratados y acuerdos internacionales que tratan de Derechos Humanos y no fueron aprobados por el Congreso Nacional mediante el quórum calificado del art. 5, § 3 de la Constitución Federal. La inviolabilidad de la Constitución estaría definida dinámicamente por actos normativos «subordinados» a este orden (Neves, 2009, p. 296). Esta declaración se relaciona con la sentencia de Recurso Extraordinario 466343/SP, de la Corte Suprema de Justicia Federal, que trata de la compatibilidad del encarcelamiento del depositario infiel previsto en la Constitución en contradicción con la disposición de la Convención Americana sobre Derechos Humanos. A pesar de la Convención Americana sobre Derechos Humanos, no ha sido incorporada al derecho brasileño mediante el rito calificado previsto en el art. 5, § 3 de la Constitución Federal, la inserción de este documento en el ordenamiento jurídico anterior a la Constitución de 1988, abarca la Convención Americana sobre Derechos Humanos de rango especial, la norma supralegal —por debajo de la Constitución y por encima de las leyes complementarias y ordinarias—. El voto del ministro Gilmar Mendes se basó en que el legislador constitucional no está impedido de someter la

Convención Americana sobre Derechos Humanos - Pacto de San José de Costa Rica, además de otros tratados de derechos humanos, al procedimiento especial de aprobación previsto En arte. 5, § 3, de la Constitución, tal como se define en el EC No. 45/2004, otorgándoles estatus de enmienda constitucional.

Sin embargo, el argumento presentado va en contra de la tesis del propio Marcelo Neves. Si la Constitución está por encima de los tratados y convenciones internacionales, ¿cómo puede Neves afirmar que existe una relación heterogénea entre ellos? (Neves, 2009, p. 189 y 237). Al establecerse en una relación heterogénea con los Tribunales Supraestatales, la Constitución no puede considerarse un nivel inviolable, pues equivale a los demás órdenes en el entrelazamiento de sus ordenamientos jurídicos. Por eso, Douglas Hofstadter presenta al pueblo como el nivel inviolable que regula las situaciones de conflicto entre órdenes heterárquicos. Esta fuerza, a pesar de parecer mal definida por las reglas, constituye la única fuente de reglas superiores (nivel inviolable). Tenemos una manera de analizar los conflictos entre jurisdicciones entrelazadas que, a diferencia de Marcelo Neves, no son parte del Estado, sino del pueblo como nivel máximo y básico de cualquier jurisdicción legítimamente constituida.

El concepto de Jurisdicción entrelazada adquiere significado en este contexto al reconocer la existencia de jerarquías entrelazadas en los desacuerdos que involucran constituciones nacionales con otros ordenamientos jurídicos heterárquicos. Ante la dificultad de conciliar las interpretaciones de los derechos humanos fundamentales, debemos recurrir a la base democrática de la sociedad —el pueblo— para posibilitar el resultado de la lucha.

La unión de constituciones con catálogos de derechos fundamentales se sumó a la crisis de la democracia, favoreciendo el surgimiento de nuevas demandas argumentativas en la producción y aplicación del derecho (Pozzolo, 2010, p. 224). Sin embargo, insertados en una red de interconstitucionalidad, estos estados siempre se asumen como autorreferencia (Canotilho, 2000, p. 269) al producir estos factores argumentativos. Sin embargo, a pesar de que los órdenes constitucional y supraconstitucional constituyen esferas «autónomas» en su origen, ambos niveles de derechos dependen fuertemente el uno del otro (Pernice, 2002, p. 5). Procesos como estos sentaron las bases de una sociedad intercultural (Wolkmer; Fagundes, 2011, p. 375), con el intercambio de culturas de ideas o formas de afrontar el mundo y los demás (Canotilho, 2000, p. 271), en una verdadera jerarquía entrelazada.

Sin embargo, esta insistencia en la autodescripción constitucional sugiere la necesidad de una organización superior (Canotilho, 2000, p. 270), ya que la experiencia presenta situaciones en las que el entrelazamiento genera incompletos, lagunas y casos no resueltos por la divergencia entre decisiones provenientes de la jerarquía heterárquica, tribunales. Es en este sentido que Luhmann afirma que la unidad del propio ordenamiento jurídico se reproduce como resultado, no requiriendo una estructura jerárquica como la Constitución, ya que no dependería exclusivamente de ellos para realizar las comunicaciones en el ordenamiento jurídico (Luhmann, 2016, pág.59). La semántica de los valores fundamentales deja claro que el significado de la validez de la ley no se agota, pero puede reclamar un nivel de significado por encima de las valide de fluctuación, un nivel en el que se pueden formular los fundamentos necesarios (Luhmann, 2016, p. .417) - un verdadero nivel inviolable.

Este nivel inviolable, como ya se señaló, no es un movimiento ascendente en busca de una jerarquía por encima del entrelazamiento de órdenes jurisdiccionales «superiores», sino que apuntaría a la posibilidad de un control popular de las situaciones de indeterminación, ambigüedad e indecidibilidad de la jerarquía. tribunales. A nivel estatal, esta concepción es característica del Nuevo Constitucionalismo Latinoamericano, a través de la búsqueda de un mayor acceso a la participación democrática efectiva de la ciudadanía. Esta participación está garantizada por la rigidez de la modificación de la Constitución condicionada al poder original (Brandão, 2015, p. 113), así como la Silla Vacía en Ecuador, y la necesidad de un referéndum en todas las reformas constitucionales, que otorgan a los ciudadanos voz y voto directamente (Ribeiro, 2018, p. 103). El constitucionalismo global allana el camino para una revisión de la comprensión del derecho internacional como un cuerpo de derecho que gobierna las relaciones que involucran a sus ciudadanos y no solo entre estados (Pernice, 2012, p. 15). Este proceso daría a los ciudadanos un nuevo tipo de poder soberano conjunto para ser utilizado en el interés común (Pernice, 2012, p. 21). La fuente de su legitimidad es el pueblo como ciudadano global (Pernice, 2012, p. 29), un verdadero nivel inviolable.

La yuxtaposición de una percepción como la presentada requiere un paso aún más esencial en esta comprensión. Las propuestas de diálogos o conversaciones constitucionales apuntan a otra forma de fundamentar la racionalidad humana que no se basa en verdades puramente absolutas, finales y jerárquicas. Más bien, se proyecta hacia las posibilidades de un modelo de racionalidad que permita la transición entre lo racional y lo irracional a partir de proposiciones argumentativas no universalizables.

Referencias

Ackerman, Bruce. *We the people I: fundamentos de la historia constitucional estadounidense.* Quito: Instituto de altos estudios nacionales de Ecuador, 2015.

Brandão, Pedro. *O novo constitucionalismo pluralista latino-americano.* Rio de Janeiro: Lumen Juris, 2015.

Canotilho, José Joaquim Gomes. *«Brancosos» e interconstitucionalidade: itinerários dos discursos sobre a historicidade constitucional.* 2ª edição. Coimbra: Edições Almedina, 2000.

Hofstadter, Douglas R. Gödel. Escher, Bach: Um entrelaçamento de gênios brilhantes. Brasília: UNB/São Paulo: Imprensa Oficial, 2001.

Luhmann, Niklas. *O direito da sociedade.* São Paulo: Martins Fontes, 2016.

Neves, Marcelo. *Transconstitucionalismo.* São Paulo: WMF Martins Fontes, 2009.

Neves, Marcelo. *Paradoxes of Transconstitutionalism in Latin America. In: Alberto Febbrajo and Giancarlo Corsi. (Org.). Sociology of Constitutions - a paradoxical perspective.* Londres e Nova Iorque: Routledge - Taylor, & Francis Group, 2016b, v. 1, p. 229-258.

Pernice, Ingolf. Multilevel constitutionalism in the European Union. European Law Review. Berlim: WALTERHALLSTEIN-INSTITUT, n. 5, 2002, p. 1-15.

Pernice, Ingolf. La dimensión global del Constitucionalismo Multinivel: Una respuesta legal a los desafíos de la globalización. Serie Unión Europea y Relaciones Internacionales. Madrid: CEU Ediciones, Número 61, 2012, p. 5-29.

Pozzolo, Susanna. Reflexiones sobre la concepción neoconstitucionalista de la Constitución. In: CARBONELL, Miguel; JARAMILLO, Leonardo García (Org.). El Canon Neoconstitucional. Bogotá: Universidad Externado de Colombia, 2010.

Ribeiro, Ilana Aló Cardoso. Voz y voto, ¿democracia directa? un análisis de la silla vacía como instrumento de participación desde abajo en un escenario post constitucional. Quito: Facultad Latinoamericana de Ciencias Sociales, 2018. 108 f.

Teubner, Gunther. O Direito como sistema autopoiético. Lisboa: Fundação Calouste Gulbenkian, 1989.

Wolkmer, Antônio; FAGUNDES, Lucas. Tendências contemporâneas do constitucionalismo latino-americano: Estado plurinacional y pluralismo jurídico. Pensar - *Revista de Ciências Jurídicas*, [s.l.], v. 16, n. 2, p. 371-408, jul. 2011.

La protección de los Derechos Humanos en la base de un pretendido monismo en las relaciones entre el derecho internacional y el derecho nacional en el entorno interamericano

Harold Bertot Triana
Doctorando del Programa de Ciencias Sociales y Jurídicas de la Universidad Rey Juan Carlos
hbertottriana@gmail.com

Resumen

La discusión sobre una concepción monista o dualista en las relaciones entre el derecho internacional y el derecho interno de los Estados marcó buena parte de las preocupaciones de inicios del siglo XX en la doctrina. Sin embargo, sería en la comprobación de cada derecho nacional donde tendría mayor relevancia esta discusión. En el sistema interamericano de protección de derechos humanos, una extendida recepción constitucional del derecho internacional de los derechos humanos, con distintas fórmulas, y la creación judicial de instituciones que vinieron a reforzar las obligaciones de los Estados respecto a tratados a la Convención Americana de Derechos Humanos, están en la base un acercamiento notorio entre ambos ordenamientos jurídicos (internacional y nacional). La presente ponencia indaga someramente en alguna de estas características.

Palabras claves: derechos humanos, sistema interamericano de derechos humanos, recepción constitucional del derecho internacional de los derechos humanos.

Abstract

The discussion on a monist or dualist conception in the relations between international law and the internal law of States concentrated the concerns of international law at the beginning of the 20th century on doctrine. However, it would be in the verification of each national law where this discussion would be most relevant. In the inter-American system for the protection of human rights, a widespread constitutional reception of international human rights law, with different formulas, and the judicial creation of institutions that reinforced the obligations of the States regarding treaties to the American Convention on Rights Humans, are at the base a notorious rapprochement between both legal systems (international and national). This presentation briefly investigates some of these characteristics.

Key words: human rights, inter-American human rights system, constitutional reception of international human rights law.

Índice

1. Las concepciones monistas y dualistas en la doctrina del derecho internacional público

En su célebre trabajo *Les rapports de système entre le droit interne et le droit international public*, publicado en el *Recueil des Cours* de la Academia de Derecho Internacional de la Haya en 1926 —cuyas ideas están en la base del libro *El problema de la soberanía y la teoría del derecho internacional* (*Das Problem der Souveränität und die Théorie des Völkerrechts*), publicado en 1920—, Hans Kelsen (1927) defendió que las relaciones entre el derecho interno y el derecho internacional eran «relaciones sistemáticas» (*rapports systématiques*), dos elementos de un mismo ordenamiento jurídico (*deux* éléments *d'un seul et même système juridique*) (pp. 231-232). Esta idea ha sido considerada una máxima expresión de una concepción monista en la forma de entender las relaciones derecho interno-derecho internacional, opuesto con tintes radicales a la concepción dualista imperante entonces cuyos defensores más conocidos en las primeras décadas del siglo XX encontramos a Heinrich Triepel y Dionisio Anzilotti. Por supuesto, que estas conclusiones en Kelsen eran resultado de extender su conocida «teoría pura del Derecho» hacia un orden jurídico que convivía con el Estado, pero que no podía identificarse con el Estado. Eran, en el fondo, resultado de una pretensión en el orden del conocimiento científico por encontrar una «unidad del derecho como un sistema de todas las normas jurídicas vigentes, tanto de las normas de derecho interno como de las de derecho internacional», que no era más que «la expresión de la unidad del conocimiento jurídico», de la pretensión de la ciencia del derecho, como cualquier ciencia, en la consideración de Kelsen, de «captar en última instancia su objeto en su unidad» (Kelsen, 1927, p. 232).

Estas ideas fueron expuestas por Kelsen en un momento donde imperaba la concepción dualista expuesta y defendida por Triepel, que había provocado una «separación absoluta y completa» entre los dos ordenamientos jurídicos, y que, según Dionisio Anzilotti, fue «aplicada con gran éxito en la solución de grandes problemas» (Anzilotti, 1929, pp. 49 y ss.). El propio Triepel, que pudo identificar «feroces oponentes» a su concepción dualista en León Duguit y Hugo Krabbe, tuvo a bien ocuparse solamente de rebatir las ideas del jurista austríaco en su curso en la Academia de Derecho Internacional de la Haya y publicado como *Les rapports de système entre le droit interne et le droit international public* en su *Recueil des Cours* en 1923 (Triepel, 1923, p. 85). Sin embargo, en esta primera mitad del siglo, otros autores, enmarcados en una concepción monista, aunque con importantes matices diferenciadores, También fueron relevantes como Alfred Verdross (1927, pp. 289 y ss) y George Scelle (2008), con su teoría del «desdoblamiento funcional». Mirkine-Guetzevitch también reprocharía en su curso de la Academia de Derecho Internacional de la Haya en 1931 que el libro de Triepel, que databa de 1899, si bien «había marcado un progreso innegable en la ciencia del derecho internacional», después de la creación de la Sociedad de Naciones y el nacimiento de un nuevo derecho internacional, era una obra que ya no correspondía a «la mentalidad de los teóricos contemporáneos, ni sobre todo a la realidad jurídica actual» (Mirkine-Guetzevitch, 1931, p. 313). En este punto, Mirkine-Guetzevitch apostaba por una solución «monista», aunque trataba de diferenciarse de Kelsen, para partir de una «*conception du principe de l'unité du droit public*» que se encontraba en la «evolución histórica del derecho» y no en el «dominio de la lógica» (Mirkine-Guetzevitch, 1931, p. 317 y ss.).

Sin embargo, la discusión con las concepciones de Kelsen se perdía sobre un presupuesto básico: para Kelsen, por ejemplo, no podía consistir en una diferencia entre el derecho internacional y el derecho interno la diferente naturaleza de la voluntad que hacía nacer las normas jurídicas en uno y otro, porque para Kelsen no era posible entonces incorporar un elemento como la «voluntad» en la compresión de un orden jurídicamente válido. Es decir, todo debía estar en los marcos estrictos metodológicos y sistémicos del orden jurídico o de la propia compresión del derecho mediante una «teoría pura». En su concepción era una cuestión de método, era una discusión que para él solo tenía cabida en un ámbito lógico y puramente ideal mientras que otros intentaban discutirle y rebatirle en vano con elementos que para él era imposible tomar en cuenta en su compresión del derecho. Por ello no tenía impacto en su concepción de ambos sistemas jurídicos que Triepel le reclamara que solo una «*volonté commune*», la «*vereinbarung*», nacida de la voluntad de los Estados, era la única fuente de normas de derecho internacional (Triepel, 1923, pp. 82-83).

Para Kelsen, sostener tal estado de cosas no obedecía a un retrato o a un análisis sobre la realidad de las relaciones entre el derecho internacional y el derecho interno, que hasta el momento se movía en planos muy distintos. Sus presupuestos se movían en los marcos estrictos de una pretendida ciencia «pura» del derecho, que distinguía entre el «ser» y el «deber ser» sin posibilidad de intromisiones entre estas esferas, y que la hizo desconectar de una realidad donde las relaciones entre el derecho interno y el derecho internacional no se mostraban como dos ordenamientos jurídicos en «unidad» o en «relaciones sistémicas». Como se sabe, para ese entonces ya la jurisprudencia de la Corte Permanente de Justicia sostenía dos cuestiones fundamentales, muy difícil de encuadrar en un esquema de unidad como el propuesto por Kelsen para su mundo ideal: el acto internacionalmente ilícito de un Estado se califica conforme a una violación de una obligación internacional, con independencia de si constituye o no una violación del derecho interno de ese Estado, del mismo modo que el ilícito existirá sin que el Estado pueda alegar la conformidad de su comportamiento con su derecho interno, como puede comprobarse en los asuntos S.S. «*Wimbledon*»[1], *Free Zones of Upper Savoy and the District of Gex*[2], *Treatment of Polish Nationals and Other Persons of Polish Origin or Speech in the Danzig Territory*[3], y otros.[4]

---

1 "The export prohibition contained in the German Neutrality Orders clearly could not apply to the passage through the Canal of the articles enumerated when such articles were despatched from one foreign country and consigned to an- other foreign country. Nor does the word "transit" appear to refer to the Kiel Canal; it no doubt only refers to the German territory to which the stipulations of Article 380 are not applicable. In any case a neutrality order, issued by an individual State, could not prevail over the provisions of the Treaty of Peace". S.S. "Wimbledon", Judgment of 17 August 1923, p. 29.

2 "In this connection, the Court observes that no such limitation necessarily ensues from the old provisions relating to the free zones; that in case of doubt a limitation of sovereignty must be construed restrictively; and that while it is certain that France cannot rely on her own legislation to limit the scope of her international obligations, it is equally certain that French fiscal legislation applies in the territory of the free zones as in any other part of French territory". Free Zones of Upper Savoy and the District of Gex, Judgment of 7 June 1932 (including the text of the declaration by M. Yovanovitch), p. 167.

3 "It should however be observed that, while on the one hand, according to generally accepted principles, a State cannot rely, as against another State, on the provisions of the latter's Constitution, but only on international law and international obligations duly accepted, on the other hand and conversely, a State cannot adduce as against another State its own Constitution with a view to evading obligations incumbent upon it under international law or treaties in force. Applying these principles to the present case, it results that the question of the treatment of Polish nationals or other persons of Polish origin or speech must be settled exclusively on the bases of the rules of international law and the treaty provisions in force between Poland and Danzig". Treatment of Polish Nationals and Other Persons of Polish Origin or Speech in the Danzig Territory, Advisory Opinion of 4 February 1932, p. 24.

4 Ver detenidamente estos aspectos en: Crawford, J. (2019), Brownlie's Principles of Public International Law, Ninth Edition, Oxford University

La oposición de estas concepciones pusieron la discusión sobre la base de un punto hoy superado, y donde el *dualismo* expuesto por Triepel y defendido por Dionisio Anzilotti tenía razón en alguna medida: existen diferencias sustanciales entre el derecho internacional y el derecho interno de los Estados que no es posible reducir a una unidad de ambos ordenamientos jurídicos[5], por más que en su fundamentación, anclada en una concepción positivista, dejaba lados flacos por muchas partes, como la ya mencionada absolutización de las relaciones interestatales en la concepción del derecho internacional y la exclusión de la subjetividad del individuo, que ya por entonces comenzó a ser disputada y ganó terreno hasta nuestros días en la doctrina y en la práctica del derecho internacional. Ya eso no está en discusión. Por supuesto que esta polémica tenía consecuencias importantes: sostener por una parte que entre ambos ordenamientos jurídicos existían «relaciones sistémicas» o, por otro lado, diferenciarlos de manera radical, tenía peso en el problema realmente trascedente en todo ello: el lugar del derecho internacional en el derecho interno. Sin embargo, el problema central, de fondo, en este ámbito, es la discusión por cómo se integra el derecho internacional en el derecho interno y qué jerarquía tendrá el primero en el segundo. Este es el verdadero problema práctico, que cobra sentido con el análisis de las previsiones constitucionales y legales de cada ordenamiento jurídico nacional. Esta es la idea que subyace en varios autores, y con quienes no se puede estar más de acuerdo: las prin-

---

Press, p. 48.; también ver «Responsabilidad de los Estados», *Anuario de la Comisión de Derecho Internacional, 2001, Volumen II, Segunda parte, Informe de la Comisión a la Asamblea General sobre la labor realizada en su quincugésimo tercer período de sesiones*, Naciones Unidas, Nueva York y Ginebra, 2007, pp. 37-38.

5 Para Anzilotti, concordante con Triepel, el doble criterio de distinción y contraposición entre el derecho internacional y el derecho interno radica, en términos generales, en la voluntad diferente que hace nacer normas jurídicas en uno y otro (atendiendo al número de Estados que intervienen), y por lo distinto de las relaciones que regulan ambos. Anzilotti, Dionisio (1905). *Il Diritto Internazionale nei giudizi interni*, Bologna, Ditta Nicola Zanichelli, pp. 41-42.

cipales consecuencias prácticas se responden no por referencia a la doctrina, cuya disputa doctrinal carece en buena medida de consecuencias prácticas, sino por la constatación de cómo se regula este problema en el ordenamiento jurídico interno (Jennings, R., Watts, A., 1996, p. 54). Ni siquiera en el *dualismo tripeliano* este tema tuvo grandes contratiempos: aceptar que ambos ordenamientos jurídicos eran diferentes no implicaba que no se advirtiera una recepción del derecho internacional en el derecho interno, bajo diversas formas, y de ahí expresiones del propio Triepel a un «derecho interno ordenado de inmediato» (*le droit interne immédiatement ordonné*) o un «derecho interno internacionalmente indispensable» (*le droit interne internationalement indispensable*) (Triepel, 1923, p. 122).

En uno de los puntos donde el *dualismo* defendía su tesis, sobre la base de la diferente naturaleza de las relaciones que regulaban el derecho internacional y el derecho interno, consistía en sostener, entre otros, que el derecho internacional público solamente regulaba relaciones entre Estados: era ello resultado de una visión positivista donde el individuo aparecía como «objeto» y no «sujeto» del derecho internacional (aunque en este caso Triepel lo circunscribía a los posibles derechos y deberes del individuo frente a otros Estados), incapaz de ostentar derechos y deberes propios (Triepel, 1923, p. 81). Esta posición de despojo del individuo en la concepción del derecho internacional, y que tuvo un impulso importante en la obra desde el siglo XVIII de E. de Vattel (*Le droit des gens est la science du droit qui a lieu entre les nations ou* Étais, *et des obligations qui répondentà ce droit*) (Vattel, 1863, pp. 74-75), fue contestada entrado ya el siglo XX por importantes autores como Nicola Politis, Alejandro Álvarez, Spiropoulos, George Scelle, entre otros.

En el interesante texto de Hersch Lauterpach, *International Law and Human Rights*, advertía incluso como para entonces existían experiencias en el *common law* (Gran Bretaña y Estados Unidos) que afirmaban la doctrina de incorporación del derecho internacional como parte del derecho nacional respecto al derecho internacional consuetudinario: para este autor ello era indicativo de la aplicabilidad directa de los derechos y deberes a los individuos a través de los tribunales, y, por tanto, la confirmación del individuo como «sujeto» de derecho internacional, a la vez que una refutación al positivismo en el que no es posible una aplicación directa del derecho internacional en el derecho interno por defender la idea que se trataba de diferentes sujetos y sistemas jurídicos (Lauterpacht, 1950, pp. 10-11). Si esta era la consideración de Lauterpach, para Triepel en su mencionado curso en la Academia de Derecho Internacional de la Haya, esta concepción en aquel tiempo «no era en absoluto dominante, en general, ni en la doctrina ni en la jurisprudencia» (Triepel, 1923, p. 88).

2. El sistema interamericano de derechos humanos: el acercamiento cada vez más entre el derecho internacional y el derecho interno de los Estados

Si en algún lugar se ha acercado más a un retrato de esa *concepción monista* en las relaciones entre el derecho internacional y el derecho nacional, pero esta vez en el mundo real, de la práctica viva de los Estados con base en el principio de soberanía, es en el ámbito de los derechos humanos. Cuando sostenemos un pretendido *monismo* en este campo, no lo hacemos en el sentido kelseniano ya explicado: en este caso, se privilegia la compresión del lugar jerárquico que muchos ordenamientos jurídicos en el sistema interamericano otorgan a los tratados de derechos humanos en el derecho interno, en los que algunos llegan a regular su carácter supraconstitucional o constitucional. En lo más mínimo se desentiende del plano de la realidad, donde es el Estado, el derecho nacional, el que impone las reglas a seguir en este ámbito y, por tanto, en ningún momento apela a una idealidad desconectada de todo contacto con la realidad y que encuentra su propio fundamento en ella misma, en el mundo de la «unidad» en el conocimiento, de las jerarquías y «relaciones sistemáticas».

En la región donde se advierte esta tendencia a acercar cada vez más estos ordenamientos jurídicos, es sin duda en el ámbito del sistema interamericano de protección de derechos humanos, que tiene en la Convención Americana en la Corte Interamericana de Derechos Humanos y en la Comisión de Derechos Humanos sus pilares fundamentales. Aunque los Estados se resisten de alguna manera a ceder cuotas de soberanía, y conviven en ocasiones disputas sobre los límites y alcances del principio de subsidiariedad[6] —entre otras—, no queda dudas de que el camino que se sigue en el sistema interamericano de derechos humanos es a fundir cada vez más el derecho internacional y el derecho nacional, a difuminar las fronteras entre el derecho internacional y el derecho nacional. Algunos autores han señalado el proceso de *interamericanización* de sus estándares que acontece a escala regional, que se caracteriza por una voluntad de los Estados mucho más proactiva en incorporar sus estándares al ordenamiento jurídico interno, así como una mayor interrelación y diálogo entre la jurisprudencia de la Corte Interamericana y los órganos judiciales nacionales, y un despliegue creciente en el desarrollo de políticas públicas, reformas constitucionales y legales y la asunción de posiciones jurisprudenciales a tono con las líneas fijadas por la Corte Interamericana.[7]

---

6 En el sistema interamericano ver la Declaración sobre el Sistema Interamericano de Derechos Humanos de varios gobiernos. «Gobiernos de Argentina, Brasil, Chile, Colombia y Paraguay se manifiestan sobre el Sistema Interamericano de Derechos Humanos». Ver: https://www.mre.gov.py/index.php/noticias-de-embajadas-y-consulados/gobiernos-de-argentina-brasil-chile-colombia-y-paraguay-se-manifiestan-sobre-el-sistema-interamericano-de-derechos-humanos

7 Puede verse en este sentido a: Morales Antoniazzi, M. (2017), «Interamericanización como mecanismo del Ius Constitucionale Commune en derechos humanos en América Latina», Ius Constitucionale Commune en América Latina. Textos básicos para su compresión, Armin von Bogdandy, Mariela Morales Antoniazzi, Eduardo Ferrer MacGregor (Coordinadores), Instituto de Estudios Constitucionales del Estado de Querétaro, Max Planck institute for Comparative Public and International Law, México, p. 418.

En este sentido, podemos advertir, algunas características de esta relación entre el derecho internacional y nacional en el marco del sistema interamericano de protección de derechos humanos:

1. *Una recepción constitucional del derecho internacional de los derechos humanos de dimensiones mucho más profundas que en otros campos del derecho internacional.*

   En este sentido, la constatación realizada por el juez Eduardo Ferrer Mac-Gregor Poisot en su Voto razonado en el *Caso Cabrera García y Montiel Flores vs. México*, de 26 de noviembre de 2010, nos da la verdadera dimensión de las diversas cláusulas constitucionales que recepcionan el derecho internacional de los derechos humanos desde hace ya algunos años[8]: «reconocimiento de la jerarquía constitucional de los tratados internacionales de derechos humanos» (el artículo 75, inciso 22 de la Constitución de Argentina de 1994[9] y el artículo 74.3 de la Constitución de

---

[8] Voto Razonado del Juez Ad Hoc Eduardo Ferrer Mac-Gregor Poisot en relación con la sentencia de la Corte Interamericana de Derechos Humanos en el Caso Cabrera García y Montiel Flores vs. México, de 26 de noviembre de 2010, párr. 25.

[9] Artículo 75. 22: «Aprobar o desechar tratados concluidos con las demás naciones y con las organizaciones internacionales y los concordatos con la Santa Sede. Los tratados y concordatos tienen jerarquía superior a las leyes. La Declaración Americana de los Derechos y Deberes del Hombre; la Declaración Universal de Derechos Humanos; la Convención Americana sobre Derechos Humanos; el Pacto Internacional de Derechos Económicos, Sociales y Culturales; el Pacto Internacional de Derechos Civiles y Políticos y su Protocolo Facultativo; la Convención Sobre la Prevención y la Sanción del Delito de Genocidio; la Convención Internacional sobre la Eliminación de Todas las Formas de Discriminación Racial; la Convención Sobre la Eliminación de Todas las Formas de Discriminación Contra la Mujer; la Convención Contra la Tortura y Otros Tratos o Penas Crueles, Inhumanos o Degradantes; la Convención Sobre los Derechos del Niño; en las condiciones de su vigencia, tienen jerarquía constitucional, no derogan artículo alguno de la primera parte de esta Constitución y deben entenderse complementarios de los derechos y garantías por ella reconocidos. Solo podrán ser denunciados, en

la República Dominicana de 2010[10]); «aceptando su carácter de supraconstitucionalidad cuando resulten más favorables» (artículo 424 de la Constitución de Ecuador de 2008[11], el artículo 256 de la Constitución de Bolivia de 2009[12] y el artículo 23 de la Constitución de la República Bolivariana de Venezuela[13]); «aceptación de los principios *pro homine* o *favor libertatis* como criterios hermenéuticos nacionales» (cuarta de las Disposiciones finales y transitorias de la Constitución del Perú de 1993[14], el

---

su caso, por el Poder Ejecutivo Nacional, previa aprobación de las dos terceras partes de la totalidad de los miembros de cada Cámara».

10 Artículo 74.3): «Los tratados, pactos y convenciones relativos a derechos humanos, suscritos y ratificados por el Estado dominicano, tienen jerarquía constitucional y son de aplicación directa e inmediata por los tribunales y demás órganos del Estado».

11 Artículo 424, segundo párrafo: «La Constitución y los tratados internacionales de derechos humanos ratificados por el Estado que reconozcan derechos más favorables a los contenidos en la Constitución, prevalecerán sobre cualquier otra norma jurídica o acto del poder público».

12 «Artículo 256. I. Los tratados e instrumentos internacionales en materia de derechos humanos que hayan sido firmados, ratificados o a los que se hubiera adherido el Estado, que declaren derechos más favorables a los contenidos en la Constitución, se aplicarán de manera preferente sobre esta.

II. Los derechos reconocidos en la Constitución serán interpretados de acuerdo a los tratados internacionales de derechos humanos cuando estos prevean normas más favorables».

13 «Artículo 23. Los tratados, pactos y convenciones relativos a derechos humanos, suscritos y ratificados por Venezuela, tienen jerarquía constitucional y prevalecen en el orden interno, en la medida en que contengan normas sobre su goce y ejercicio más favorables a las establecidas por esta Constitución y en las leyes de la República, y son de aplicación inmediata y directa por los tribunales y demás órganos del Poder Público».

14 «Cuarta. Interpretación de los derechos fundamentales. Las normas relativas a los derechos y a las libertades que la Constitución reconoce se interpretan de conformidad con la Declaración Universal de Derechos Humanos y con los tratados y acuerdos internacionales sobre las mismas materias ratificados por el Perú».

artículo 417 de la Constitución de Ecuador de 2008[15] y el 74.4 de la Constitución de la República Dominicana de 2010[16]); «incorporación de "cláusulas abiertas" de recepción de otros derechos conforme a la normatividad convencional» (artículo Art. 5º. LXXVIII, § 2º de la Constitución de Brasil de 1988[17], el artículo 13.II de la Constitución de Bolivia de 2009[18], el artículo 94 de la Constitución de Colombia de 1991[19], el artículo 417 de la Constitución de Ecuador de 2008[20], el artículo 17, párrafo segundo de la Constitución de Panamá de 1972[21], ar-

---

15 «Art. 417.- Los tratados internacionales ratificados por el Ecuador se sujetarán a lo establecido en la Constitución. En el caso de los tratados y otros instrumentos internacionales de derechos humanos se aplicarán los principios pro ser humano, de no restricción de derechos, de aplicabilidad directa y de cláusula abierta establecidos en la Constitución».

16 «Artículo 74.4: Los poderes públicos interpretan y aplican las normas relativas a los derechos fundamentales y sus garantías, en el sentido más favorable a la persona titular de los mismos y, en caso de conflicto entre derechos fundamentales, procurarán armonizar los bienes e intereses protegidos por esta Constitución».

17 «§ 2º Os direitos e garantias expressos nesta Constituição não excluem outros decorrentes do regime e dos princípios por ela adotados, ou dos tratados internacionais em que a República Federativa do Brasil seja parte».

18 «Artículo 13.II: Los derechos que proclama esta Constitución no serán entendidos como negación de otros derechos no enunciados».

19 «Artículo 94. La enunciación de los derechos y garantías contenidos en la Constitución y en los convenios internacionales vigentes, no debe entenderse como negación de otros que, siendo inherentes a la persona humana, no figuren expresamente en ellos».

20 «Art. 417. Los tratados internacionales ratificados por el Ecuador se sujetarán a lo establecido en la Constitución. En el caso de los tratados y otros instrumentos internacionales de derechos humanos se aplicarán los principios pro ser humano, de no restricción de derechos, de aplicabilidad directa y de cláusula abierta establecidos en la Constitución».

21 Artículo 17, párrafo segundo: «Los derechos y garantías que consagra esta Constitución, deben considerarse como mínimos y no excluyentes de otros que incidan sobre los derechos fundamentales y la dignidad de la persona».

tículo 3 de la Constitución de Perú de 1993[22], el artículo 74.1 de la Constitución de República Dominicana de 2010[23], y el artículo 72 de la Constitución de la República Oriental del Uruguay de 1967[24], con modificaciones posteriores, la última en 2004); «cláusulas constitucionales para interpretar los derechos y libertades "conforme" a los instrumentos internacionales en materia de derechos humanos» (artículo 13. IV de la Constitución de Bolivia de 2009[25], el artículo 93 de la Constitución de Colombia de 1993[26] y el artículo 16 de la Constitución de Haití de 1987[27]).

---

22 «Artículo 3. Derechos Constitucionales. Númerus Apertus. La enumeración de los derechos establecidos en este capítulo no excluye los demás que la Constitución garantiza, ni otros de naturaleza análoga o que se fundan en la dignidad del hombre, o en los principios de soberanía del pueblo, del Estado democrático de derecho y de la forma republicana de gobierno».

23 «Artículo 74.- Principios de reglamentación e interpretación. La interpretación y reglamentación de los derechos y garantías fundamentales, reconocidos en la presente Constitución, se rigen por los principios siguientes: 1) No tienen carácter limitativo y, por consiguiente, no excluyen otros derechos y garantías de igual naturaleza».

24 «Artículo 72. La enumeración de derechos, deberes y garantías hecha por la Constitución, no excluye los otros que son inherentes a la personalidad humana o se derivan de la forma republicana de gobierno».

25 «Artículo 13.IV.: Los tratados y convenios internacionales ratificados por la Asamblea Legislativa Plurinacional, que reconocen los derechos humanos y que prohíben su limitación en los Estados de Excepción prevalecen en el orden interno. Los derechos y deberes consagrados en esta Constitución se interpretarán de conformidad con los Tratados internacionales de derechos humanos ratificados por Bolivia».

26 «Artículo93. Los tratados y convenios internacionales ratificados por el Congreso, que reconocen los derechos humanos y que prohíben su limitación en los estados de excepción, prevalecen en el orden interno. Los derechos y deberes consagrados en esta Carta, se interpretarán de conformidad con los tratados internacionales sobre derechos humanos ratificados por Colombia».

27 «ARTICLE 19: L'Etat a l'impérieuse obligation de garantir le droit à la vie, à la santé, au respect de la personne humaine, à tous les citoyens sans

2. *Un reforzamiento en el cumplimiento de las obligaciones contraídas por medio de la Convención Americana de Derechos humanos por los Estados, con figuras como el control de convencionalidad en la aplicación de los estándares internacionales fijados por la Corte Interamericana de Derechos Humanos por los órganos judiciales, constitucionales y otros órganos de los Estados.*[28]

La creación judicial de instituciones como el control de convencionalidad, ya sea el que realiza la Corte Interamericana como distintos órganos al interno de los Estados, sin lugar a duda constituyen un mecanismo eficaz dentro de todo el andamiaje normativo e institucional para afianzar el objetivo de consolidar y expandir el ámbito tuitivo de los derechos humanos. Si bien se requiere superar, perfeccionar y brindar mecanismos compatibles con la normativa convencional, y hacerlos viable en los marcos normativos e institucionales nacionales (como el propio mecanismo de control de convencionalidad), no queda dudas de que son discusiones que avanzan sobre un terreno bastante desarrollado en este sentido.

Aunque la jurisprudencia de la Corte IDH ha mostrado en ocasiones un desarrollo poco uniforme y más bien progresivo en delinear sus características (Ferrer Mac-Gregor, 2019, pp. 616 y ss.; Henríquez Viñas, 2018), lo cierto es que se ha llegado a una comprensión lo más aceptada posible sobre las dimensiones de este control: el que realiza la Corte IDH cuando somete a un «examen de convencionalidad los actos y normas de los Estados en un caso particular»[29] —que como acota el propio juez Ferrer Mac-Gregor, es un control que realiza desde sus primeras sen-

---

distinction, conformément à la Déclaration Universelle des Droits de l'Homme».

[28] La realización de este punto es una reiteración de lo ya expresado en el trabajo de mi autoría: «El control de convencionalidad en el sistema interamericano de derechos humanos: buenas intenciones, incongruencias y un necesario perfeccionamiento» (en prensa).

[29] Voto Razonado del Juez Ad Hoc Eduardo Ferrer Mac-Gregor Poisot en relación con la sentencia de la Corte Interamericana de Derechos

tencias—; y el control que deben realizar los jueces y tribunales nacionales de los actos y normativas internas del Estado respecto a lo establecido en la CADH y a la interpretación que de ella realice la Corte IDH como la «última interprete»[30].

3. Conclusiones

La realidad que hoy define el sistema interamericano de protección de los derechos humanos es una tendencia al monismo en las relaciones entre el derecho internacional y el derecho interno de los Estados, no es un hecho consumado. Todavía perviven recelos por parte de muchos Estados por sistematizar una recepción constitucional del derecho internacional de los derechos humanos y homogeneizar el carácter constitucional o supraconstitucional de los tratados de derechos humanos en los que el Estado es parte. Sería con estas formulaciones que se pudiera afirmar una tendencia irreversible a esa especie de monismo que marcan algunos espacios en el entorno interamericano. La vieja aspiración kelseniana, que se debatió por varios autores en un marco teórico con muy pocas implicaciones prácticas, encuentra un reflejo claro en algunas manifestaciones de la realidad, pero esta vez bajo el imperioso impulso de la protección de los derechos humanos, muy distante de aquella pretensión científica de encuadrarla en un marco teórico y metodológico abstracto, logicista y vacío de contenido.

Humanos en el Caso Cabrera García y Montiel Flores vs. México, de 26 de noviembre de 2010, párr. 22.

30 Voto Razonado del Juez Ad Hoc Eduardo Ferrer Mac-Gregor Poisot en relación con la sentencia de la Corte Interamericana de Derechos Humanos en el Caso Cabrera García y Montiel Flores vs. México, de 26 de noviembre de 2010, párr. 22.

4. Referencias

Kelsen, Hans (1926). Les rapports de système entre le droit interne et le droit international public, *Académie de Droit International, Recueil des Cours*, IV, Tome 14, Librairie Hachette, 1927, pp. 231-329.

Anzilotti, Dionisio (1929). *Cours de Droit International*, Premier Volume, traduction française par Gilbert Gidel, Librairie du Recueil Sirey.

Walz, G. A. (1937). Les rapports du droit international et du droit interne, *Académie de Droit International, Recueil des Cours*, Tome 61, pp. 379-458.

Triepel, H. (1923). *Les rapports de système entre le droit interne et le droit international public, Académie de Droit International, Recueil des Cours*, Tome I, Librairie Hachette, pp. 77-121.

Verdross, Alfred (1927). Le fondement du droit international, *Académie de Droit International, Recueil des Cours*, Tome 16, Librairie Hachette, pp. 251-321.

Scelle, George (2008). *Précis de droit des gens: principes et systématique*, Dalloz, 2008.

Mirkine-Guetzevitch, B. (1931). Droit international et droit constitutionnel, *Académie de Droit International, Recueil des Cours*, Tome 38, pp. 311-465.

S.S. Wimbledon, Judgment of 17 August 1923, p. 29.

Free Zones of Upper Savoy and the District of Gex, Judgment of 7 June 1932 (including the text of the declaration by M. Yovanovitch).

Treatment of Polish Nationals and Other Persons of Polish Origin or Speech in the Danzig Territory, Advisory Opinion of 4 February 1932.

Crawford, J. (2019). *Brownlie's Principles of Public International Law*, Ninth Edition, Oxford University Press.

Responsabilidad de los Estados, *Anuario de la Comisión de Derecho Internacional, 2001, Volumen II, Segunda parte, Informe de la Comisión a la Asamblea General sobre la labor realizada en su quincugésimo tercer período de sesiones*, Naciones Unidas, Nueva York y Ginebra, 2007.

Anzilotti, Dionisio (1905). *Il Diritto Internazionale nei giudizi interni*, Bologna, Ditta Nicola Zanichelli.

Jennings, R., Watts, A. (1996). *Oppenheim's International Law*, Ninth Edition, Vol. I, Peace, Longman, London and New York.

Vattel, (1863). *Le droit des gens, ou Principes de la loi naturelle appliqués* à le conduite *et aux affaires des nations et des souverains*, Nouvelle Édition, Tome I, Paris, Librairie De Guillaimin et CIE.

Lauterpacht, H. (1950). *International Law and Human Rights*, New York, Frederick A. Praeger, INC.

Morales Antoniazzi, M. (2017). Interamericanización como mecanismo del Ius Constitucionale Commune en derechos humanos en América Latina, Ius Constitucionale Commune en América Latina. Textos básicos para su compresión, Armin von Bogdandy, Mariela Morales Antoniazzi, Eduardo Ferrer MacGregor (Coordinadores), Instituto de Estudios Constitucionales del Estado de Querétaro, Max Planck institute for Comparative Public and International Law, México, 2017, pp. 417-456.

Voto Razonado del Juez Ad Hoc Eduardo Ferrer Mac-Gregor Poisot en relación con la sentencia de la Corte Interamericana de Derechos Humanos en el Caso Cabrera García y Montiel Flores vs. México, de 26 de noviembre de 2010.

Ferrer Mac-Gregor, E. (2019). Control de convencionalidad y buenas prácticas: sobre el diálogo judicial entre la Corte Interamericana de Derechos Humanos y los tribunales nacionales, en Bogdandy, A.; Ferrer Mac-Gregor, E.; Morales Antoniazzi, M.; Saavedra Alessandri, P., (coords.), *Cumplimiento e Impacto de las Sentencias de la Corte Interamericana y el Tribunal Europeo de Derechos Humanos, Transformando realidades*, México, Instituto Max Planck de Derecho Público Comparado y Derecho Internacional Público, Instituto de Estudios Constitucionales del Estado de Querétaro, Instituto de Investigaciones Jurídicas, Universidad Nacional Autónoma de México, pp. 613-642.

Henríquez Viñas, M. (2018). Cimientos, auge y progresivo desuso del control de convencionalidad interno: veinte interrogantes, *Revista Chilena de Derecho*, Vol. 45, núm. 2, pp. 337-361.

Voto Razonado del Juez Ad Hoc Eduardo Ferrer Mac-Gregor Poisot en relación con la sentencia de la Corte Interamericana de Derechos Humanos en el Caso Cabrera García y Montiel Flores vs. México, de 26 de noviembre de 2010.

La importancia de las organizaciones internacionales en la promoción de los Derechos Humanos

Adriane Medianeira Toaldo
Profesor Adjunto de la Carrera de Derecho
Universidad Luterana de Brasil
adrianetoaldo@gmail.com

Resumen

La promoción y protección de los derechos humanos están en la agenda de la humanidad como condición necesaria para la emancipación plena de las personas en los Estados que se autodenominan democráticos. La necesidad de reconocer la dignidad como un valor mayor, ha impulsado la creación de mecanismos internacionales en este campo. Este trabajo, centrado en el enfoque hipotético-deductivo, tiene como objetivo analizar el trabajo de las organizaciones de defensa de los derechos humanos en todos los continentes. Se concluyó que el trabajo de las Comisiones de Derechos Humanos de América, Asia, África y Europa, así como de la Comisión de Derechos Humanos de las Naciones Unidas, ha realizado un excelente trabajo al denunciar y presionar a los Estados miembros para crear legislación, cambio de escenario y promoción de la igualdad entre los pueblos del mundo entero

Palabras clave: derechos humanos, entidades internacionales, promoción, protección.

Abstract

The promotion and protection of human rights are on the agenda of humanity as a necessary condition for the full emancipation of people in states that proclaim themselves as democratic. The need to recognize dignity as a greater value has driven the creation of international mechanisms in this area. This work, with a pivot in the hypothetical-deductive approach, aims to analyze the work of human rights protection organizations on all continents. It was concluded that the work of the Human Rights Commissions of America, Asia, Africa and Europe, as well as the United Nations Commission on Human Rights, has carried out an excellent work of denunciation and pressure on member states in creating specific laws, changing the landscape and promoting equality among peoples around the world

Keywords: human rights, international entities, promotion, protection.

Índice

1. Introducción

Los derechos humanos pasaron a formar parte de la agenda de garantías a mediados del siglo XX, constituyendo un conjunto de supuestos y organizaciones que promueven su protección en todo el mundo, conformando el Sistema Internacional de Derechos Humanos, conformado por las naciones unidas y comisiones regionales de protección (interamericanas, europeos, africanos y asiáticos), cubriendo todos los continentes.

En todo el mundo, la existencia de situaciones inhumanas constituye una flagrante falta de respeto a la dignidad de las personas, exigiendo que los países y entidades de derecho internacional promuevan constantes denuncias con el fin de erradicar los diferentes tipos de violencia de la vida cotidiana de los ciudadanos en todo el mundo.

En una sociedad conectada y globalizada, la existencia de mecanismos de protección internacional sirve como canal de denuncia y presión sobre los países miembros. Este trabajo tiene como objetivo analizar la importancia de los organismos internacionales en la promoción de los derechos humanos, observando cómo están interfiriendo para cambiar el rumbo de la humanidad en este campo.

El trabajo es el resultado de una investigación cualitativa que se construyó a partir del método hipotético-deductivo bajo la égida del procedimiento bibliográfico y documental. Inicialmente, presenta un panorama de los derechos humanos y las garantías fundamentales, y luego analiza el trabajo de estas entidades en la promoción de los derechos humanos en todos los continentes. Se considera necesario comprender el alcance del concepto de derechos humanos en sus diversas características y divisiones.

2. Derechos Humanos y garantías fundamentales en estados democráticos

El ciudadano, en su versión contemporánea y en los Estados que adoptan el constitucionalismo, ha constituido el origen y fundamento de la organización estatal, a la que están destinadas todas las acciones y políticas públicas, consagrándose la dignidad humana como un bien supremo a alcanzar. Los derechos humanos y fundamentales constituyen el conjunto de garantías que deben ofrecerse en forma de protección o prestación de servicios para la existencia y continuidad de un proceso democrático (Robert, & Magalhães, 2002).

Todo ciudadano tiene el objetivo de defender sus intereses y derechos sociales, y debe respetarse su calidad de vida, independientemente de si participa o no en la vida pública, y no puede haber acto discriminatorio que atente contra su condición de igualdad en el Estado democrático de la ley, porque el hombre, independientemente de su capacidad como productor, consumidor o ciudadano, debe conservar sus derechos (Gurvitch, 1946).

La Declaración Universal de Derechos Humanos de 1948, creada para enfrentar el genocidio practicado en la Segunda Guerra Mundial, marca el inicio de una era en la promoción de una vida digna para todos los seres humanos del planeta, con miras a su dignidad, asegurando que todos tengan la derecho a un nivel de vida suficiente para asegurar la salud y el bienestar para él y su familia, especialmente en lo que respecta a la alimentación, el vestido, el alojamiento, la atención médica y los servicios sociales cuando la situación lo requiera, como en los casos de desempleo, enfermedad, invalidez, viudez, vejez y otros casos de pérdida de medios de subsistencia por circunstancias independientes de su voluntad (ONU, 1948).

Esta declaración afirma la idea de que todos los seres humanos son iguales en dignidad y derechos y que nadie puede ser sometido a un trato discriminatorio o arbitrario (Sarlet, 2921). Posteriormente, el contenido de este documento fue avalado por el Pacto de Derechos Económicos y Sociales de 1966, que dispone, en su art. 6, que el derecho a la vida es una condición inherente a la persona humana, y debe ser protegido por la ley, ya que nadie puede ser privado arbitrariamente de su vida. En su arte. 12, recomienda además que los estados miembros de las Naciones Unidas reconozcan el derecho de toda persona a disfrutar del más alto nivel de salud física y mental (ONU, 1966).

Estos primeros documentos fueron avalados por un conjunto de encuentros internacionales que abordaron el tema de los derechos humanos directamente o insertados en la defensa de segmentos específicos de la población humana, como refugiados, mujeres, niños y otras categorías, cuyas declaraciones afirmaron la necesidad de protección internacional de personas en unidades territoriales, cuando las naciones se convierten en signatarias de tales decisiones, generalmente pronunciadas en cartas o tratados. A nivel nacional, dichas recomendaciones se adoptaron en forma de decretos, leyes o estatutos que avalan la defensa de tales postulados.

Muchos autores confunden los términos derechos humanos y derechos fundamentales, y es necesario establecer la diferencia. Los derechos humanos estarían vinculados a documentos de derecho internacional, es decir, se refieren a positividades que reconocen al ser humano como dotado de dignidad, visto aquí como una vigencia universal, para todos los pueblos y épocas, dotado de un carácter supranacional (Sarlet, 2018). A su vez, los derechos fundamentales serían derechos inherentes a la propia noción de persona, es decir, derechos básicos del individuo, que constituyen la base jurídica de un Estado soberano en sí mismo, que dependen de las circunstancias económicas y sociales de cada tiempo y lugar (Miranda, 2008).

La diferencia estaría en el hecho de que los derechos humanos, tal como se postulan, se sitúan en un nivel filosófico mientras que los derechos fundamentales probablemente se incluyan en cualquier legislación. A los efectos de este trabajo, se eligió la nomenclatura de derechos humanos y garantías fundamentales como un conjunto de necesidades inherentes al ciudadano que debe atender cualquier Estado que se postule como Democrático y de Derecho.

Muchos países, como Brasil (1988), tienden a dividir los derechos y garantías fundamentales por temas específicos, asignando categorías que permiten compartimentar su propia legislación y así ofrecer protección en diferentes momentos. Una primera división sería la de los derechos individuales y colectivos, entre los que estaría el derecho a la vida, la libertad, la igualdad, la seguridad y la propiedad, estableciendo una relación entre el individuo y el Estado, que se propone establecer la inviolabilidad de los derechos humanos. Estos son derechos que el individuo debe salvaguardar para tener una vida digna dentro de una democracia, defendiendo que nadie puede hacer o dejar de hacer nada excepto bajo la ley o que nadie será sometido a tratos inhumanos o degradantes.

Los derechos sociales son otra categoría de derechos humanos que están presentes en la legislación de los países democráticos, y generalmente están constitucionalizados para minimizar las diferencias sociales. También se denominan derechos a plazos, ya que requieren, para ser efectivos, un conjunto de medidas positivas por parte del Gobierno, exigiendo la asignación de recursos estructurales, financieros, tecnológicos y humanos para su efectividad (Sarlet, & Figueiredo, 2013). Los más conocidos son el derecho a la educación, la salud, la alimentación, el transporte, la protección de la maternidad, la infancia y la vejez, la seguridad y el trabajo, así como la asistencia a los más desamparados.

También existen, en el ámbito de los derechos humanos y fundamentales, los llamados derechos de nacionalidad que ostentan los ciudadanos por ser parte de un Estado o nación, es decir, son derechos y deberes que cada constitución establece para quienes son nacionalizados desde el comienzo. Nacimiento o adopción o adopción (naturalizado). Este derecho a la nacionalidad ya estaba presente en la Declaración de Derechos Humanos de 1948. A través de la ley de nacionalidad, el sujeto establece una conexión jurídica y política, colocándola dentro de su dimensión personal, otorgándole al mismo tiempo derechos de protección, lo que impone deberes derivados de esta orden estatal. El derecho a la nacionalidad está vinculado al orden jurídico que el ciudadano establece con el Estado de origen, pero que no siempre revela su identidad de etnia, idioma, religión y otros atributos personales. Las constantes migraciones humanas y las invasiones y anexiones entre las naciones generan comunidades diferenciadas, pero que están bajo la protección de un determinado Estado (Baptista, 2007).

Finalmente, los derechos humanos son derechos fundamentales y políticos, como la libertad de expresarse, de organizarse en partidos, sindicatos y asociaciones, respetando las reglas de estas organizaciones y los propósitos del estado democrático. Estos derechos pueden entenderse como aquellos que habilitan a los ciudadanos a participar políticamente en la voluntad del Estado, con su capacidad de voto (derecho político activo) y de ser votados (derecho político pasivo) (Carvalho, 2016).

La afirmación del conjunto de derechos humanos y garantías fundamentales puede expresarse en la legislación, pero depende, para su efectividad, de la organización de los movimientos sociales y las políticas públicas de cada Estado o nación. También es importante destacar que estos derechos deben respetar las diferentes manifestaciones sociales, destacando la pluralidad contemporánea en la formación de los pueblos. Cada vez más se afirman los derechos de las minorías, que durante tanto tiempo han sido apartadas de la condición de ciudadanía, creando nuevas relaciones de poder.

Sin embargo, como estos derechos no siempre son respetados en varios países, incluso en aquellos que son signatarios de tratados, las organizaciones que promueven los derechos humanos a nivel internacional son de suma importancia.

3. La importancia de las organizaciones internacionales en la protección y promoción de los Derechos Humanos

Además de los tratados y convenciones internacionales, el derecho internacional está incorporado en la creación de organizaciones internacionales para la protección y promoción de los derechos humanos. La Oficina del Alto Comisionado de las Naciones Unidas para los Derechos Humanos es el órgano más conocido de los órganos y tiene como objetivo trabajar por la protección de los derechos humanos de todas las personas, para que puedan comprender cuáles son sus derechos y apoyar a quienes luchan por su afirmación. El Consejo de Derechos Humanos es un organismo gubernamental integrado por miembros de cuarenta y siete estados que tienen la tarea de proteger los derechos humanos a nivel internacional, evaluando permanentemente a los Estados Miembros de las Naciones Unidas. La Oficina del Alto Comisionado de las Naciones Unidas para los Refugiados tiene la misión de coordinar acciones para proteger a los refugiados en todo el mundo, con el fin de garantizar el asilo y refugio (Piovesan, 2018).

La Comisión de Derechos Humanos de la Unión Europea promueve acciones para proteger los derechos humanos en el continente. Esta Comisión trabaja para promover los derechos humanos dentro de la Unión Europea y en las relaciones que establecen con terceros países u organizaciones internacionales. Todos los tratados y acuerdos firmados con la Unión Europea deben respetar estas premisas. La organización trabaja incansablemente para promover los derechos humanos, la democracia y el estado de derecho, denuncia las violaciones y abusos de los derechos humanos en sus países y en todo el mundo y utiliza todas las instancias e instrumentos posibles para hacer que los países miembros y otros cumplan con sus premisas. Así, si un país en particular no cumple con sus requisitos, los tratados de cooperación comercial o económica, por ejemplo, no se llevarán a cabo.

La Comisión Africana de Derechos Humanos y de los Pueblos promueve los derechos y la interpretación de la Carta Africana que ha establecido premisas en la misma dirección. La Carta Africana es parte del documento básico para el desempeño de esta Comisión, que promueve un conjunto de derechos políticos y económicos, sociales y culturales con la disposición expresa de que estos derechos están indisolublemente ligados a la satisfacción de las necesidades humanas. La Comisión promueve los derechos humanos y de los pueblos, vela por su protección, establece mecanismos de investigación de denuncias, elabora informes específicos, adopta resoluciones e interpreta las disposiciones de la Carta Africana.

La Comisión Asiática de Derechos Humanos busca proteger y promover los derechos humanos a través de acciones de monitoreo, investigación, defensa y solidaridad en el continente. La Comisión Interamericana de Derechos Humanos promueve la observancia y defensa de los derechos humanos en el continente. Esta Comisión trabaja sobre la base de las Declaraciones de Bangkok y Viena, buscando promover y proteger los derechos humanos en el continente. El principal problema para este organismo es la diversidad de culturas y formas de estado que existen en Asia. Los principales problemas relacionados con el tema de los derechos humanos son los derechos de las mujeres y los niños, la autodeterminación de los pueblos y la contradicción existente entre los derechos humanos defendidos en Occidente con la cultura asiática ancestral.

Desde su creación, el sistema interamericano de derechos humanos ha creado una serie de instrumentos de promoción que se han convertido en su base normativa, a partir de importantes hechos como la Convención Americana sobre Derechos Humanos o el Pacto de San José y la Declaración Americana de Derechos y Deberes. del Hombre. Esta entidad también organizó convenciones y generó protocolos en temas como la tortura, la pena de muerte, la violencia contra la mujer, las desapariciones forzadas, la discriminación de las personas con discapacidad, los derechos económicos, sociales y culturales. Sus regulaciones crearon obligaciones internacionales para los estados miembros y establecieron organismos para monitorear su cumplimiento.

Estas son algunas organizaciones a nivel internacional que promueven la protección y promoción de los derechos humanos, siendo conscientes de lo que sucede en los países. A partir de la Declaración de Derechos Humanos de 1948, se entendió que la igualdad de trato en este sentido era una de las condiciones para la prosperidad de la humanidad, estableciendo un carácter universal de protección.

El tema de los refugiados es un ejemplo típico de protección internacional de los derechos humanos, ya que estas personas se ven obligadas a migrar de un país a otro o de una región a otra debido a guerras civiles o persecución política, religiosa o cultural. Desde la creación de la Agencia de la ONU para los Refugiados, existe un trabajo para protegerlos para que no sean obligados a regresar a su país de origen, proporcionando instrumentos de asignación en conjunto con las autoridades locales. Anualmente, hay casi 70 millones de refugiados que buscan ayuda en más de 130 países en todo el mundo, buscando redes de seguridad que garanticen su integridad (Jubilut, 2007).

Otro grave problema de recursos humanos se refiere a las personas en situación de encarcelamiento, en la mayoría de los casos en situaciones inhumanas y de hacinamiento. Las organizaciones de derechos humanos están constantemente presentando denuncias y elaborando informes que muestran cómo la población carcelaria ha crecido en todo el mundo, como resultado de políticas públicas opresivas. Las diferentes Comisiones de Derechos Humanos de los continentes han buscado intervenir para minimizar el sufrimiento de los internos y mejorar sus condiciones de salud (Lima *et al.*, 2019).

La discriminación por origen étnico, condición social, preferencia sexual y preferencia religiosa es también un grave problema de derechos humanos en el mundo, lo que demuestra que la humanidad aún no ha reconocido la importancia de la diversidad y la pluralidad en el planeta. Problemas como la segregación racial, la persecución política y religiosa, la homofobia, los prejuicios de género y otros siguen siendo muy comunes en todo el mundo. Al discriminar, el ser humano considera que su forma de vida, sus características físicas, materiales o culturales constituyen un modelo a seguir, creando la idea de que el otro que es diferente está equivocado, no es civilizado, es inferior (Mazzuoli, 2019).

La discriminación afecta a un conjunto de derechos humanos básicos, ya que viola el derecho a la igualdad, crea un ambiente de persecución y lleva a las personas a cometer actos de violencia. También es responsable de la desigual oferta de oportunidades y la diferencia de salarios en muchos países, afectando principalmente a negros y mujeres.

4. Conclusiones

La realización de los derechos humanos es un proceso en evolución en todo el mundo y muchos logros provienen del Sistema Internacional de Derechos Humanos, ya que las entidades son representativas y efectivas para presionar a los estados nacionales para que adopten sus políticas.

Estas organizaciones trabajan para valorar la vida y reconocer el principio de la dignidad humana en todo el planeta, a partir de denuncias locales de organizaciones civiles que cuentan con su ayuda para erradicar los dilemas. Ejemplos son las denuncias de violencia contra las mujeres en Brasil realizadas por la Comisión Interamericana de Derechos Humanos que resultaron en la Ley Maria da Penha para la Protección de la Violencia Doméstica (Ley 11.340, del 7 de agosto de 2006).

La intervención de estas entidades protectoras de derechos humanos en el ámbito internacional hace que el ser humano sea único en el planeta, con la necesidad de promover la igualdad, respetando la diversidad y pluralidad específica de los grupos sociales. En una sociedad conectada y globalizada, los derechos humanos son una prioridad para crear un mundo más justo y socialmente pacífico.

5. Referencias

Baptista, O. C. G. (2007). *Derecho de nacionalidad ante restricciones colectivas y arbitrarias.* Curitiba: Juruá.

Brasil. (1988). *Constitución de la República Federativa de Brasil,* 1988. Brasilia: Senado Federal.

Carvalho, V. G. (2016). *Derechos políticos en Brasil: votantes en el siglo* xxi. Curitiba: Juruá.

Gurvitch, G. (1946). *La déclaration des doits sociaux.* Paris: Librairie Philosophique J. Vrin.

Jubilut, L. L. (2007). *El derecho internacional de los refugiados y su aplicación en el presupuesto legal brasileño.* São Paulo: Método.

Lima, D. M., Silva, O., y Serafim, M. (2019). *El encarcelamiento masivo en Brasil*: la evolución de los delitos y las penas. Kindle: libro electrónico.

Mazzuoli, V. O. (2019). *Los derechos humanos en la jurisprudencia internacional.* São Paulo: Método.

Miranda, J. (2008). *Manual de derecho constitucional:* derechos fundamentales. Volumen IV. 4to. ed. Coimbra: Coimbra Editora.

Organización de las Naciones Unidas. (1948). *Declaración Universal de los Derechos Humanos.* Consultado el 4 de enero de 2021 en http://www.ohchr.org/EN/UDHR/Documents/UDHR_Translations/eng.pdf.

Organización de las Naciones Unidas. (1966). *Pacto de Derechos Económicos y Sociales de 1966.* Consultado el 4 de enero de 2021 en https://www.oas.org/dil/port/1966%20Pacto%20Internacional%20ser%20os%20Deritos%20Econ% C3% B3micos% 20Sociais% 20e% 20Cultural.

Piovesan, F. (2018). *Derechos humanos y derecho constitucional internacional.* 18a. ed. São Paulo: Saraiva.

Robert, C. y Magalhães, J. L. Q. (2012). *Teoría de la democracia estatal y el poder local.* Río de Janeiro: Lumen Juris.

Sarlet, I. W. (2018). *La efectividad de los derechos fundamentales*: una teoría general de los derechos fundamentales desde una perspectiva constitucional. Porto Alegre: Librería de abogados.

Sarlet, I. W. (2021). *La dignidad humana y los derechos fundamentales en la Constitución Federal de 1988.* Porto Alegre: Librería de abogados.

Sarlet, I. W., y Figueiredo, M. F. (2013). Reserva de lo posible, mínimo existencial y derecho a la salud: algunas consideraciones. En: Sarlet, I. W., Timm, L. B. y Barcellos, A. P. (Orgs.). *Derechos fundamentales:* presupuesto y reserva de lo posible. 2a. ed. Porto Alegre: Librería de abogados.

La vinculación de la constitución chilena con los tratados internacionales de derechos humanos
The link of the chilean constitution with international human rights treaties

Fernanda Torres Villarrubia
Investigadora predoctoral en Derecho
Universidad de Barcelona
fernandatorresvill@gmail.com

Resumen

La reforma constitucional del capítulo XV de la Constitución el año 2019, estableció en su artículo 135 una limitación a los constituyentes, a la hora de redactar la nueva carta fundamental. Esta limitante relativa a los Tratados Internacionales ratificados por Chile y que se encuentren vigentes, pone de nuevo sobre la mesa la discusión de la jerarquía de los tratados, siendo necesaria la revisión del sistema de fuentes del ordenamiento jurídico chileno, de manera de establecer eventuales soluciones respecto al rango de los Tratados Internacionales en Chile y respecto de aquellos que establecen Derechos Fundamentales.

Palabras claves: *Constitución Política, Tratados Internacionales, Jerarquía, Derechos Humanos, Fuentes del Derecho.*

Abstract

The 2019 Constitutional Reform of Chapter XV provided in Article XX limitations to the Constitutional drafting process. Such constraint concerns the role of international agreements ratified by Chile and currently in force, while bringing back once again the old debate on the hierarchy of treaties. A review of the current Chilean system of legal sources is necessary in order to find possible solutions regarding the rank of international and human rights treaties.

Key words: *political constitution, international treaties, hierarchy, human rights, sources of law.*

Resum

La reforma constitucional del capítol XV de la Constitució l'any 2019, va establir en el seu article XX una limitació als constituents a l'hora de redactar la nova carta fonamental. Aquesta limitant relativa als tractats internacionals ratificats per Xile i que estiguin vigents, posa de nou sobre la taula la discussió de la jerarquia dels tractats, sent necessari la revisió del sistema de fonts de l'ordenament jurídic xilè, sobre la manera d'establir eventuals solucions respecte a l'abast dels tractats internacionals a Xile i respecte d'aquells que estableixen drets fonamentals.

Paraules Claus: Constitució Política, Tractats Internacionals, Jerarquia, Drets Humans, Fonts del Dret.

Índice

*

*

1. Introducción

La Constitución Chilena establece en su artículo 5° inciso 2° *que el ejercicio de la soberanía reconoce como limitación el respeto a los derechos esenciales que emanan de la naturaleza humana. Es deber de los órganos del Estado respetar y promover tales derechos, garantizados por esta Constitución, así como por los Tratados internacionales ratificados y que se encuentren vigentes en Chile.*

Sin embargo, esta habilitación constitucional pareciera ser meramente declarativa ya que la Constitución chilena no establece un orden de jerarquía de los tratados internacionales, así como tampoco de su aplicación supraconstitucional, constitucional, infraconstitucional o legal.

La reforma constitucional del capítulo XV de la Constitución en el año 2019, producto del estallido social y demandas de la ciudadanía por el reconocimiento de derechos sociales y una nueva Constitución, estableció una limitación al nuevo poder constituyente en su artículo 135 al señalar que «el texto de Nueva Constitución que se somete a plebiscito deberá respetar el carácter de República del Estado de Chile, su régimen democrático, las sentencias judiciales firmes y ejecutorias y los Tratados Internacionales ratificados por Chile y que se encuentran vigentes».

Este límite, establecido ahora expresamente a los constituyentes, pone de nuevo sobre la mesa la discusión de la jerarquía de los tratados, especialmente de aquellos tratados que versan sobre derechos fundamentales, siendo nuevamente necesario la revisión del sistema de fuentes del ordenamiento jurídico chileno tanto en su rango como aplicación.

Posibles soluciones como las normas de conciliación o el establecimiento de ciertos tratados específicos, como los de derechos humanos, en rango constitucional, podrían ser propuestos por los y las constituyentes en el momento de redactar la nueva Carta Fundamental.

De una u otra forma, esto debería llevarnos a la aplicación directa de las normas contenidas en los tratados internacionales, específicamente en los fallos y sentencias de los tribunales de justicia, estableciéndose además como norma interpretativa sobre aquellos preceptos difusos cuya aplicación a un caso concreto pudieren significar la vulneración de un derecho fundamental reconocido en la Constitución y/o en los tratados internacionales que versen sobre la materia.

El presente trabajo tiene por objeto señalar la problemática chilena respecto a la jerarquía de los tratados internacionales en nuestra Constitución a la luz de la nueva limitación para los constituyentes al momento de redactar nuestra nueva carta fundamental. De este modo el análisis se realizará desde la perspectiva de las fuentes del derecho del ordenamiento jurídico chileno.

2. Contexto histórico de la Constitución Política de Chile

La Constitución Chilena actual tiene su génesis en un periodo complejo y difícil de la historia de nuestro país. La Junta Militar luego del golpe de Estado ocurrido en 1973, tomó el mando de la Nación de manera dictatorial, suprimiendo, entre otros órganos, el Congreso Nacional y atribuyéndose el poder constituyente mediante los Decretos Leyes N° 1,128 y 788.[1]

[1] Los Decretos Ley en Chile corresponden a aquellas normas dictadas por el presidente de la República sobre materias propias de Ley sin autori-

Desde esa fecha hasta 1980, se conformó la llamada «Comisión Ortuzar»[2] encargada de redactar la nueva Constitución. La obra de la Comisión consistió en la elaboración de un Anteproyecto de Constitución, por lo que esta Comisión no tenía el carácter de constituyente, a pesar de la denominación equívoca que recibe hasta 1976 (Viera, 2011). Como ya hemos señalado, resulta paradojal su mecanismo de elaboración y aprobación formal, ya que no existió una Asamblea Constituyente ni nada similar. Por otro lado, la construcción de su corpus dogmático, no se caracterizó por la pluralidad política de los integrantes de la Comisión, ni tampoco por postular cosmovisiones diferentes (Bassa, & Viera, 2008).

La Constitución Política de 1980 entró en vigor el 21 de octubre de 1980. En su versión original no contemplaba normas específicas de incorporación de los Tratados internacionales ni menos aquellos relativos a derechos fundamentales.[3]

Esta carta fundamental fue objeto de dos reformas en los años 1989 y 2005. Respecto del año 1989, lo más relevante a efectos

---

zación alguna del Congreso Nacional. Este fue el mecanismo legislativo usado en el periodo dictatorial en Chile. A la fecha aún se encuentran algunas normas vigentes como el DL. N° 1094 de 1975 que establece normas sobre extranjería, el cual dejará de regir una vez que entre en completo vigor la nueva ley de extranjería dictada en el año 2021. Véase https://www.bcn.cl/historiapolitica/constituciones/detalle_constitucion?handle=10221.1/60446

[2] La Junta de Gobierno asume desde el principio la tarea de elaborar una nueva Carta. Así, por medio del DS 1064 se «designa Comisión para que estudie, elabore y proponga un Anteproyecto de una nueva Constitución Política del Estado». La fundamentación del DS señala que la Comisión se establece «considerando la necesidad de reconstruir, renovar y perfeccionar la institucionalidad fundamental de la República». Viera, Álvarez, C: (2011) «Análisis crítico de la génesis de la Constitución vigente». En *Revista de Derechos Fundamentales*, Universidad de Viña del Mar, N° 5, Chile, p. 153.

[3] En la sesión N° 367, el comisionado Bertelsen declaró ser partidario de incluir el menor número posible de disposiciones relativas a asuntos internacionales, por cuanto no era posible prever «si en un momento dado ellas pueden volverse en contra del interés nacional». Sesión 367, 9 de mayo de 1978, vol. 10, p. 2512-83.

de nuestro estudio, es la reforma al artículo 5° de la Constitución ya que a la obligación del Estado de respetar los derechos esenciales que emanan de la naturaleza humana garantizados por la Constitución, se adiciona a su inciso segundo una habilitación constitucional de reconocimientos de los tratados internacionales ratificados y vigentes en Chile. En atención al año 2005 esta reforma introdujo novedades respecto a la celebración de los tratados internacionales y a su control de constitucionalidad.

El 18 de octubre de 2019, nuestro país vivió una de las grandes movilizaciones sociales. La ciudadanía comenzó a reclamar y manifestarse públicamente en contra de la Constitución de 1980 y a exigir un reconocimiento efectivo de derechos sociales tales como la educación, la salud entre otros, así como la eliminación del sistema de pensiones (AFP) exigiendo mayor igualdad entre quienes habitan el país.

Este movimiento social, logró que los partidos políticos de diferentes coaliciones y el gobierno del Presidente Sebastián Piñera, lograran un «Acuerdo por la Paz y Nueva Constitución» el 15 de noviembre del mismo año, el que se materializó en la Ley N° 21.200 del 24 de diciembre de 2019, que modificó el capítulo XV de la Constitución Política relativo a Reformas Constitucionales, para la realización de un plebiscito nacional para consultar si se aprobaba o rechazaba la idea elaborar una nueva carta fundamental y el mecanismo por el cual se realizaría (Convención Mixta Constitucional o Convención Constitucional). El plebiscito se llevó a cabo el 25 de octubre de 2020, triunfando la opción «apruebo» con un 78,27 % y como mecanismo, la Convención Constitucional un 78,99 %.

3. Supremacía constitucional y el sistema de fuentes del derecho

Chile desde la redacción de sus primeras cartas políticas, siguió el modelo kelseniano de estructura de las fuentes del derecho, reconociendo la Constitución como norma suprema que ordena el resto de las disposiciones jurídicas, estableciendo su prevalencia y validez y mecanismos de producción de las normas (Kelsen, 2009).

La Constitución chilena proclama explícitamente su supremacía normativa en el artículo 6º, que señala: «Los órganos del Estado deben someter su acción a la Constitución y a las normas dictadas conforme a ella (...)».

En esta estructura planteada los conflictos normativos han sido resueltos mediante el criterio jerárquico, en el cual la norma de rango superior prevalece sobre la de rango inferior *lex superior derogat legi inferior* (Henríquez, 2016).

En relación a la ubicación del derecho internacional en esta jerarquía, si se admite que no hay un orden estatal único sino muchos órdenes estatales coordinados, cuyos ámbitos respectivos de validez están jurídicamente delimitados, y si se considera (. . .) que el derecho internacional positivo tiene por función, precisamente, coordinar y delimitar los diversos órdenes estatales, se puede definir al derecho internacional como un orden jurídico superior a los órdenes de los Estados y que constituye con ellos una comunidad jurídica universal (. . .) (Kelsen, 2009).

Aclarando lo antes señalado, se reconoce que «el tema de la jerarquía con la que se incorporan los Tratados Internacionales de Derechos Humanos tampoco es resuelto por lo dispuesto en el derecho internacional, sino que, una vez más, son las propias constituciones nacionales las que indefectiblemente definen de qué modo ingresan aquellos en el ordenamiento jurídico interno» (Henderson, 2004).

4. Los tratados internacionales y su incorporación en el ordenamiento jurídico chileno

En relación con la incorporación de los Tratados internacionales al Derecho Interno, podemos señalar que los Tratados que son fuente del Derecho Internacional serán también fuente del Derecho Interno, si el Estado en cuestión cumple con el procedimiento de incorporación previsto por la Constitución (Henríquez, 2016). Sin embargo, nuestra Constitución no contempla tales mecanismos.

Lo que sí establece nuestra carta es el procedimiento de aprobación y ratificación de un Tratado internacional en su artículo 54 N° 1, como atribución del Congreso Nacional y una potestad importante del presidente de la República como es *la facultad exclusiva para denunciar un Tratado o retirarse de él* (inciso 6°).

Es importante destacar para este análisis, el fallo del Tribunal Constitucional sobre el Estatuto de Roma de la Corte Penal Internacional, ya que, para que Chile fuese parte, era necesario reformar su Constitución. Chile suscribió el pacto en el año 1998. El problema radicaba en que, para someter a control de constitucionalidad el Estatuto de Roma, era necesario resolver previamente cuál era su relación con la Constitución Política. Tal control presupone que los Tratados internacionales tengan un rango jerárquico inferior al de la Constitución Política.

El Tribunal Constitucional conociendo del requerimiento presentado, estimó que este presupuesto no era evidente y que su afirmación exigía justificación. Ello lo llevó a pronunciarse acerca de la controversia en torno a la correcta interpretación del inciso segundo del Artículo 5º de la Constitución (Bascuñán, & Correa, 2002). El Tribunal Constitucional rechazó esta interpretación, sosteniendo que todo tratado internacional se encuentra jerárquicamente subordinado a la Constitución.

La decisión del Tribunal tiene como consecuencia elevar el quórum necesario para aprobar el Estatuto de Roma, lo que significó que recién el año 2009 fuese ratificado por Chile.[4]

---

[4] Que el Tribunal Constitucional, por sentencia Rol 1.415-09-CPR, de fecha 24 de junio de 2009, declaró que el Estatuto de la Corte Penal Internacional, sometido a su control, es constitucional. Que el Estatuto de Roma de la Corte Penal Internacional, adoptado en dicha ciudad el 17 de julio de 1998, no contiene normas orgánico-constitucionales contrarias a la Constitución.

5. Las reformas constitucionales relativas a tratados internacionales

5.1. Reforma del año 1989

La reforma del año 1989 introdujo en nuestra Constitución una disposición relevante en materia de derechos fundamentales, en la segunda parte del inciso 2° del artículo 5°. Esta modificación establecía que los derechos esenciales que emanan de la naturaleza humana se encuentran reconocidos en la Constitución «así como por los Tratados internacionales ratificados por Chile y que se encuentren vigentes» son un límite al ejercicio de la soberanía (Henríquez, 2016).

Para entender la génesis de esta reforma podemos recordar que «el rechazo de la mayoría de los ciudadanos a la nominación de Pinochet como presidente de la República, en el plebiscito del 5 de octubre de 1989, abrió la posibilidad (. . .) de introducir reformas a la Constitución (. . .) se convino en agregar en el artículo 5º, un inciso segundo que obliga a los órganos de Estado respetar y promover tales derechos esenciales que emanan de la naturaleza humana garantizados por la Constitución, así como por los Tratados internacionales y que se encuentren vigentes. Chile había ratificado la Convención de Viena sobre los Tratados y por consiguiente existían normas de vigencia, aplicabilidad e interpretación de los tratados pertinentes» (Cumplido, 2003).

5.2. Reforma del año 2005

En este año la ley N° 20.050, introduce en este sentido, en el artículo 54 N° 1 inciso 6° que

> *(. . .) Una vez que la denuncia o el retiro produzca sus efectos en conformidad a lo establecido en el Tratado internacional, este dejará de tener efecto en el orden jurídico chileno., y en su inciso 9° la obligación de dar publicidad a hechos que digan relación con el Tratado internacio-*

nal, tales como su entrada en vigor, la formulación y retiro de reservas, las declaraciones interpretativas, las objeciones a una reserva y su retiro, la denuncia del Tratado, el retiro, la suspensión, la terminación y la nulidad del mismo. Estas serían las únicas disposiciones constitucionales que de una u otra forma otorgan a las fuentes del derecho internacional algún efecto en el derecho chileno. (Henríquez, 2016)

En relación al control de constitucionalidad, establecido en el artículo 93 N° 3 de la Constitución, el Tribunal Constitucional, puede resolver *las cuestiones sobre constitucionalidad que se susciten durante la tramitación de los proyectos de ley o de reforma constitucional y de los Tratados sometidos a la aprobación del Congreso.*

Es importante destacar aquí que el mismo Tribunal Constitucional estableció en los considerandos 35 y ss. del fallo sobre control obligatorio del proyecto que modifica su propia Ley Orgánica, que los tratados internacionales son preceptos legales y en esa calidad es inconstitucional la parte del proyecto de ley que excluye de la declaración de inaplicabilidad a los tratados. Adicionalmente, señala que la eventual declaración de inaplicabilidad no implica una suspensión en términos del artículo 54 Nº 1 y, por lo mismo, no presenta incongruencia con el resto de la normativa constitucional[5] (Aldunate, 2010).

---

[5] STC ROL N°1288 de 25 de septiembre de 2009 sobre control obligatorio del proyecto de ley que modificaba su propia ley orgánica constitucional. Para Aldunate lo tocante al punto en lo medular era la especificación que contenía el proyecto de ley que adecuaba la ley orgánica constitucional a las modificaciones del año 2005, y que excluía a los Tratados internacionales de la facultad del Tribunal Constitucional para declarar la inconstitucionalidad de la aplicación de un precepto legal (art. 93 i. I Nº 6 CPR). De paso, se negaba la posibilidad de que, una vez cumplido este requisito, el Tribunal declarara derogado el respectivo Tratado, una disposición del mismo, por la vía de la declaración de inconstitucionalidad prevista en el Nº 7 del mismo inciso. La cuestión pasaba por la discusión, aún latente, sobre si los Tratados constitucionales pueden ser considerados preceptos legales tal y como organiza el sistema de fuentes la Constitución.

6. Reforma del año 2019

Como ya señalamos, el estallido social en Chile presionó a los partidos políticos y al Gobierno a establecer los mecanismos y formas para redactar una nueva Constitución. Es así cómo se dictó la Ley N° 21.200 del 24 de diciembre de 2019, que reemplazó el capítulo XV de la Constitución Política sobre reforma a la Constitución y procedimiento para elaborar una nueva Constitución de la República, estableció una limitación a los constituyentes al momento de redactar la carta, en la cual se señala que su actuaciones deben ser siempre *respetando el carácter de República del Estado de Chile, su régimen democrático, las sentencias judiciales firmes y ejecutoriadas y los Tratados internacionales ratificados por Chile y que se encuentren vigentes* (artículo 135 inciso final).

Esto es un límite, pero a la vez un mandato de no retroceso en materia de los compromisos internacionales y de protección de los derechos humanos en los tratados internacionales que se encuentren ratificados y vigentes en Chile, incorporados al derecho interno.

7. Los tratados internacionales sobre derechos humanos

Se ha discutido si en el caso de los Tratados Internacionales sobre Derechos Humanos, se podría establecer una jerarquización especial dentro del sistema de fuentes del derecho interno. Este análisis se da no porque sean tratados internacionales en sí, sino porque contienen derechos esenciales que emanan de la naturaleza humana (Del Canto, 2019).

Este criterio ha tenido variantes diferenciadas en materia jurisprudencial. Por un lado, la jurisdicción ordinaria de los Tribunales Superiores de Justicia ha integrado las normas y principios del Derecho Internacional de los Derechos Humanos a sus fallos, reconociéndoles en este último tiempo una jerarquía supralegal e incluso constitucional (Henríquez, 2016).

Esto se inició en la sentencia de la Corte Interamericana de Derechos Humanos en el caso Almonacid Arellano vs. Chile, donde se impuso a los tribunales de justicia el llamado «control de convencionalidad».[6]

Tal como se indica la sentencia Almonacid Arellano y otros vs. Chile obliga a todos los órganos estatales y sus agentes a aplicar el derecho internacional vigente y válido a los crímenes de lesa humanidad de los cuales conozcan en sus respectivos tribunales (. . .) En el ámbito chileno, las normas derivadas de la adopción de la Convención Americana de Derechos Humanos son normas internacionales incorporadas al derecho interno, por lo cual deben ser aplicadas por la jurisdicción interna como fuente del ordenamiento jurídico, además de ser normas internacionales cuyo intérprete supremo es la Corte Interamericana de San José de Costa Rica. En consecuencia, el juez nacional, al resolver los casos específicos de los cuales conoce en el ámbito de su competencia, puede y debe realizar la interpretación de las normas convencionales incorporadas al derecho interno en clave convencional, teniendo en cuenta necesariamente la jurisprudencia de la Corte Interamericana (Nogueira, 2007).

Por otro lado, los fallos del Tribunal Constitucional han mantenido a la tesis de la jerarquía infraconstitucional de los Tratados Internacionales sobre Derechos Humanos[7], negando su rango constitucional por un parte por la aplicación del control, de constitucionalidad previo, y por otra, desechando, la teoría del bloque de

---

6 Fallo Almonacid Arellano y otros vs Chile, Corte IDH. El caso se refiere a la responsabilidad internacional del Estado por falta de investigación y sanción de los responsables de la ejecución extrajudicial de Luis Alfredo Almonacid Arellano, así como a la falta de reparación adecuada a favor de sus familiares. https://www.corteidh.or.cr/CF/jurisprudencia2/ficha_tecnica.cfm?nId_Ficha=335#:~:text=Sumilla%3A,a%20favor%20de%20sus%20familiares.

7 STC Rol N° 2387/2012 y 2388/12, que se pronunciaron sobre un requerimiento de inconstitucionalidad presentado por un grupo de senadores y de diputados sobre el proyecto de ley de pesca

constitucionalidad de los derechos, al sostener que los Tratados Internacionales de Derechos Humanos no constituyen parámetro de control de constitucionalidad de los actos de las autoridades estatales[8] (Henríquez, 2013).

8. Eventuales mecanismos de solución

Al no existir una norma expresa que establezca el rango jerárquico de los Tratados internacionales, la jurisprudencia se ha encargado de resolver, de una u otra forma, este conflicto, abandonando progresivamente la tesis de la jerarquía legal de los Tratados (Henríquez, 2016).

Otras reglas de aplicación no previstas en la Constitución, pero que han surgido de la interpretación de esta y de las normas del Derecho Internacional, podrían permitir dar una solución a este conflicto. Así, por ejemplo, las normas de ius cogens prevalen sobre cualquier otras; o que no exista jerarquía entre normas u obligaciones internacionales, sea cual sea su fuente (Tratado o costumbre); aplicar en casos de conflictos normativos, los criterios de especialidad y temporalidad, entre otras (Henríquez, 2016).

Una eventual posibilidad de solución sería el establecimiento de reglas de conciliación que se refieren a la «manera en que disponemos de una conformidad constitucional entre el contenido de las normas internacionales y las internas con miras a construir un contenido esencial que se dispone desde la norma internacional hasta la nacional. La regla de aplicación se vincula a la manera que en concreto se resolverá y empleará la conclusión en una determinada situación jurídica» (Jordán, 2009).

8 Las consecuencias que la decisión del Tribunal Constitucional las relaciones de los Tratados de derechos humanos con la Constitución y con el resto del ordenamiento jurídico, desde una perspectiva de la Teoría de las Fuentes del Derecho; y más particularmente la incidencia que tuvo la decisión de no considerar las disposiciones del Convenio 169 OIT como parámetro de control de constitucionalidad.

Otra solución, sería la aplicación del principio *pro homine* de derechos humanos, ya que en este ámbito internacional es necesario tener en cuenta una regla que este orientada preferir y tutelar la adopción de la aplicación de la norma que mejor proteja los derechos fundamentales (Henderson, 2004).

Como mecanismo de resolución de conflictos normativos, un sector de la doctrina niega la procedencia del criterio jerárquico para la solución de los conflictos entre las normas de derechos fundamentales contenidas en la Constitución o la ley y aquellas contenidas en los Tratados. Señalan que, en los casos de lagunas o antinomias, las autoridades deben desarrollar en el ámbito de sus competencias un ejercicio interpretativo para preferir la normativa de internacional que permite una mejor protección de los derechos humanos. Este ejercicio interpretativo se realizaría a través de control de convencionalidad (Henríquez, 2016).

A modo de ejemplo, en el derecho comparado, el artículo 96.1 de la Constitución española señala que los Tratados internacionales válidamente celebrados, una vez publicados oficialmente en España, formarán parte del ordenamiento jurídico interno. El artículo 55.1 de la Constitución de Francia señala que los Tratados o acuerdos debidamente ratificados o aprobados tendrán, desde el momento de su publicación, una autoridad superior a las leyes, a reserva, para cada acuerdo o Tratado, de su aplicación por la otra parte. En aplicación de esta disposición, los tribunales franceses deben preterir a la ley que entra en conflicto con un Tratado (Aldunate, 2010).

9. Conclusiones

Como hemos señalado en este trabajo, ni la doctrina ni la jurisprudencia chilena han podido resolver el nivel jerárquico de los Tratados Internacionales en el sistema de fuentes del derecho chileno. El Tribunal Constitucional ha mantenido su postura de que los Tratados Internacionales tienen rango legal.

Pareciera que cuando estos tratados corresponden a Tratados sobre Derechos Humanos, hubiese, desde la óptica jurisprudencial, una cierta elevación de su rango a supralegal-infraconstitucional, incluso con una aplicación directa de los derechos humanos que están contenidos en estos instrumentos.

Aun cuando podríamos efectuar un control de convencionalidad (en atención al Pacto de San José de Costa Rica en el Sistema Interamericano), esto no significa que el juez nacional carezca de argumentos para dar aplicación preferente a la normativa internacional (Beca, 2014).

La tesis de mayor jerarquía o rango normativo de los tratados en general carece de un sustento positivo en la cual pudiera fundarse. Más bien lo contrario, las referencias constitucionales a la supremacía y los mecanismos de su preservación se concentran en la preeminencia normativa de la Constitución (Aldunate, 2009). Sin perjuicio que la tendencia jurisprudencial establezca una cierta base de aplicación más que de los tratados internacionales, de los derechos fundamentales contenidos en ellos.

América Latina siguiendo la tradición monista, ha establecido en algunas constituciones el rango constitucional de los tratados internacionales supraconstitucional como Honduras y Guatemala; constitucional como Argentina y Brasil; supralegal como Costa Rica, Ecuador o Colombia; o legal en el caso de Uruguay (Henderson, 2014). Como podemos apreciar, es la Constitución la que determina el rango jerárquico de estos instrumentos internacionales.

En Chile, ha sido la jurisprudencia de los tribunales superiores ordinarios de justicia, quienes han hecho aplicación directa de los tratados internacionales y del control de convencionalidad, dándole un tipo de jerarquía a estos instrumentos específicos de derechos humanos.

Esto nos hace reflexionar que, en una nueva Constitución, los mecanismos entregados a la judicatura para la protección de derechos humanos consagrados a nivel internacional deberían tener un rango a lo menos superior a la ley, a efecto de que en caso de conflicto quien tenga la facultad de interpretar y aplicar la ley deba preferir siempre el derecho humanos más extenso y compatible con el respeto a la dignidad humana (Cumplido, 2003).

Esto a su vez, constituye un mandato y una limitación a los nuevos y nuevas constituyentes, quienes tienen la responsabilidad de redactar la nueva carta fundamental, respetando los principios democráticos y, sobre todo, los Tratados Internacionales que se encuentren ratificados y vigentes en Chile, ya que ese mandato emana de la propia Constitución como norma suprema pero su contenido a la hora de la redacción de la carta fundamental, es superior, al reconocerse como limitación los instrumentos internacionales, por lo que en vinculación con el artículo 5° inciso 2° y el artículo 135 de la Constitución Política de Chile, deberían por lo menos reconocer la superioridad de los Tratados Internacionales de Derechos Humanos en un nuevo proceso democrático y determinado por la ciudadanía como es la Nueva Constitución Política de Chile.

10. Referencias

ALDUNATE LIZANA, EDUARDO (2010). La posición de los Tratados internacionales en el sistema de fuentes del ordenamiento jurídico chileno a la luz del derecho positivo. *Ius et Praxis*, vol. 16, núm. 2, Universidad de Talca, Chile, pp. 185-210.

BASCUÑÁN, ANTONIO, & CORREA, RODRIGO (2002): El Estatuto de Roma ante el Tribunal Constitucional chileno. En *Revista de Estudios de la Justic*ia, N° 1, Chile, pp. 55 - 125. DOI: 10.5354/0718-4735.2011.14975

BASSA, JAIME, & VIERA, CHRISTIAN (2008): Contradicciones de los fundamentos teóricos de la Constitución chilena con el Estado Constitucional: notas para su reinterpretación. En *Revista de Derecho (Valdivia)*, Vol. XXI, N°2, Chile, pp. 131 -150.

BECA FREI, JUAN PABLO (2014) El uso de Tratados internacionales por parte del Tribunal Constitucional al resolver recursos de inaplicabilidad periodo 2011-2012*, en *Revista de Derecho de la Pontificia Universidad Católica de Valparaíso XLIII*, 2º semestre Chile, pp. 467- 493.

CUMPLIDO CERECEDA, FRANCISCO (2003). La reforma constitucional de 1989 al inciso 2° del artículo 5° de la Constitución: sentido y alcance de la reforma. Doctrina y jurisprudencia. En *Ius et Praxis*, *9*(1), 365-374. Chile, https://dx.doi.org/10.4067/S0718-00122003000100018

DEL CANTO RIVERA, NICOLE (2019). Derechos fundamentales en la jurisprudencia del Tribunal Constitucional: entre la pesadilla y el noble sueño. En Estudios Constitucionales, Año 17, N°2, Chile. pp. 163-192.

HENDERSON, HUMBERTO (2004): Los Tratados internacionales de derechos humanos en el orden interno: la importancia del principio pro homine. En *Revista IIDH*, Instituto Interamericano de Derechos Humanos, N° 39, Costa Rica, pp. 71- 99.

HENRÍQUEZ VIÑAS, MIRIAM (2013): Comentario a la sentencia del Tribunal Constitucional sobre Ley de Pesca que asigna rango infraconstitucional a los Tratados de derechos humanos. En *Revista de Derecho.* Escuela de Postgrado Nº 3, Chile. pp. 230-232.

HENRÍQUEZ VIÑAS, MIRIAM (2016): *La Fuentes del Orden Constitucional Chileno.* Thomson Reuters, Chile.

JORDAN, TOMÁS (2012). Hacia una propuesta de Hacia una propuesta de reglas de conciliación entre las normas de Derechos Humanos y la Constitución. Columna de opinión en www.diarioconsrirucional.cl fecha 5 de mayo de 2012. https://www.diarioconstitucional.cl/articulos/hacia-una-propuesta-de-reglas-de-conciliacion-entre-las-normas-de-derechos-humanos-y-la-constitucion/

KELSEN, HANS (2009): *Teoría pura del Derecho.* Eudeba, 4ª ed. 9ª reimpresión, Argentina.

NOGUEIRA ALCALÁ, HUMBERTO (2015): Los desafíos de la sentencia de la Corte Interamericana en el caso Almonacid Arellano. En *Revista de Derecho de la Universidad Católica del Uruguay*, N° 2 (2007) Uruguay, pp. 153 -179. https://doi.org/10.22235/rd.v0i2

VIERA ÁLVAREZ, CHRISTIAN (2011): Análisis crítico de la génesis de la Constitución vigente. En *Revista de Derechos Fundamentales*, Universidad Viña del Mar, N° 5, Chile, pp. 151 -171.

HISTORIA POLITICA DE CHILE. Disponible en https://www.bcn.cl/historia-politica/constituciones/detalle_constitucion?handle=10221.1/60446.

ACTAS CONSTITUCIONALES DE CHILE. Sesión 367, 9 de mayo de 1978, vol. 10, p. 2512-83.

STC ROL 1.415-09-CPR de 24 de junio de 2009 sobre el Estatuto de la Corte Penal Internacional.

STC ROL N°1288 de 25 de septiembre de 2009 sobre control obligatorio del proyecto de ley que modificaba ley orgánica constitucional del Tribunal Constitucional de Chile.

FALLO ALMONACID ARELLANO Y OTROS VS CHILE, Corte IDH disponible en ttps://www.corteidh.or.cr/CF/jurisprudencia2/ficha_tecnica.cfm?nId_Ficha=335#:~:text=Sumilla%3A,a%20favor%20de%20sus%20familiares.

STC Rol N° 2387/2012 y 2388/12, sobre un requerimiento de inconstitucionalidad presentado por un grupo de senadores y de diputados sobre el proyecto de ley de pesca.

El TEDH en el asunto N.D. y N.T. contra España y un derecho a tener derechos: esbozos para una teoría

Mariona Perramon Aragonès
PhD Candidate, Universitat Pompeu Fabra
marionaperramon@gmail.com

Resumen

Esta comunicación se sirve de una valoración crítica al posicionamiento del TEDH en la sentencia N.D. y N.T. contra España, de 13 de febrero de 2020, relativa a los procedimientos de control de fronteras, con la pretensión de demostrar la relevancia de una teoría de un derecho a tener derechos y el rol de los tribunales regionales de derechos humanos en ella que contribuya a garantizar y hacer efectivos estos derechos.

Key words: derechos humanos, derecho a tener derechos, Tribunal Europeo de Derechos Humanos.

Índice

1. El asunto N.D. y N.T. contra España[1]: una valoración crítica

1.1. El posicionamiento del Tribunal Europeo de Derechos Humanos

El 13 de agosto de 2014, N.D. y N.T. intentaron entrar en España con un grupo de subsaharianos saltando las vallas que delimitan la frontera entre Melilla y Marruecos. Después del descenso, fueron detenidos y esposados por agentes de la Guardia Civil y entregados a las autoridades marroquíes sin ser identificados ni tener la posibilidad de exponer sus circunstancias personales, como tampoco de ser asistidos por abogados, intérpretes o médicos en ningún momento.

N.D. y N.T. interpusieron demanda ante el TEDH y la Sala 3a[2] condenó por unanimidad a España por considerar que la práctica de las llamadas «devoluciones en caliente»[3] suponía una vulneración

---

1 La sentencia objeto de análisis es la Sentencia del Tribunal Europeo de Derechos Humanos, en su formación de Gran Sala, de 13 de febrero de 2020, demandas nº 8675/15 y 8697/15 (en adelante, «la sentencia» o «STEDH»).

2 Sentencia del Tribunal Europeo de Derechos Humanos, Sección Tercera, de 3 de octubre de 2017.

3 Con la expresión *devoluciones en caliente* se alude a la detención y expulsión sumaria de personas migrantes o refugiadas por parte de las fuerzas y cuerpos de seguridad del Estado, ya sea en territorio nacional o

del artículo 4 del Protocolo 4º del Convenio Europeo de Derechos Humanos, así como del artículo 13 del mismo.[4]

Sin embargo, tras la solicitud de remisión por parte del Estado español, la Gran Sala desestimó la demanda en su sentencia de 13 de febrero de 2020. Si bien el Tribunal consideró que los demandantes fueron devueltos sumariamente, no apreció vulneración de la prohibición de las expulsiones colectivas del artículo 4 del Protocolo 4º ni del derecho a un recurso efectivo del artículo 13 del CEDH. Veamos a continuación los dos argumentos principales en los que se centra la Gran Sala para fundamentar la desestimación: la constatación de la existencia de vías legales y efectivas para acceder a territorio; y la atribución del no examen individualizado a la propia conducta del demandado.

Para sustentar el primer argumento, según el cual «el Estado demandado proporcionó un acceso real y efectivo al territorio español en Beni Enzar en el momento de los hechos»[5] [6], el Tribunal se respalda en lo siguiente. Primero, que a la vista de los datos[7] proporcio-

---

en la frontera, sin que estas personas tengan ningún tipo de protección o acceso a los procedimientos legales debidos y sin que puedan impugnar ese acto a través de un recurso judicial efectivo.

4 La Sala 3ª concluyó que se trataba de una «expulsión colectiva», dado que las medidas de expulsión se habían adoptado sin seguir procedimiento alguno ni evaluar las circunstancias individuales de los demandantes ni decisión administrativa o judicial previa, y que los demandantes fueron privados de todo recurso que les permitiera presentar su queja en virtud del artículo 4 del Protocolo 4º ante una autoridad competente y obtener una evaluación completa y rigurosa de sus demandas antes de ser devueltos.

5 Párrafo §222 STEDH.

6 A criterio del Tribunal, tal como señala en el Párrafo §212 STEDH, «el derecho español ofrecía a los demandantes varias maneras posibles de solicitar un visado o solicitar protección internacional, en particular en el punto de cruce de la frontera de Beni Enzar, pero también en las representaciones diplomáticas o consulares de España en los países de origen o de tránsito o incluso en Marruecos».

7 En el párrafo §213 de la STEDH, el Tribunal apunta que, según los datos aportados por el Estado español, «entre el 1 de enero y el 31 de agosto

nados por el gobierno español, la Gran Sala no tiene motivos para dudar de que, si bien al tiempo de los hechos todavía no funcionaba la oficina de protección internacional de Beni Enzar, antes de su apertura el 1 de septiembre de 2014, «no solo existía la obligación jurídica de aceptar las demandas de asilo en ese puesto fronterizo, sino también la posibilidad real de presentar dichas solicitudes»[8]. Y segundo, que a pesar de la escasa presentación de solicitudes de asilo antes de dicha apertura,[9] la posibilidad de hacerlo permite demostrar, según el criterio del Tribunal, que el Estado demandado sí facilitaba «un acceso real y efectivo a ese puesto fronterizo[10], más que poner en tela de juicio la accesibilidad al mismo.

Sin embargo, mantener que los procedimientos propuestos por el gobierno español estaban a disposición de los demandantes para entrar legalmente en territorio y que este proveía real y efectivo acceso al paso fronterizo en cuestión, cuando solo se presentaron un total de dos solicitudes de asilo de personas subsaharianas entre 2014 y finales de 2017,[11] más que resultar concluyente, demuestra la ceguera del Tribunal ante la dificultad de solicitar asilo en frontera.[12]

---

de 2014 se habían presentado [. . .] seis demandas de asilo en el puesto fronterizo de Beni Enzar, y que se había conducido a los demandantes de asilo a la comisaría de Melilla para que presentaran una solicitud oficial. Todos ellos procedentes de Argelia, Burkina Faso, Camerún, Congo, Costa de Marfil y Somalia».

8 Párrafo §214 STEDH.

9 Véase el párrafo 213 STEDH.

10 Párrafo §217 STEDH.

11 En el párrafo §216 de la STEDH, el Tribunal argumenta que tras la apertura de la oficina de asilo de Beni Enzar no aumentó el número de solicitantes de asilo procedentes de África subsahariana en cuanto no se presentó ninguna solicitud de asilo de personas en 2014, 2015 o 2017, «mientras que solo se presentaron dos solicitudes de este tipo en 2016».

12 El Servicio Jesuita a Migrantes (SJM) es testigo de que las personas subsaharianas nunca han podido pasar los puestos fronterizos marroquíes para llegar a la Oficina de Asilo y Refugio en Beni Enzar: las fuerzas de seguridad marroquíes los mantienen lejos de la frontera usando la

El segundo motivo que sostiene el Tribunal para no apreciar vulneración de la prohibición de las expulsiones colectivas es la propia conducta de los demandantes como factor relevante para justificar la ausencia de resoluciones individuales de expulsión.[13] Una vez constatada la existencia de alternativas legales y seguras para acceder al territorio, entiende que, como los demandantes no hicieron uso «de los procedimientos legales existentes para obtener la entrada legal en territorio español», sino que optaron por ponerse en riesgo participando en el asalto a las vallas fronterizas de Melilla, no puede haber vulneración alguna del Artículo 4 del Protocolo 4º.[14]

El mismo argumento de la «situación ilegal» en la que se colocaron los demandantes intentando entrar en España cruzando la protección fronteriza, formando parte de un grupo numeroso y por un punto no autorizado[15], sirve al Tribunal para concluir que, en la medida en que «la falta de un procedimiento individualizado para su expulsión fue consecuencia de la propia conducta de los demandantes al intentar entrar sin autorización en Melilla», no puede hacerse «responsable al Estado demandado por no haber puesto a su disposición un recurso judicial contra dicha expulsión»[16] y desestimar, por tanto, la vulneración del artículo 13 del CEDH puesto en relación con el artículo 4 del Protocolo nº4.[17]

En este sentido, hay que observar que, si bien la consideración determinante del fallo fue la proporción por parte del Estado demandado de «un acceso auténtico y efectivo a los medios legales de entrada, en particular procedimientos en la frontera»[18], el Tribunal apunta como otra posible excepción a la prohibición de expulsiones

fuerza. Disponible en: https://socialjesuitas.es/noticias-infosj/1099-el-sjm-ante-la-sentencia-del-tedh

13 Párrafo §200 STEDH.

14 Párrafo §231 STEDH.

15 Párrafo §242 STEDH.

16 Ídem.

17 Párrafo §244 STEDH.

18 Párrafo §201 STEDH.

colectivas la actuación supuestamente violenta del cruce de frontera terrestre sin autorización.[19]

1.2. Una valoración crítica

Revisados los argumentos que adopta el Tribunal Europeo de Derechos Humanos parece que, ante la oportunidad que este tenía como actor principal de brindar protección a los demandantes y, en consecuencia, a todas las personas que se encuentran en la misma situación, ha priorizado utilizar una narrativa criminalizadora que los responsabiliza a ellos mismos de no tener garantizados sus derechos humanos, esto es, de no haber obtenido una decisión individual de expulsión[20] y un recurso efectivo, por no haber seguido los canales indicados para entrar al territorio.

A mi juicio, el Tribunal, como máxima autoridad judicial para proteger los derechos humanos, no tendría que haber entrado siquiera a valorar la existencia de garantías suficientes para determinar el acceso real y efectivo al territorio español y mucho menos la forma de acceder al mismo en relación con la propia conducta de los demandantes. Debería haber mantenido el criterio de la Sala 3ª y respaldar que, «en ausencia de todo examen de las circunstancias individuales de los demandantes, al no haber sido estos objeto de ningún procedimiento de identificación por parte de las autoridades españolas»,[21] la expulsión de los demandantes revestía un carácter colectivo y hubo vulneración del artículo 4 del Protocolo nº4 y por tanto también del artículo 13 CEDH al verse privados los demandantes de toda recurso contra su expulsión antes de ser devueltos. Es más, si el Tribunal hubiese querido prevalecer los

---

19 Ídem.

20 En el párrafo §200 STEDH, se establece: «De acuerdo con la jurisprudencia consolidada del Tribunal, no hay vulneración del artículo 4 del Protocolo nº4 si la ausencia de una decisión individual de expulsión puede atribuirse a la propia conducta del demandante».

21 Párrafo §107 de la STEDH de 3 de octubre de 2017.

derechos humanos, podría haber insistido en la obligación de las autoridades de asegurar en cualquier caso que todas las personas que tratan de acceder a territorio incluso de forma irregular no son devueltas por la fuerza antes de un examen individualizado de sus circunstancias personales. Y preservar la entrada con total seguridad con el fin de identificar a quienes necesiten protección, evaluar sus necesidades y adoptar las medidas apropiadas independientemente de su país de origen, siguiendo el criterio que apuntan el Comité Europeo para la Prevención de la Tortura y de las Penas o Tratos Inhumanos o Degradantes (CPT)[22] y el Comisario de Derechos Humanos.[23] En este sentido, el Tribunal debería haber profundizado en la raíz del problema y recordado que «el fin del artículo 4 del Protocolo nº4 es el de evitar que los Estados puedan expulsar a un determinado número de extranjeros sin examinar sus circunstancias personales y, por tanto, sin permitirles exponer sus argumentos que se oponen a la medida adoptada por la autoridad competente»[24].

En el fondo, más que un canal para proteger los derechos humanos, parece que la ineficaz existencia de unas vías de entrada supone, para las personas que son dejadas fuera, una privación de su derecho a tener derechos. Porque lo grave no es solo la ausencia de una resolución individualizada en el procedimiento de expulsión, sino la ausencia de la posibilidad para alegarla.

---

22 Ver el apartado 50 del Informe del Comité Europeo para la Prevención de la Tortura y de las Penas o Tratos Inhumanos o Degradantes (CPT) de 9 de abril de 2015.

23 Ver el Informe anual de actividades de 2015 de Nils Muižnieks, Comisario de Derechos Humanos del Consejo de Europea, de fecha 14 de marzo de 2016.

24 Párrafo §99 de la STEDH de 3 de octubre de 2017.

2. La relevancia de un derecho a tener derechos en el marco actual

Una persona puede ver vulnerados sus derechos humanos y aun así mantener su cualidad esencial como persona, su dignidad humana (Arendt, 2011). Solo la pérdida de una comunidad en la que pueda ser «juzgado por las acciones y las opiniones propias» (Arendt, 2011) le arroja fuera de la humanidad en cuanto se ve obligado a existir fuera de todas las estructuras legales (Arendt, 1949). Esta es la idea de un derecho a tener derechos que acuñó Hannah Arendt en 1949 y que todavía resuena en nuestro contexto cuando hay personas que se ven arrojadas de la humanidad[25] porque ya no existe comunidad alguna que quiera y pueda garantizar sus derechos: caen al vacío porque ya no tienen mundo.[26]

Como en el caso expuesto, cuando se le niega a una persona la palabra y la acción, la calamidad no es que vea vulnerados sus derechos específicos, sino que se la está privando de la posibilidad de reclamarlos una vez es expulsada sumariamente del territorio, de tener voz, en resumen, «de un lugar en el mundo que haga significativas las opiniones y efectivas las acciones» (Arendt, 2011), y esto equivale a la privación más elemental de sus derechos humanos porque «una vida sin acción ni discurso está literalmente muerta para el mundo» (Arendt, 2005).

Esta idea pone en evidencia que en escenarios donde uno es privado de alegar y hacer valer los derechos que le han sido vul-

---

[25] En el pensamiento arendtiano, se identifica la pérdida del hogar y del estatus político, esto es, la pérdida de la comunidad misma, con la expulsión de la humanidad. Ver: Arendt, H., *Los orígenes del totalitarismo*, Madrid, Alianza, 2011, p. 420-1.

[26] Para Hannah Arendt, en la medida en que las leyes se limitan a autorizar la posibilidad de las palabras y las acciones de los seres humanos en el mundo, «lo que queda fuera de él no tiene ley y, hablando con exactitud, no tiene mundo». Ver: Arendt, H., *Qué es la Política*, Barcelona, Paidós, 2018, p. 135.

nerados, el mero reconocimiento de los derechos humanos resulta insuficiente porque no garantiza su inalienabilidad, es decir, que no puedan perderse allí donde uno se ve expulsado de la humanidad porque ya no existe comunidad alguna que quiera y pueda garantizarles cualesquiera derechos. Ahora bien, ¿cómo proteger los derechos humanos si no hay posibilidad de alegarlos? o, lo que es lo mismo, ¿cómo garantizar los derechos humanos a las personas que se ven privadas de ellos? Es en este escenario que la existencia de un derecho a tener derechos cobra sentido y deviene relevante para propugnar un derecho de todas las personas, especialmente de las que se encuentran desprotegidas, a poder hacer significativas sus opiniones y efectivas sus acciones.

3. Interpretaciones para una teoría de un derecho a tener derechos

Hemos observado que parece existir algo mucho más fundamental que los derechos humanos específicos y esto es tener reconocido, a priori, un derecho a tener derechos que permita a cualquier persona «pertenecer a algún tipo de comunidad organizada» donde hacer significativas las opiniones y efectivas las acciones de todas ellas (Arendt, 2011). Podríamos decir que un derecho a tener derechos trasciende los derechos humanos en cuanto su existencia y garantía permite poder beneficiarse de estos. De ahí que consideremos que una forma de abordar la cuestión de los derechos humanos y contribuir a hacerlos efectivos sea tal vez desde una teoría de un derecho a tener derechos que encuentre mecanismos internacionales en los tribunales regionales de derechos humanos como actores principales en la garantía de estos.

Para proponer una teoría actualizada de un derecho a tener derechos, primero debemos valorar cómo debería interpretarse y materializarse este derecho hoy. A continuación, se introducen tres interpretaciones contrapuestas que nos permitirán observarlo desde perspectivas distintas y valorar si alguna de ellas podría ser adecuada para encontrar respaldo especialmente en el Tribunal Europeo de Derechos Humanos.

En primer lugar, Samantha Besson distingue dos categorías de derechos humanos —los derechos de membresía (*'rights to membership'*)[27] y los derechos de los miembros (*'members' rights'*)[28]— y entiende que el derecho a tener derechos de Arendt se corresponde con los derechos morales universales a la membresía a una comunidad política, en cuanto estos tienen como objetivo garantizar el beneficio ulterior de los derechos domésticos dentro de cada comunidad, es decir, los derechos humanos *per se*. De ahí que, según Besson, los derechos de membresía sean los únicos derechos humanos que deben ser reconocidos jurídicamente solo a nivel internacional —esto es, desde fuera de una comunidad política y en ausencia de los correspondientes derechos internos— y pueden ser protegidos como derechos legales internacionales (Besson, 2012).

Por el contrario, Seyla Benhabib parte de una crítica a todas las normas de membresía —incluso las de ciudadanía— en cuanto entiende que ser miembro de una comunidad implica inevitablemente excluir a otros de ella. En este sentido señala que «quienes están afectados por las consecuencias de tales normas no pueden ser parte de su articulación» (Benhabib, 2005). La perspectiva cosmopolita que adopta Benhabib le permite entender el derecho a tener dere-

[27] Los derechos de pertenencia prohíben, por ejemplo, someter a las personas al genocidio, la tortura y otras formas extremas de trato cruel mediante las cuales una comunidad excluye a sus individuos y no los trata como miembros iguales. Estos derechos también incluyen el derecho de asilo y el derecho consuetudinario a la no devolución. Ver: Besson, S., "The Right to Have Rights: From Human Rights to Citizens' Rights and Back", en *Hannah Arendt and the Law*, Hart Publishing, 2012, p. 348.

[28] Según Besson, los derechos de los miembros tienen que ser reconocidos en el derecho interno de una comunidad política determinada antes de que puedan ser incorporados como derechos humanos *stricto sensu* en el derecho internacional. Ver: Besson, S., "The Right to Have Rights: From Human Rights to Citizens' Rights and Back", en *Hannah Arendt and the Law*, Hart Publishing, 2012, p. 349.

chos no como la membresía a una comunidad política sino como el imperativo moral del reconocimiento de la condición universal de personalidad de cada uno y todos los seres humanos independientemente de su ciudadanía nacional, esto es, el derecho moral a la pertenencia a algún grupo humano, en cuanto para Benhabib los derechos humanos «corresponden a la persona humana por su dignidad humana» (Benhabib, 2005).

Por último, la interpretación que hacen Asher Lazarus Hirsch y Nathan Bell de un derecho a tener derechos como el derecho a «vivir dentro de un marco donde uno es juzgado por las acciones y las opiniones propias» en el sentido arendtiano va más allá de un derecho a la membresía política y es concebido como un derecho de entrada en la medida en que la protección de los derechos humanos obliga a los Estados solo cuando los sujetos se encuentran bajo su soberanía. Consideran que el problema actual ya no es la denegación del acceso a la ciudadanía sino el acceso al territorio (Hirsch, & Bell, 2017).

Planteadas las distintas interpretaciones, podemos observar que el enfoque que se adopte repercutirá en la forma de construir una teoría y de proponer sus mecanismos. Es pronto para determinar cómo debería entenderse un derecho a tener derechos, pero si pretendemos que los tribunales regionales de derechos humanos puedan contribuir a hacerlo efectivo, parece que una interpretación adecuada sería la que conciba este derecho como un presupuesto necesario para la garantía real de los derechos humanos el cual pueda materializarse en un principio o mecanismo internacional que los tribunales internacionales puedan preservar.

Finalmente, volviendo a la valoración crítica de la sentencia examinada, un derecho a tener derechos resulta ser de utilidad para revisar la actividad de los tribunales internacionales y en este caso nos sirve para decir que el TEDH se equivocó al no garantizar el derecho a tener derechos de los demandantes cuando podría haberlo defendido, si atendemos especialmente a las interpretaciones segunda y tercera presentadas.

4. Conclusiones

1. La STEDH analizada, en lugar de garantizar los derechos humanos de los demandantes, pone en evidencia que cualquier persona puede perder estos derechos cuando se la priva de la posibilidad de reclamarlos.
2. En determinados casos, el mero reconocimiento de los derechos humanos parece no ser suficiente y requiere de una garantía adicional que trascienda estos derechos y que podría materializarse en una teoría de un derecho a tener derechos.
3. Este derecho a tener derechos debería ser aplicado por los tribunales regionales de derechos humanos como máxima autoridad judicial para la garantía de los derechos humanos y libertades fundamentales.
4. Para proponer una teoría de un derecho a tener derechos que ampare a todas las personas y les de acceso real a sus derechos humanos, sería adecuado adoptar una interpretación que permita materializarse en mecanismos internacionales que puedan aplicar los tribunales para hacer este derecho efectivo.

5. Referencias

Arendt, H. (1949). The Rights of Man: What Are They? *Modern Review*, 24-37.

Arendt, H. (2005). *La condición humana*. Barcelona: Paidós.

Arendt, H. (2011). *Los orígenes del totalitarismo*. Madrid: Alianza Editorial.

Arendt, H. (2018). *Qué es la Política*. Barcelona: Paidós.

Asunto N. D. y N. T. contra España (Tribunal Europeo de Derechos Humanos, 13 de febrero de 2020).

Asunto N. D. y N. T. contra España (Tribunal Europeo de Derechos Humanos, 3 de octubre de 2017).

Benhabib, S. (2005). *Los derechos de los otros*. Barcelona: Gedisa.

Besson, S. (2012). The Right to Have Rights: From Human Rights to Citizens' Rights and Back. In M. Goldoni, & C. McCorkindale, *Hannah Arendt and the Law* (pp. 335-355). Hart Publishing.

Birulés, F. (2018). Introducción. In H. Arendt, *Qué es la Política* (pp. 9-35). Barcelona: Paidós.

Comité Europeo para la Prevención de la Tortura y de las Penas o Tratos Inhumanos o Degradantes. (2015). *Informe de 9 de abril de 2015.*

Hirsch, A. L., & Bell, N. (2017). The Right to Have Rights as a Right to Enter: Addressing a Lacuna in the Internacional Refugee Protection Regime. *Human Rights Review,* 18:417-437.

Jesuitas Social. (n.d.). Retrieved from https://socialjesuitas.es/noticias-infos-j/1099-el-sjm-ante-la-sentencia-del-tedh

Muižnieks, N. (2016). *Informe anual de actividades de 2015,* Comisario de Derechos Humanos del Consejo de Europa.

Hacia una normativa internacional sobre la gestación por sustitución desde la Conferencia de la Haya y su eventual impacto en la legislación española

Isabel Gómez Fuster
Doctoranda de la Universitat de València
magofus@uv.es

Resumen

El trabajo tiene por objeto poner de relieve la importancia de una futura regulación para la gestación por sustitución, haciendo hincapié en los avances realizados por la Conferencia de La Haya de Derecho Internacional Privado en la posible elaboración de un instrumento de Derecho internacional privado sobre el reconocimiento de decisiones judiciales extranjeras sobre filiación nacidas de un contrato de gestación por sustitución.

Palabras clave: gestación por sustitución, familia, regulación internacional, Conferencia de La Haya de Derecho Internacional Privado.

Índice

1. Reflexión inicial

Es un hecho incuestionable que los modelos de familia han cambiado durante los últimos años y que ello ha venido unido necesariamente a una evolución normativa[1]. La última y más compleja de las realidades a las que se enfrenta el Derecho de familia se refiere a la gestación por sustitución, una materia que en nuestro país se encuentra regulada de una manera muy parca y que genera mucha polémica, por tratarse de una cuestión que plantea innumerables conflictos jurídicos y éticos.

En España, la realización de contratos de gestación por sustitución está prohibida, así lo recoge el artículo 10.1 de la Ley 14/2006, de 26 de mayo, sobre Técnicas de Reproducción Humana Asistida, (LTRHA en adelante) que considera nulo de pleno derecho el contrato por el que se convenga la gestación a cargo de una mujer que renuncia a la filiación materna a favor de un tercero. No obstante, el apartado 3 del mismo artículo permite, mediante la acción de reclamación de la paternidad respecto del padre biológico, de una forma indirecta, validar los efectos de dicho contrato.

---

1 Sobre el cambio de las familias y las relaciones en Europa en el siglo XXI *vid.* Smart y Shipman (2012). Visiones monocromáticas: familias, matrimonio y la tesis de la individualización. En Esteinou, R. (Ed.), *La nueva generación social de familias. Tecnologías de reproducción asistida y temas contemporáneos.* Publicaciones de la Casa Chata, CIESAS.

Esta prohibición, por lo tanto, no ha impedido que algunas familias, parejas o personas individuales españolas lleven a cabo este tipo de contratos, trasladándose para ello a países más permisivos donde sus propias legislaciones sí que los permiten, y fomentando así una suerte de *Fertility Tourism* o turismo reproductivo (Hernández Rodríguez, 2014 y Calvo Caravaca y Carrascosa González, 2015).

Estas situaciones sacan a la luz, una vez más, las grandes diferencias que encontramos entre los distintos Derechos estatales y la importancia de una regulación de carácter internacional que, de algún modo, proporcione seguridad jurídica ante situaciones reguladas de distinta forma según el país del que se trate, pero con un impacto inevitable a nivel internacional[2].

Si esto no fuera suficiente, a lo largo del último año hemos podido ver cómo miles de niños nacidos a través de la gestación por sustitución quedaban retenidos en sus países de nacimiento, debido a la crisis del coronavirus. El cierre de fronteras y los confinamientos han vuelto a demostrar lo necesaria que es una regulación a nivel internacional que proteja a estos niños y a estas madres gestantes y les asegure los debidos cuidados. En este artículo no pretendo mostrar una posición a favor o en contra de este tipo de prácticas, sino más bien de no cerrar los ojos a una realidad palpable que pide a gritos algún tipo de control. La pandemia ha acentuado la

---

2 Un gran número de autores se muestran a favor de una regulación que proporcione un marco jurídico adecuado a esta realidad, entre ellos *vid.* Azcárraga Monzonís (2017). La gestación por sustitución en el derecho internacional privado español. Un ejemplo más de la controvertida aplicación de conceptos jurídicos indeterminados. *AEDIPr,* XVII, pp. 673-710; Durán Ayago (2019). Gestación por sustitución en España: A hard case needs law. De por qué la jurisprudencia no puede resolver este problema. *Cuadernos de Derecho Transnacional,* 11, p. 580. Otros autores defienden la nulidad del contrato y consideran que va contra el principio de indisponibilidad del cuerpo humano y el principio de dignidad de la persona humana y consideran siempre como madre a la gestante, y no a la biológica. En este sentido *vid.* De Verda y Beamonte (2018). La filiación derivada de las técnicas de reproducción asistida en España. *Actualidad Jurídica Iberoamericana, 8.*

necesidad de buscar cierta armonización en un mundo totalmente globalizado, en el que cualquier persona puede trasladarse a un país distinto al suyo con el objetivo de llevar a cabo un contrato de gestación por sustitución de forma legal. Si este tipo de contratos se están llevando a cabo, no podemos negar la evidencia.

A esto debemos añadirle otro problema más. El que aparece cuando lo que se pretende es la inscripción en el Registro Civil español del bebé nacido a partir de un contrato de gestación por sustitución celebrado en otro país donde sí estaba permitido. Hasta el momento, en España, han sido los órganos judiciales y administrativos los encargados de ir dando respuesta en cada uno de los casos, provocando así un tratamiento poco uniforme y proporcionando una gran inseguridad.

En este punto, desde 2015 la Conferencia de La Haya de Derecho Internacional Privado ha estado trabajando, a través de grupo de expertos, en la posible elaboración de un instrumento de Derecho internacional privado sobre el reconocimiento de decisiones judiciales extranjeras sobre filiación y en un Protocolo separado sobre el reconocimiento de decisiones judiciales extranjeras sobre filiación nacidas de un contrato de gestación por sustitución que arroje algo de luz (Hague Conference on Private International Law (HCCH), 2021).

De lo que no hay duda, es de la importancia y el deseo de proporcionar certeza y seguridad en las filiaciones en situaciones internacionales, teniendo en cuenta el respeto a los derechos humanos de todas las partes implicadas y el interés superior del menor.

2. La gestación por sustitución durante el COVID-19: la necesidad de una regulación de carácter internacional

Durante el último año hemos asistido a una situación hasta el momento desconocida. La humanidad entera ha tenido que convivir con un virus que ha robado parte de nuestras vidas y ha condicionado nuestro día a día, y aún hoy, sigue haciéndolo. No nos habíamos enfrentado nunca ante un hecho de tal magnitud y con iguales efectos en todo el mundo. Lo que hasta hace un año nos parecía ciencia ficción ha resultado ser mucho más que eso, y la llegada de una pandemia como hacía décadas no se recordaba ha paralizado nuestras vidas y ha puesto en evidencia muchas cuestiones, entre ellas, la necesidad de una regulación de carácter internacional, al menos de mínimos, para la gestación por sustitución. Millones de familias han visto sus sueños paralizados, y entre ellas, aquellas familias que se encontraban en medio de un proceso de gestación por sustitución en países donde es una técnica legal y regulada, que han visto cómo casi al final del proceso, las restricciones que han impuesto los países por el COVID-19 han impedido que pudieran volar desde sus países de origen para ver el nacimiento de sus hijos y poder atenderlos como cualquier padre y madre. La crisis del COVID-19 ha provocado que centenares de niños y niñas tuvieran que esperar en hoteles durante meses en países como Ucrania o EE.UU. hasta que sus padres intencionales pudieran conseguir las oportunas autorizaciones para volver a sus países de origen. Este hecho, no solo ha demostrado cuán necesaria es una regulación de carácter internacional en este sentido, sino lo desprotegidas que quedan las partes más vulnerables de esta práctica, las madres gestantes, sobre todo cuando proceden de países pobres, y los niños, que durante meses han estado en una situación de completa incertidumbre jurídica, sin una identidad clara, sin un nombre y unos apellidos, sin nacionalidad y, por lo tanto, sin el amparo de una ley nacional que los proteja y les dé cobijo, todos ellos derechos reconocidos como fundamentales para cualquier persona. Ante esta situación en la que los niños no tenían a sus padres junto a ellos y sin la posibilidad de poder obligar a las madres gestantes a atender a estos niños, extremos que no recogían sus contratos, los gobiernos de los diferentes países han tenido que adoptar las medidas necesarias para atender mínimamente a todos estos bebés a la espera de la llegada de sus padres, y sin un plan alternativo ante lo inesperado de la situación. Durante el verano de 2020 las noticias sugerían que más de mil niños nacidos a través de la gestación por sustitución en Rusia no habían podido ser entregados a sus padres intencionales, así como centenares de niños nacidos a través de la misma técnica en EE.UU. o Ucrania[3].

Estas situaciones, evidentemente, tienen lugar al tratarse de una técnica muy controvertida y muy polémica, no permitida en todos los países, lo que provoca que los interesados se desplacen a aquellos países donde sí es legal para llevarla a cabo.

No obstante, la legislación en los distintos países es muy variada y España no es el único país donde la gestación por sustitución está prohibida. También Alemania, Francia, Italia o Austria lo prohíben (Lamm, 2013, y Marongiu Buonaiuti, 2019), mientras que países con menos recursos como la India, Camboya o Tailandia la permiten a nivel nacional y la prohíben para turistas extranjeros con el fin de prevenir la explotación de las partes más vulnerables. Esta regulación permitiendo la subrogación a nivel nacional tiene su explicación y su lógica, en tanto en cuanto, personas procedentes de otros países, generalmente más ricos y con mejores recursos, podían acudir a ellos con tal de lograr la celebración de un contrato de gestación por sustitución aprovechando el estado de necesidad y pobreza de muchas mujeres en estos países. Con tal de evitar estas situaciones, y otras que se producían cuando esta posibilidad era una realidad, como el abandono de los niños cuando nacían

---

3 *Vid.* Redacción Digital. (2020, 18 de mayo). *Decenas de bebés nacidos por gestación subrogada «varados» en Ucrania.* Última Hora. https://www.ultimahora.es/noticias/internacional/2020/05/18/1166189/coronavirus-bebes-nacidos-por-gestacion-subrogada-atrapados-ucrania.html; Ramos, P. (2020, 15 de mayo). *La pandemia de coronavirus deja a bebés sin familia en Ucrania.* CNN. https://cnnespanol.cnn.com/video/bebes-sin-familia-kiev-ucrania-ya-no-es-secreto-patricia-ramos-ramos-realidades-en-contexto-cnnee/; Perasso, V. (2020, 18 de mayo). *Coronavirus: la pareja argentina cuyo hijo nacido por gestación subrogada se encuentra varado en un hotel de Ucrania junto a decenas de bebés.* BBC News. https://www.bbc.com/mundo/noticias-52686858.

con algún problema, estos países se han visto obligados a restringir la celebración de este tipo de contratos a sus nacionales, evitando así, entre otras cosas, situaciones de explotación por desigualdad económica.

En cambio, otros países como Rusia, Ucrania o Georgia, tienen regulaciones más permisivas y ciudadanos de todo el mundo viajan a ellos para llevar a cabo sus sueños de ser padres a través de un contrato de gestación por sustitución (Esparza Pérez, 2020).

Algunos países como Portugal ya han adoptado su propia ley, que regula los términos y condiciones en los que puede llevarse a cabo de una forma legal un contrato de gestación por sustitución con las mejores garantías para todas las partes que participan, aunque la misma ya fue impugnada ante el Tribunal Constitucional, lo cual pone de relieve las dificultades de abordar estas cuestiones desde el punto de vista legal[4]. No obstante, a pesar de las dificultades, la falta de regulación no significa la no existencia de este tipo de contratos, lo que nos deja solo una única opción. Otros países, como Grecia o Reino Unido permiten la gestación por sustitución en su modalidad altruista, pero se enfrentan a los mismos problemas cuando sus ciudadanos acuden a países extranjeros a llevar a cabo este tipo de contratos y pretenden que se reconozca la filiación al regresar a sus países. No podemos, por lo tanto, mirar hacia otro lado.

Por lo tanto, a pesar de la prohibición de estas prácticas en muchos países, sigue habiendo una gran cantidad de opciones para llevar a cabo estos contratos en países donde la gestación por sustitución sí está permitida. Y generalmente, ello tendrá lugar en países con menos garantías y seguridad, en países menos desarrollados como Ucrania o Georgia, pero donde los contratos son legales y baratos. A ellos, debemos añadir, las dificultades con las que se encuentran los padres intencionales, después del nacimiento del niño y una vez in-

---

4 *Vid.* Dias Oliveira, (2019). A gestação de substituição e o direito internacional privado. A realidade portuguesa. *Cuadernos de Derecho Transnacional*, 11, pp. 45-57.

tentan volver a su país de origen, donde pretenden que se reconozca la filiación.

En este punto, es importante tener en cuenta que, en la mayoría de los países del este de Europa, donde la gestación por sustitución está permitida, de forma automática se rechaza la atribución de su nacionalidad a esos niños por aplicación de sus propias normas de nacionalidad en los casos en los que la ley nacional de los padres de intención atribuye la suya propia. En estos casos, si el estado de los padres de intención no reconoce la filiación, el niño queda atrapado en un estado extranjero que no le otorga su nacionalidad por aplicación del i*us soli* porque entiende que es de aplicación el *ius sanguinis* de sus padres de intención, de forma que queda privado de una ley personal que lo ampare y proteja, con todos los derechos civiles, sociales y políticos que lleva asociados, incluyendo la protección consular y diplomática.

Precisamente, estos desplazamientos desde países donde la gestación por sustitución está prohibida hacia países más permisivos, marcan el carácter internacional de la gestación por sustitución y, la ausencia de un instrumento de carácter internacional que regule, al menos, los efectos que producen una vez consumados, para otorgar la mayor protección a los niños nacidos a consecuencia de ellos y a las madres, se ha acentuado ante la llegada de la pandemia, que ha acrecentado los problemas existentes ante el carácter transfronterizo de esta práctica.

No obstante, la crisis del Coronavirus tan solo ha sacado a la luz una situación que lleva años reclamando una regulación, pues, cuando los padres intencionales pretenden volver a sus casas, después de haber llevado a cabo un proceso de gestación por sustitución en un país distinto al suyo, deben hacer frente a las leyes de sus propios países, que pueden no reconocer la filiación por diferentes motivos.

3. Propuesta de regulación a nivel internacional: el protocolo sobre gestación por sustitución de la Conferencia de la Haya de Derecho Internacional Privado

Todos los problemas mencionados anteriormente derivados de la heterogeneidad de las regulaciones existentes en materia de gestación por sustitución, así como de la constatación de un fenómeno a nivel mundial en el que existe inseguridad jurídica y se están vulnerando derechos de personas, reclaman una regulación de carácter internacional que mejore el marco normativo de las relaciones transfronterizas. Es obvio que la prohibición de estas prácticas en las legislaciones nacionales no evita su existencia en países donde sí son legales. Por este motivo, una regulación que ponga el foco en los posibles efectos transfronterizos de la gestación por sustitución ayudaría a reducir o eliminar el turismo reproductivo, y evitaría muchos problemas y abusos, así como ayudaría a salvaguardar los derechos de las partes involucradas, sobretodo de aquellas más vulnerables. Esta realidad no puede ser negada. Y una vez los niños han nacido los estados tienen el deber de protegerlos, independientemente de la forma en la que llegaron al mundo. De otra forma, podrían ser discriminados por razones de filiación violando de esta forma el artículo 14 de la Constitución Española o el artículo 8 del Convenio Europeo de Derechos Humanos[5].

---

[5] Artículo 14 Constitución Española dice «Los españoles son iguales ante la ley, sin que pueda prevalecer discriminación alguna por razón de nacimiento, raza, sexo, religión, opinión o cualquier otra condición o circunstancia personal o social».

Artículo 8 CEDH dice: «Derecho al respeto a la vida privada y familiar.

1. Toda persona tiene derecho al respeto de su vida privada y familiar, de su domicilio y de su correspondencia.

2. No podrá haber injerencia de la autoridad pública en el ejercicio de este derecho, sino en tanto en cuanto esta injerencia esté prevista por la ley y constituya una medida que, en una sociedad democrática, sea

Con este propósito instituciones internacionales como el Tribunal Europeo de Derechos Humanos y la Conferencia de la Haya de Derecho Internacional Privado intentan encontrar algún tipo de solución que pueda ofrecer mejores garantías a este fenómeno global, a pesar de las dificultades.

En diciembre de 2015 el Parlamento Europeo, en su informe anual sobre los derechos humanos y la democracia en el mundo condenó la gestación por sustitución, al considerarla contraria a la dignidad humana de la mujer (*Diario Oficial de la Unión Europea*, 2015). En octubre de 2016 el Consejo de Europa rechazó una recomendación sobre la adopción de unas directrices para garantizar los derechos de los niños en relación con los contratos de gestación por sustitución. La propuesta pretendía proteger los derechos de los niños nacidos a través de este tipo de prácticas, pero fue rechazada por 83 votos contra 77[6].

Unos años más tarde, el Tribunal Europeo de Derechos Humanos fue preguntado por el Tribunal francés de casación sobre el artículo 8 del Convenio Europeo de Derechos Humanos en relación con el reconocimiento en las leyes nacionales de la filiación y la inscripción de los niños nacidos a través de un contrato de gestación por sustitución y el 10 de abril de 2019 publicó su primera «Opinión Consultiva» en esta materia. En esta Opinión Consultiva el Tribunal establece que los ordenamientos nacionales deben asegurar la posibilidad de reconocer una relación legal entre padres e hijos con la madre intencional que aparece en el certificado de nacimiento, legalmente otorgado en el extranjero, como la madre legal (González Beilfuss, 2020). En España esto es posible a través de la adopción[7].

---

necesaria para la seguridad nacional, la seguridad pública, el bienestar económico del país, la defensa del orden y la prevención del delito, la protección de la salud o de la moral, o la protección de los derechos y las libertades de los demás».

Vid. González Beilfuss, 2020.

6 *Vid.* Parliamentary Assembly (23 September 2016). *Children's rights related to surrogacy.* https://pace.coe.int/en/files/23015/html.

7 *Vid.* Lazcoz Moratinos y Gutiérrez-Solana Journoud (2019). La invisible situación jurídica de las mujeres para el TEDH ante la maternidad su-

La tendencia del Tribunal Europeo de Derechos Humanos va, en cierta forma, hacia el reconocimiento de la filiación, haciendo hincapié en el interés superior del niño y, en el margen de apreciación del que disponen los Estados en esta cuestión. Y para ello, el derecho interno de cada país debe disponer de medios que permitan el establecimiento de la relación de filiación (Duran Ayago, 2019).

La única institución que ha intentado regular la gestación por sustitución ha sido la Conferencia de Derecho Internacional de la Haya[8]. Desde 2015 un grupo de expertos ha estado trabajando en una posible regulación (HCCH, 2021). El objetivo empezó siendo un ambicioso instrumento general de Derecho Internacional Privado sobre el reconocimiento de decisiones judiciales extranjeras en materia de filiación, pero en enero de 2019 decidieron que lo mejor sería elaborar un Protocolo separado para el reconocimiento de decisiones judiciales extranjeras en materia de filiación dictadas a raíz de acuerdos internacionales sobre gestación por sustitución[9]. El propósito del grupo es proporcionar una herramienta que proporcione certeza y continuidad a la filiación que resulte de los contratos de gestación por sustitución. Pero no solo eso, sino también proteger el mejor interés del niño y los derechos fundamentales de todos los participantes en el contrato.

El grupo de expertos de la Conferencia ha progresado en algunos aspectos del futuro Protocolo, y al respecto coinciden en que los contratos de gestación por sustitución deben ser por escrito, promoviendo la transparencia y la protección de las partes y deberían

---

brogada en la primera opinión consultiva del Protocolo Nº16. *Cuadernos de Derecho Transnacional*,11, pp. 673-692.

8 *Vid.* resumen del contenido de los trabajos que la Conferencia de La Haya de Derecho Internacional Privado ha realizado desde 2010 en Duran Ayago (2020). Los trabajos en el seno de la conferencia de la Haya de Derecho Internacional Privado sobre gestación por sustitución. *Revista General de Derecho Constitucional 31.*

9 *Vid.* HCCH. (March, 2019). *Report of the Experts´Group on the Parentage/ Surrogacy Project.* https://assets.hcch.net/docs/55032fc1-bec1-476b-8933-865d6ce106c2.pdf.

concluirse antes de la fecundación. Además, la mayoría de los expertos están de acuerdo en que las sentencias judiciales dictadas después del nacimiento del niño en el Estado de origen del contrato de gestación por sustitución deberían ser reconocidas de forma automática en el resto de Estados contratantes, siempre y cuando se hayan dado las condiciones recogidas en el Protocolo. Consideran que unos requisitos mínimos son necesarios para proteger los derechos y el bienestar de las partes envueltas y para el mejor interés del niño, y se ha barajado la posibilidad de crear un certificado para verificar el cumplimiento de todas las condiciones exigidas por el Protocolo. También es de vital importancia la existencia de un consentimiento libre e informado de la mujer gestante y por ello aparece como condición para conseguir el reconocimiento de la sentencia de filiación, además de unos estándares mínimos en lo que respecta a la capacidad e idoneidad de la gestante y de los comitentes.

Aunque el grupo ha seguido en contacto de forma online, en su último encuentro no presencial en febrero de 2021 decidieron alargar un año más la entrega de su informe final sobre la viabilidad de una posible Convención de carácter internacional que regule la filiación y un Protocolo separado que regule la filiación nacida a consecuencia de un contrato de gestación por sustitución (HCCH, 2021).

4. Reflexiones finales

Como hemos visto en los puntos anteriores, la realidad se impone y no podemos negar que actualmente se llevan a cabo acuerdos o contratos de gestación por sustitución en muchos países del mundo, y, por lo tanto, no podemos obviar la existencia de niños cuya filiación y derechos necesitan ser reconocidos. La experiencia nos ha demostrado que prohibir este tipo de contratos de gestación por sustitución de carácter internacional no significará su desaparición. Por el contrario, probablemente aumentará el número de malas prácticas y abusos, con participación de intermediarios que velan por su propio lucro y que obtienen grandes beneficios con este tipo de contratos. Estos son también algunos de los argumentos más utilizados en contra de la gestación por sustitución, pero precisamente por estos motivos, para evitar estos abusos, para evitar la comercialización y el tráfico de niños o de mujeres vulnerables, para evitar que ningún niño quede desprotegido y sin filiación reconocida, los contratos de gestación por sustitución de carácter internacional deberían ser regulados. Mirar hacia otro lado no hará que dejen de nacer niños a través de la gestación por sustitución en aquellos países donde sí es legal. No se trata de incentivar o animar a llevar a cabo este tipo de prácticas, sino de regular los efectos que de ellas se desprenden y asumir que los niños y las mujeres más vulnerables merecen ser protegidos.

En este sentido trabaja la Conferencia de La Haya, a pesar de las dificultades de alcanzar consensos ante un tema tan polémico y con tantas connotaciones éticas. Un instrumento de carácter internacional que regule la filiación en estos casos ayudará al menos, en el reconocimiento de la filiación de aquellos niños nacidos a través de contratos de gestación por sustitución. Mientras, países como el nuestro, afrontan cada caso *ad hoc*, con distintos resultados según se plantee en el orden civil, laboral o ante instancias administrativas, quedando en cada momento en manos del funcionario de turno, ante la falta de una regulación que aplicar. Nunca los cambios han sido fáciles, y una vez más, el poder legislativo va por detrás de una realidad que no deja de crecer cada día y que no podemos ignorar.

5. Referencias

Calvo Caravaca, A. y Carrascosa González, J. (2015). Gestación por sustitución y derecho internacional privado. Más allá del Tribunal Supremo y del Tribunal Europeo de Derechos Humanos. *Cuadernos de Derecho Transnacional*, 7, pp. 45-113.

Duran Ayago, A. (2019). Protocolo nº16 al Convenio Europeo de Derechos Humanos y Gestación por sustitución: primera consulta planteada por la Corte de Casación francesa y primera respuesta para seguir sin desbrozar del todo el camino. *Revista General de Derecho Europeo.*

Esparza Pérez, R.V. (2020). Estados que permiten la gestación por sustitución, medie o no una contraprestación económica. En M. Albornoz (Ed.), *La gestación por sustitución en el derecho internacional privado y comparado* (123-138). Instituto de Investigaciones Jurídicas, Serie Doctrina Jurídica, 895, Universidad Nacional Autónoma de México.

González Beilfuss, C. (2020). Jurisprudencia del Tribunal Europeo de Derechos Humanos. En M. Albornoz (Ed.), *La gestación por sustitución en el derecho internacional privado y comparado* (232-234). Instituto de Investigaciones Jurídicas, Serie Doctrina Jurídica, 895, Universidad Nacional Autónoma de México.

Diario Oficial de la Unión Europea (2015). *Informe anual sobre los derechos humanos y la democracia en el mundo (2014) y política de la UE al respecto.* C 399/151. https://www.usc.es/export9/sites/webinstitucional/gl/institutos/ceso/descargas/PE_RES_17-12-2015_es.pdf.

Hague Conference on Private International Law (24 de agosto de 2021). *The parentage/Surrogacy project.* https://www.hcch.net/en/projects/legislative-projects/parentage-surrogacy.

Hague Conference on Private International Law (March, 2021). *Report of the Experts´Group on the Parentage/Surrogacy Project.* https://assets.hcch.net/docs/ffa7be80-a3a7-49ca-b6c5-b2abb04c863f.pdf.

Hernández Rodríguez, A. (2014). Determinación de la filiación de los nacidos en el extranjero mediante gestación por sustitución: ¿hacia una nueva regulación legal en España? *Cuadernos de Derecho Transnacional,* 6, pp. 148-149.

Lamm, E. (2013). *Gestación por sustitución. Ni maternidad subrogada ni alquiler de vientres,* (118-130). Obsevatori de Bioètica i Dret. Universitat de Barcelona.

Marongiu Buonaiuti, F. (2019). Recognition in Italy of filiation established abroad by surrogate motherhood, between transnational continuity of personal status and public policy. *Cuadernos de Derecho Transnacional,* 11, pp. 294-305.

El derecho de acceso a la vivienda a nivel global

Berta Bastús Ruiz
Investigadora predoctoral
Universidad de Barcelona (Facultad de Derecho)
b.bastus@ub.edu

Resumen

El presente trabajo tiene por objeto analizar la configuración legal del derecho a la vivienda en el ámbito internacional y su implicación en el ordenamiento jurídico español. Para ello, el trabajo se estructura en dos partes claramente diferenciadas, aunque muy conectadas entre sí. La primera parte recoge el análisis normativo internacional, mientras que la segunda parte analiza los puntos más preocupantes de la vivienda en el ordenamiento jurídico español. Finalmente, de forma breve y detallada, se incluyen las conclusiones del presente trabajo.

Palabras clave: vivienda, digna, adecuada, derecho internacional.

Abstract

The present work aims to analyze the legal configuration of the right to housing in the international level and its implication in the Spanish legal system. For this, the work is structured in two clearly differentiated parts, although closely connected to each other. The first part includes the international normative analysis, while the second part analyzes the most worrying aspects of housing in the Spanish legal system. Finally, briefly and in detail, the conclusions of this work are included.

Keywords: *housing, decent, adequate, international law.*

Índice

1. Introducción

El acceso a una vivienda constituye actualmente una de las necesidades más básicas de nuestra sociedad. La vivienda es la esfera que protege a todo ciudadano y que, a su vez, le brinda una serie de ventajas en su desarrollo social. El acceso a una vivienda garantiza y protege, a su vez, otro tipo de derechos igual de importantes y necesarios como, por ejemplo, el derecho a la salud o el derecho a la intimidad. Esto es así porque el derecho de acceso a la vivienda tiene carácter poliédrico e incide no solo en el ámbito jurídico, sino también en el ámbito social y económico.

Como veremos, el derecho de acceso a la vivienda debe ser considerado como un derecho básico y universal. Por ello, los poderes públicos deben destinar los recursos que sean necesarios para fomentar y proteger este derecho con todas las garantías posibles. El problema es que, por lo menos en España, parece que durante los últimos diez años no ha existido una preocupación por parte de la Administración Pública en materia de vivienda y, en consecuencia, tampoco ha habido inversión pública en la misma. Por ello, es importante estudiar el escenario actual español y comprobar si nuestro ordenamiento jurídico respeta las normas internacionales.

Teniendo en cuenta lo anterior, el objetivo del presente trabajo es doble:

A. Por un lado, se realiza un análisis de la normativa sobre el derecho a la vivienda a nivel internacional y europeo. Este análisis nos permitirá saber cuál es la visión global sobre este derecho y qué previsiones establecen las normas internacionales respecto al mismo.
B. Por otro lado, una vez analizado el marco jurídico internacional, se procede a comprobar si el ordenamiento jurídico español cumple con las previsiones establecidas a nivel internacional respecto a la configuración del derecho a la vivienda.

Por lo tanto, el trabajo se estructura en dos partes claramente diferenciadas que corresponden, cada una de ellas, con los objetivos previamente mencionados. Finalmente, de forma breve y detallada, se incluyen las conclusiones del presente trabajo.

2. El derecho a la vivienda: marco jurídico internacional y europeo

2.1. Marco jurídico internacional del derecho a la vivienda: de la Declaración Universal de los Derechos Humanos a la Misión en España del Relator Especial en materia de vivienda

A nivel internacional existen distintos documentos que persiguen la protección y la garantía de todo tipo de derechos. En concreto, en este trabajo nos centraremos en analizar aquellos documentos que recogen previsiones sobre el derecho a la vivienda.

El primer documento que debemos señalar es la Declaración Universal de los Derechos Humanos de 1948[1] que reconoce el derecho de toda persona a tener un nivel de vida adecuado que le

1 Declaración adoptada y proclamada por la Resolución 217A (III) de la Asamblea General de Naciones Unidas de 10 de diciembre de 1966.

asegure, junto a su familia, la vivienda (art. 25.1). A pesar de que esta Declaración constituye una resolución de la Asamblea General de las Naciones Unidas que carece de valor jurídico obligatorio, cabe tener presente que, en conjunto, la Declaración es uno de los primeros documentos que recoge un compendio de derechos económicos, sociales y culturales que inciden en la población mundial y, por lo tanto, su impacto y transcendencia es indiscutible.

En este punto, es imprescindible manifestar que la Declaración ya señala en su artículo 22 que toda persona tiene derecho a la satisfacción de los derechos económicos, sociales y culturales, siempre teniendo en cuenta la organización y los recursos de cada Estado. Por lo tanto, ya en el año 1948 se lanza un órdago internacional a los distintos estados: deben proteger, fomentar y garantizar el cumplimiento de estos derechos, en la medida que les sea posible.

Posteriormente, en el año 1966, se aprueban el Pacto Internacional de Derechos Económicos, Sociales y Culturales (en adelante, PIDESC) y el Pacto Internacional de Derechos Civiles y Políticos (en adelante, PIDCP) [2] que, junto con la Declaración de 1948, forman la Carta Internacional de Derechos Humanos vigente en la actualidad.

En lo que a este trabajo concierne, el PIDESC recoge en su artículo 11.1 las previsiones necesarias para garantizar el nivel de vida adecuado, entre los que destaca el criterio de la vivienda. En relación con la obligación de los estados en asegurar ese nivel de calidad de vida, el art. 2.1 del PIDESC también establece que cada estado parte debe comprometerse a adoptar medidas, económicas y técnicas para garantizar la plena efectividad de los derechos sociales.

A raíz de la creación en 1985 del Comité de Derechos Económicos, Sociales y Económicos[3] (en adelante, el Comité), como órgano que controla el cumplimiento de los mencionados pactos, se han ido

[2] Ambos pactos aprobados por la Resolución 2200 (XXI), de 16 de diciembre de 1966. No obstante, la entrada en vigor de ambos documentos es distinta: el PIDCP entró en vigor el 3 de enero de 1976 mientras que el PIDESC lo hizo el 23 de marzo de 1976.

[3] Mediante Resolución 1985/17, de 28 de mayo de 1985.

estableciendo recomendaciones u orientaciones sobre cada derecho que nos permiten interpretar correctamente el contenido y el sentido de estos.

En relación con el derecho a la vivienda, es imprescindible destacar dos Observaciones Generales del Comité. Por un lado, la Observación General Nº4, de 13 de diciembre de 1991 (en adelante, OG Nº4), que recoge cuál debería ser la interpretación adecuada del derecho a la vivienda. Y, por otro lado, la Observación General Nº7, de 20 de mayo de 1997 (en adelante, OG Nº7), que se emite, fundamentalmente, para priorizar la problemática de los desalojos forzosos. Es la primera de las observaciones mencionadas, la Nº 4, la que aquí interesa para poder analizar el contenido del derecho a la vivienda.

Así pues, la OG Nº4 pretende concretar «algunas de las principales cuestiones que el Comité considera importantes en relación con este derecho». Teniendo en cuenta las palabras del Comité, el derecho a la vivienda debe regularse en los diferentes Estados teniendo en cuenta tres notas características básicas: 1) debe ser garantizado a todas las personas y sus familias, independientemente de su edad, de su situación económica, de su posición social o de cualquier otro tipo de factor discriminatorio; 2) debe relacionare con «el derecho a vivir en seguridad, paz y dignidad en alguna parte»; y 3) en relación con el concepto de «adecuación» de la vivienda, la OG Nº4 establece una serie de factores a tener en cuenta, entre los que destacan la seguridad jurídica de la tenencia; la disponibilidad de servicios, materiales, facilidades e infraestructuras para garantizar la salud, la seguridad, la comodidad y la nutrición; que los gastos personales o del hogar sean soportables o que la vivienda debe cumplir con una serie de requisitos relacionados con la habitabilidad.

Por lo tanto, la OG Nº4 de 1991 constituye uno de los documentos internacionales más completos en relación con la interpretación que los estados deberían dar al derecho a la vivienda para dotarlo de una protección segura y eficaz. También en el año 1991, se encarga una relatoría especial a Rajindar Sachar sobre el derecho a la vivienda adecuada[4] que proporciona una serie de ítems que identifica como «causas de la crisis mundial de la vivienda». Años más tarde, en 2001, se elabora otra relatoría especial por parte de Miloon Kothari que trata, especialmente, todo lo relacionado con los desalojos forzosos[5].

Finalmente, en el año 2006, el Relator Especial en materia de vivienda, Miloon Kothari, visita España del 20 de noviembre al 1 de diciembre con el objetivo de examinar la situación en el sector y emitir un informe al respecto. Es en este informe[6] donde se identifican los principales problemas en materia de vivienda que perjudican a España y que, desgraciadamente y como veremos en la siguiente parte del trabajo, siguen azotando a la sociedad española. El informe destaca, entre otros, los siguientes puntos preocupantes:

1. Aumento de precios (ya sea por subida de intereses hipotecarios o por el incremento de las rentas de los alquileres).
2. Preferencia del régimen de tenencia en propiedad sobre el régimen de alquiler.
3. Bajo porcentaje de vivienda pública.

En definitiva, el informe de la Misión a España del año 2006 identifica con claridad los principales problemas de nuestro país en relación a la vivienda e incluso concluye que «a pesar de que en las disposiciones de la Constitución se reconoce que la vivienda es un derecho básico, en la práctica es considerada un simple bien de consumo, que se compra y se vende».

[4] Documento E/CN.4/Sub.2/1992/15, de 12 de junio de 1992.
[5] Documento E/CN.4/2001/51, de 25 de enero de 2001.
[6] Documento A/HRC/7/16/Add.2 de 7 de febrero de 2008.

2.2. Normativa europea en materia de vivienda

A pesar de que en el presente trabajo nos vamos a centrar en los aspectos señalados del informe del Relator Especial en 2006, es importante también dejar constancia, aunque sea de forma breve, de aquellos instrumentos europeos que nos permiten articular el derecho a la vivienda y su configuración.

El 4 de noviembre de 1950 se adopta el Convenio para la Protección de los Derechos Humanos y las Libertades Fundamentales que guarda silencio en relación a los derechos económicos y sociales y, por lo tanto, no dice nada al respecto del derecho a la vivienda, aunque algunos autores señalan que en el art. 8 se recoge una especie de protección indirecta de esos derechos.

Más adelante, en 1961, la Carta Social Europea[7] recoge la protección del derecho a la vivienda en sus artículos 16 y 31. En estos artículos, se reconoce la importancia de la vivienda para conseguir las condiciones de vida necesarias para el desarrollo de la familia y la obligación que tienen los estados europeos de garantizar este derecho adoptando las medidas necesarias. El Comité Europeo de Derechos Sociales, que es el órgano encargado de vigilar el cumplimiento de la Carta Social Europea, adoptó en 5 de diciembre de 2007, una decisión que sentencia el incumplimiento del artículo 31 de la Carta por parte de los estados por la falta de progresos realizados en esta materia.

En el origen de la Unión Europea, por tanto, los derechos fundamentales —y mucho menos los derechos sociales— no reciben un gran tratamiento por parte de los Tratados constitutivos.

En 1989 se aprueba en Estrasburgo la Carta Comunitaria de los Derechos Sociales Fundamentales de los Trabajadores que ya hace una referencia expresa a la vivienda en su artículo 26, cuando recoge las previsiones para mejorar la vida de las personas discapacitadas.

---

7 La Carta Social Europea se adopta por el Consejo de Europa en Turín, 18 de octubre de 1961. España ratifica esta Carta el 27 de abril de 1978 y la ratifica el 6 de mayo de 1980 (BOE Nº153, de 26 de junio de 1980.

Pero no es hasta el año 2001, con la aprobación en Niza de la Carta de los Derechos Fundamentales de la Unión Europea, que se obtiene un verdadero documento de derechos a este nivel. En concreto, el art. 7 de esta Carta señala una especie de protección al derecho de la vivienda cuando trata el respeto a la vida privada y familiar. Además, en su art. 34.3 dispone la necesidad de que los estados reconozcan una ayuda social a la vivienda que garantice una existencia digna del ser humano.

Esta Carta de los Derechos Fundamentales de la Unión Europea adopta fuerza normativa con la aprobación de la reforma del Tratado de la Unión Europea en 2007[8] y que fue firmado por los estados miembros el 13 de diciembre de 2007. El artículo 6 de este texto definitivo otorga el mismo valor jurídico que los Tratados a los derechos, libertades y principios enunciados en la Carta del año 2001.

3. Problemas relacionados con el derecho a la vivienda en España

3.1. El derecho a la vivienda en el ordenamiento jurídico español

El Estado español, adherido a los pactos internacionales mencionados y a la Carta Social Europea, recoge el derecho a la vivienda digna y adecuada en el artículo 47 de la Constitución. Nada se dice en este artículo del concepto de asequibilidad, aspecto que el Comité de Derechos Económicos, Sociales y Culturales de las Naciones Unidas considera un «aspecto clave del derecho a una vivienda adecuada».[9]

---

[8] Este Tratado se firma por los estados miembros el 13 de diciembre de 2007 y entra en vigor el 1 de diciembre de 2009.

[9] CESCR, Observación general n. 4, El derecho a una vivienda adecuada (Art.11(1)), UN Doc. E/1992/23, de 12 de diciembre de 1991.

Por otro lado, respecto a la protección del derecho a la vivienda se debe tener en cuenta que nos encontramos ante un principio rector ya que no está ubicado en el Título I, Capítulo segundo, Sección 1ª relativa a los derechos fundamentales y, por lo tanto, no tiene la protección específica del artículo 53 del mismo texto legal.

A pesar de lo anterior, el derecho a la vivienda debe ser considerado como un derecho básico y universal por su conexión con la esfera íntima de la persona y con la dignidad humana[10]. Por lo tanto, los poderes públicos deben promover y garantizar este derecho con todo el respaldo legal de la normativa.

Si bien nos encontramos ante una materia que es competencia exclusiva de las comunidades autónomas, el Estado puede actuar sobre la base de otros títulos competenciales como, por ejemplo, el del artículo 149.1.13 CE[11] y, por lo tanto, es imprescindible que desde todas las Administraciones territoriales se invierta en este sector. Y, para ello, también es imprescindible que exista una norma de cabecera que regule los aspectos más básicos de este derecho.

Por eso lo primero que sorprende es que no existe una norma estatal sobre la vivienda como tal, sino que existe un maremágnum de normas que inciden, en mayor o menor grado, en materia de vivienda como, por ejemplo, la Ley 49/1960, de 21 de julio, de Propiedad Horizontal, la Ley 29/1994, de 24 de noviembre, de Arrendamientos Urbanos, la Ley 4/2013, de 4 de junio, de medidas de flexibilización y fomento del mercado de alquiler de viviendas, el Real Decreto 106/2018, de 9 de marzo, que regula el Plan Estatal de Vivienda entre los años 2018 y 2021 y, finalmente, el Real Decreto-ley 7/2019, de 1 de marzo, de medidas urgentes en materia de vivienda y alquiler[12]. Y este listado es exclusivamente de la normativa estatal, sin entrar a analizar las normas que regulan este

---

10 Así lo señala el Tribunal Constitucional, entre otras, en SSTC núm. 32/2019, de 28 de febrero [RTC/2019/32] y núm. 152/1988, de 20 de julio [RTC/1988/152].

11 Así lo señala la STC 152/1988, de 20 de julio [RTC 1988/152].

12 La Sentencia de 28 de enero de 2020, el Pleno del Tribunal Constitucional declara la inconstitucionalidad (y, por tanto, la nulidad) de las disposi-

derecho en las distintas Comunidades Autónomas, que también son múltiples y que dan la sensación de una regulación atropellada en la materia.

3.2. Situación actual de la vivienda en España

Además de exponer brevemente la normativa aplicable en la materia, lo primordial en este trabajo es analizar los problemas existentes en España en relación con el derecho a la vivienda y con los puntos ya fijados por el Relator Especial en su misión a España del 2006 y la mejor manera de evidenciar la poca evolución existente es a través de datos estadísticos[13].

1. Aumento de precios (ya sea por subida de intereses hipotecarios o por el incremento de las rentas de los alquileres).

   La triste realidad es que actualmente existe una gran parte de la población que no puede permitirse el acceso a una vivienda o que debe destinar la mayor parte de sus ingresos a la misma. Así se reconoce expresamente en la exposición de motivos del Real Decreto-ley 7/2019, de 1 de marzo.

   Es indiscutible que la materia de vivienda está íntimamente relacionada con aspectos económicos y con el comportamiento general del mercado. En este sentido, y a modo de ejemplo, hay que tener en cuenta que a lo largo del año 2019 se realizaron un total de 79.950 compraventas en Cataluña a 2193,14 euros por metro cuadrado construido de precio medio.

   En cuanto al mercado del alquiler, que es uno de los puntos más preocupantes, en el año 2020, se han realizado un total de 36 359 contratos de alquiler a un precio medio de 737,84

---

ciones adicionales primera y tercera del Real Decreto - ley 7/2019, de 1 de marzo, de medidas urgentes en materia de vivienda y alquiler.

13 Dado que el derecho a la vivienda se una competencia exclusiva de las Comunidades Autónomas, los datos estadísticos que se van a presentar a continuación hacen referencia, concretamente, al territorio de Cataluña.

euros al mes (Generalitat de Catalunya, 2021)[14]. Con el objetivo de intentar solventar este incremento desorbitado de los precios del alquiler, en Cataluña se aprobó la Ley 11/2020, de 18 de septiembre, de medidas urgentes en materia de contención de rentas en los contratos de arrendamiento de vivienda que pretende regular y limitar el precio de los alquileres en aquellos municipios donde se acredite más presión residencial[15]. Sin embargo, actualmente, esta Ley está siendo revisada por el Tribunal Constitucional[16]. Los precios han ido aumentando exponencialmente desde el año 2006 hasta la actualidad y el problema, por lo tanto, sigue siendo patente en la sociedad española. Y recordemos que la Constitución nada dice acerca del término de la «asequibilidad» de la vivienda.

2. Preferencia del régimen de tenencia en propiedad sobre el régimen de alquiler

En cifras actuales, en el año 2018, el nivel de viviendas en propiedad en España se sitúa en el 76,1 % frente al 17,5 % de viviendas en alquiler (Instituto Nacional de Estadística, 2020)[17]. Si bien se observa en la estadística del INE citada que el régimen de tenencia de la vivienda en propiedad ha ido disminuyendo progresivamente desde el año 2004 que se situaba en un

---

14 Estadísticas sobre el mercado del alquiler (número de contratos y precio medio del alquiler) en http://habitatge.gencat.cat/ca/dades/estadistiques_publicacions/indicadors_estadistiques/estadistiques_de_construccio_i_mercat_immobiliari/mercat_de_lloguer/lloguers-per-ambits-geografics/

15 Según el informe del Observatorio Metropolitano de Vivienda de Barcelona, en este municipio, las familias que viven en alquiler destinan, aproximadamente, un 45 % de sus ingresos al pago de la cuota mensual.

16 El Pleno del Tribunal Constitucional, por providencia de 26 de enero de 2021, ha acordado admitir a trámite el recurso de inconstitucionalidad número 6289-2020, promovido por más de cincuenta diputados del Grupo Parlamentario Popular en el Congreso, contra los artículos 2, 3.2, 3.3, 3.4, 6, 7.1, 15.1, 16.2 y 18 y disposiciones adicionales primera y cuarta de la Ley de Cataluña 11/2020, de 18 de septiembre.

17 Hogares por régimen de tenencia de la vivienda (2004 - 2018). Recuperado de https://www.ine.es/jaxiT3/Tabla.htm?t=4566

79,5 % para las viviendas en propiedad y un 13,9 % para las viviendas en alquiler. Estos datos demuestran claramente que el régimen de propiedad sigue siendo el preferente para los ciudadanos españoles, lo que puede que sea consecuencia de la falta de vivienda pública y de alquileres sociales asequibles.

3. Bajo porcentaje de vivienda pública

   Efectivamente existe un bajo nivel de viviendas protegidas que se contrapone a la alta demanda de este tipo de viviendas por parte de la población (en España, el parque público de viviendas representa un 2,5%). Así lo demuestran los números. Por ejemplo, a nivel catalán, según datos del Ministerio de Transportes, Movilidad y Agenda Urbana, el número de calificaciones definitivas de viviendas protegidas en Cataluña, entre los años 1991 y 2019 asciende a un total de 105.154 viviendas de este tipo (Ministerio de Transportes, Movilidad y Agenda Urbana. s.f.)[18]. Si tenemos en cuenta que en Cataluña hay un total de 3 936 585 viviendas (Ministerio de Transportes, Movilidad y Agenda Urbana. s.f.)[19], la vivienda protegida solo representa un 2,6 % del parque total catalán. Sin embargo, el aspecto más preocupante en este punto no es otro que la confrontación, como decimos, existente entre el bajo número de viviendas protegidas y la elevada demanda de este tipo de viviendas. En el año 2019 constan inscritas en el Registro de Solicitantes de Viviendas de Protección Oficial de Cataluña un total de 137 626 unidades de convivencia (o, lo que es lo mismo, familias que están esperando una vivienda pública) (Ministerio de Transportes, Movilidad y Agenda Urbana. s.f.)[20].

---

[18] Número de calificaciones definitivas. Planes estatales y planes autonómicos. Recuperado de https://apps.fomento.gob.es/BoletinOnline2/?nivel=2&orden=31000000

[19] Total de viviendas por comunidades autónomas y provincias. Recuperado de https://apps.fomento.gob.es/BoletinOnline2/?nivel=2&orden=33000000

[20] Estadística sobre demanda de vivienda protegida. Recuperado de http://habitatge.gencat.cat/ca/dades/estadistiques_publicacions/indicadors_es-

Por lo tanto, mediante estos datos estadísticos, se demuestra claramente que los poderes públicos, estatal y autonómicos, no han destinado suficientes recursos ni han promovido las garantías necesarias para proteger el derecho a la vivienda, tal y como solicitan, de forma expresa, los organismos internacionales.

4. Conclusiones

1. El derecho a la vivienda está regulado a nivel internacional en la Carta Internacional de Derechos Humanos vigente en la actualidad y, en particular, la OG Nº4 concreta «algunas de las principales cuestiones que el Comité considera importantes en relación con este derecho», como son que el mismo debe ser garantizado a todas las personas sin sujetarse a ningún tipo de discriminación, que el derecho a la vivienda debe interpretarse de forma amplia y que la vivienda debe ser adecuada, siguiendo los factores establecidos en la propia OG Nº4. A su vez, el derecho a la vivienda también encuentra su protección en instrumentos europeos y en el ámbito de la Unión Europea.
2. En relación con la situación del derecho a la vivienda en España, debemos destacar el informe del año 2006 del Relator Especial en materia de vivienda, Miloon Kothari. En el informe se señalan determinados aspectos problemáticos de este derecho y que los poderes públicos tienen la obligación de proteger y garantizar el acceso a la vivienda. Entre los puntos marcados por el informe se destacan: aumento de precios (ya sea por subida de intereses hipotecarios o por el incremento de las rentas de los alquileres); preferencia del régimen de tenencia en propiedad sobre el régimen de alquiler y el bajo porcentaje de vivienda pública.

---

tadistiques/estadistiques-de-la-politica-dhabitatge-/demanda-dhabitatge-protegit/

3. Respecto a los tres puntos preocupantes señalados por el informe del Relator Especial, se comprueba que en los últimos 15 años los poderes públicos no han dedicado los esfuerzos suficientes ni los recursos necesarios para configurar y fomentar el derecho de acceso a la vivienda con todas las garantías. Actualmente, España cuenta con unos precios de vivienda muy elevados, tanto en compraventa (2000€/m2 de media aproximada) como en alquiler (precio medio de 737,84 €/mes); sigue apostando por el régimen de propiedad frente al del alquiler (muy probablemente debido a los precios desorbitados) y tiene uno de los parques de vivienda pública más pobres de la Unión Europea ya que solo representa un 2,5 % del total de viviendas.
4. En definitiva, el escenario actual del derecho a la vivienda en España es desolador. Sin embargo, no podemos decir que nadie nos avisó pues, a nivel internacional tenemos un informe que ya en 2006 señala todos los retos que España debía plantearse y que, en vez de solventarse, solo han empeorado con el paso del tiempo y, en especial, debido a la falta de actuación de los poderes públicos competentes en la materia.

5. Referencias

Bassols, M. (1983). Consideraciones sobre el derecho a la vivienda en la Constitución Española de 1978. *Revista de derecho urbanístico y medio ambiente*, volumen 17 (85), pp. 13-42.

Cano, J. (2014). El Derecho Constitucional a una vivienda digna. *Revista de Derecho Urbanístico y Medio Ambiente*, vol. 48 (291), pp. 143-172.

García, G. (2010). ¿Hay un derecho constitucional a la vivienda? *Revista Jurídica del Notariado*, núm. 74, pp. 491-510.

García, R. (2009). Los derechos fundamentales sociales y el derecho a una vivienda como derechos funcionales de libertad. *Revista Catalana de Dret Públic*, núm. 38, pp. 67-96.

Jiménez, F. (2014). Tomarse en serio el Derecho internacional de los derechos humanos. Especial referencia a los derechos sociales, el derecho a la vivienda y la prohibición de los desalojos forzosos. *Revista Española de Derecho Constitucional*, núm. 101, pp. 79-124

López, F. (2009). Los derechos sociales en los Estatutos de Autonomía. *Revista Andaluza de Administración Pública*, núm. 73, pp. 71-190.

López, F. (2014). El derecho subjetivo a la vivienda. *Revista española de derecho constitucional*, núm. 102, pp. 49-91.

López, F. (2020). El reconocimiento legal del derecho a disfrutar de una vivienda. *Revista de Administración Pública*, núm. 212, pp. 297-308.

Pisarello, G. (2003). Vivienda para todos: un derecho en (de) construcción, el derecho a una vivienda digna y adecuada como derecho exigible. (Vol. 34). Barcelona, Icaria Editorial.

Pisarello, G. (2009). El dret a l'habitatge com a dret social: implicacions constitucionals. *Revista Catalana de Dret Públic*, núm. 38, pp. 43-66.

Simón, H. (2019). La Carta de Derechos Fundamentales de la Unión Europea y la constitucionalización del Derecho privado: ¿una nueva vía para proteger el derecho a la vivienda? *Revista Crítica de Derecho Inmobiliario*, vol. 95 (771), pp. 161-199.

Souvirón J. M. (2018). El derecho a la vivienda y su garantía pública: entre el servicio público y la protección social. El derecho a la vivienda y su garantía pública: entre el servicio público y la protección social, pp. 181-224. Madrid, Dykinson.

Arquitectura jurídico-competencial penitenciaria: protección jerárquica superior del derecho internacional penitenciario, frente al derecho nacional

José María Muñoz Blanco
Alumno de los cursos de doctorado de la UDIMA,
Universidad A Distancia De Madrid
Abogado
munozblancoaguilas@gmail.com

Resumen

En este trabajo se expone la relación jurídica existente entre las normas internacionales de derecho penitenciario y las normas nacionales en la misma materia, destacando la aplicación jerárquica superior del Derecho Internacional Penitenciario, frente al derecho nacional. Esta pluralidad de ordenamientos constituye lo que se denomina una «arquitectura jurídico - competencial penitenciaria», en la que pueden existir interinfluencias entre los distintos estados, en la aplicación de medidas penitenciarias en un mundo globalizado. Dichas interinfluencias, compondrían una nueva dimensión de relaciones internacionales, a las que podría atribuirse la denominación de «Geopolítica Penitenciaria», «Geoestrategia Penitenciaria» o «Geopenitenciarismo». La aplicación del derecho internacional penitenciario humanitario supondría una protección añadida más garantista, en comparación con el derecho estatal, respecto a los colectivos vulnerables en prisión. La tutela antidiscriminatoria penitenciaria, como parte del derecho penitenciario, estudia las medidas protectoras garantistas en favor de dichos colectivos vulnerables en prisión.

Palabras clave: Arquitectura jurídico - competencial penitenciaria, Derecho Internacional Humanitario Penitenciario, Tutela antidiscriminatoria penitenciaria, Geopolítica penitenciaria, Geoestrategia penitenciaria (geopenitenciarismo).

Abstract

This paper sets out the existing legal relationship between the international rules of penitentiary law and the national rules on the same subject, highlighting the superior hierarchical application of International Penitentiary Law, as opposed to national law. This plurality of legal systems constitutes what is known as a "penitentiary legal-competence architecture", in which there may be inter-influences between the different states in the application of penitentiary measures in a globalised world. These inter-influences would constitute a new dimension of international relations, which could be referred to as "Prison Geopolitics", "Prison Geostrategy" or "Geopenitentiaryism". The application of international humanitarian penitentiary law would provide additional protection for vulnerable groups in prison that is more protective than that provided by state law. Penitentiary anti-discrimination protection, as part of penitentiary law, studies the protective measures that guarantee these vulnerable groups in prison.

Key words: Penitentiary legal-competence architecture, International Humanitarian Penitentiary Law, Penitentiary anti-discrimination protection, Penitentiary geopolitics, Penitentiary geostrategy (geopenitentiarism).

Resum

En aquest treball s'exposa la relació jurídica existent entre les normes internacionals de dret penitenciari i les normes nacionals en la mateixa matèria, destacant l'aplicació jeràrquica superior de l'dret Internacional Penitenciari, davant el dret nacional. Aquesta pluralitat d'ordenaments constitueix el que s'anomena una "arquitectura jurídic - competencial penitenciària", en la qual poden existir interinfluències entre els diferents estats, en l'aplicació de mesures penitenciàries en un món globalitzat. Aquestes interinfluències, compondrien una nova dimensió de relacions internacionals, a les quals podria atribuir-se la denominació de "Geopolítica Penitenciària", "Geoestratègia Penitenciària" o "Geopenitenciarismo". L'aplicació de el dret internacional penitenciari humanitari suposaria una protecció afegida més garantista, en comparació del dret estatal, pel que fa als col·lectius vulnerables a la presó. La tutela antidiscriminatòria penitenciària, com a part de el dret penitenciari estudia les mesures protectores garantistes en favor dels esmentats col·lectius vulnerables a la presó.

Paraules clau: Arquitectura jurídic - competencial penitenciària, Dret Internacional Humanitari Penitenciari, Tutela antidiscriminatòria penitenciària, Geopolítica penitenciària, Geoestratègia penitenciària (geopenitenciarismo).

Índice

1. Introducción - presentación

La exposición de la presente comunicación tratará sobre una parte del derecho penitenciario, denominada tutela antidisciminatoria penitenciaria; dicha parte del derecho penitenciario aborda un estudio normativo y doctrinal sobre medidas de tutela o protección antidiscriminatoria, en favor de los colectivos vulnerables en prisión, o que sean afectados por resoluciones judiciales y administrativas, de carácter penitenciario. El resumen que se expondrá en esta comunicación formará parte de una posible futura tesis, cuyo director es el profesor Fernández Bermejo, al que se agradece mucho su experta guía y ayuda, sin la cual los avances de la investigación serían imposibles. Los argumentos expresados en esta comunicación, así como los errores que pueda cometer el alumno, serán de su exclusiva responsabilidad. La causa inicial de la investigación y su fundamento etiológico serían la inexistencia de estudios académicos precedentes extensos y especializados, que traten de todos los colectivos vulnerables, afectados por medidas penitenciarias.

Igualmente, las medidas protectoras - tuteladoras de reinserción de colectivos vulnerables tendrían como causa, prevenir o disminuir la situación de laberinto jurídico kafkiano, de difícil o imposible salida. Dicha situación afecta con más intensidad a los colectivos vulnerables, cuya estancia en prisión provoca una difícil o imposible reinserción postpenitenciaria, debido a la doble discriminación y multivulnerabilidad[1] que motiva su propia limitación como colectivo vulnerable, unida a su condición de exrecluso o expresidiario. Ante estos escenarios de doble discriminación o vulnerabilidad coagrabada, existe una falta de presupuesto estatal y la «indiferencia pública» (expresión utilizada literalmente por Concepción Arenal[2], como personaje relevante en los antecedentes históricos del penitenciarismo decimonónico). Por ello, trabajos académicos de este tipo son tan relevantes en la actual situación de pandemia mundial, en la que debe concienciarse al mundo académico y la realidad social, para que el poder estatal marginador de marginados, se convierta en un poder público reinsertador de dichos colectivos vulnerables.

Además, este estudio no solo tendría un propósito altruista o filantrópico, sino que también tendría una causa fundamental, que sería la necesidad de supervivencia del estado de derecho y sociedad del bienestar, que podrían afectarse gravemente o destruirse, en caso de aumento exponencial incontrolado de la tasa de criminalidad, de la pobreza y enfermedad, como motivos principales del incremento de la vulnerabilidad. La finalidad principal de la investigación y su fundamento teleológico sería la propuesta de reformas normativas

---

1 Vid.Giménez Gluck, D. (2013). «La discriminación múltiple en el Derecho de la Unión». En *Revista Española de Derecho Europeo.* (N. 45/2013, documento online). Disponible en: https://www.aranzadifusion.es (fecha de consulta: 14 de agosto de 2020), se ha incluido este autor para analizar la discriminación múltiple. En sentido similar, se expresa la STEDH (Sección5ª, Caso Y.T. contra Bulgaria), nº 106/2020 de 9 julio, en caso de discriminación por orientación sexual, y discriminación múltiple, que afecta a condición de LGTBI y a condición económica.

2 Vid. Arenal Ponte, C. (2015). *El visitador del preso.* Alicante. Biblioteca Cervantes Virtual. Disponible en: http://www.cervantesvirtual.com/obra-visor/el-visitador-del-preso--0/html/ (fecha de consulta 24-1-2021). Lo que la autora Concepción Arenal denominaba «Indiferencia Pública» es una de las grandes dificultades, que sufren todos los sistemas penitenciarios, relegados al olvido y la marginación, no solo por la propia sociedad, sino también por poderes públicos estatales.

lege ferenda, en favor de los colectivos vulnerables en prisión, con el fin de evitar o disminuir la discriminación causada por factores de vulnerabilidad, como son la pobreza y la enfermedad, que van a aumentar en el futuro considerablemente, con la actual crisis mundial sanitaria y económica.

2. Dimensión internacional y supranacional de la reinserción social de colectivos vulnerables en prisión

El concepto de jerarquía normativa, en el ámbito internacional, ha significado siempre la superioridad del valor aplicativo del derecho supranacional, frente al derecho nacional. Dicho concepto ha sido expresado tradicionalmente, de forma gráfica-ilustrativa, mediante la pirámide jerárquica-kelseniana. El término «arquitectura jurídico-competencial» se puede considerar que es un concepto más moderno y menos tradicional, que alude de forma también gráfica e ilustrativa a la jerarquización normativa, en estructura representativa piramidal. Así, en la cúspide, cima o techo más elevado de dicha arquitectura jurídico-competencial piramidal, se encontraría el derecho internacional y europeo. En la parte inmediatamente inferior a las normas internacionales, se situaría el derecho nacional y la Constitución, como norma fundamental jerárquica superior, de dicho derecho nacional.

A continuación, se presentarán tres figuras distintas, que representan la mencionada arquitectura jurídico competencial clásica-tradicional, en forma de pirámide ortodoxa (Figura nº 1), en la que el poder central estatal es superior a los poderes periféricos territoriales. En la Figura nº 2, se representa las tendencias o inercias de poder centrífugas y centrípetas, que se han manifestado a lo largo de la historia, pudiendo ilustrarse el mayor poder jerárquico de los territorios periféricos, mediante la imagen de una pirámide invertida con forma heterodoxa, en los casos de centrifugación del poder, con mayores atribuciones políticas y jurídicas de dichos territorios periféricos. Así ocurrió, por ejemplo, en algunas fases de la historia, como la edad media o la edad moderna y contemporánea, en los supuestos de pérdida del poder central monárquico, en tendencia inversamente proporcional, a favor de los poderes periféricos señoriales-feudales.

Igualmente ocurriría a finales de la edad moderna y en la edad contemporánea, con la pérdida de poder de las metrópolis, centrifugándose el poder hacia las colonias en vías de independencia, en los procesos de descolonización. Todos estos casos históricos de desplazamientos de poder implicaban que el *ius puniendi* y el *ius incarcerandi* (el derecho a castigar y a ejecutar el castigo, encarcelando o privando de libertad a los ciudadanos) se desplazara o residiera en el poder central o en los poderes periféricos, dependiendo de las oscilaciones o inercias centrifugas o centrípetas existentes en cada fase histórica. Así, si la alta edad media supuso el predominio de los poderes periféricos feudales-señoriales que podían monopolizar el *ius puniendi* y el *ius incarcerandi*, la baja edad media supuso un resurgimiento de la burguesía, los poderes periféricos de las ciudades y de sus Fueros Municipales. Con tendencia inversamente proporcional, siempre que se ha fortalecido el poder central, se han debilitado los poderes periféricos, y viceversa.

Figura nº 1

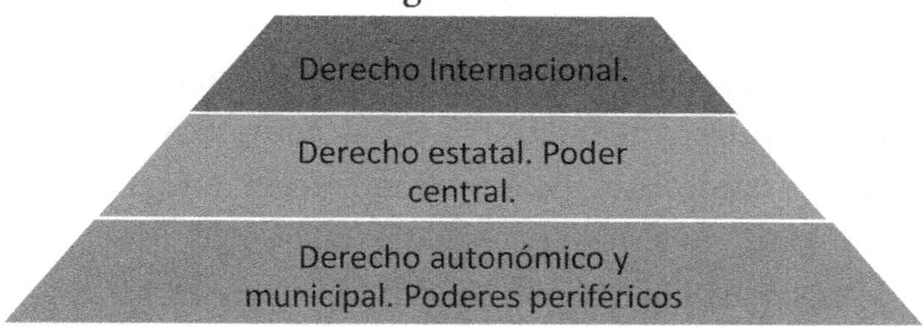

Fuente de elaboración: Elaboración propia

Fuente de información: Explicaciones de este epígrafe

Figura nº 2

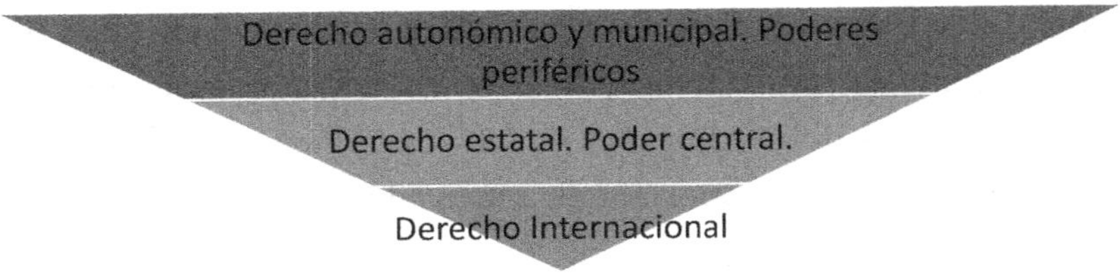

Fuente de elaboración: Elaboración propia

Fuente de información: Explicaciones de este epígrafe

En la figura nº 3, se muestra una nueva imagen representativa del concepto de arquitectura jurídico competencial penitenciaria. Dicha imagen ya no tendría forma de pirámide triangular, sino que tendría forma cuadrada o rectangular, simulando la representación gráfica de un cuadro-matriz. Este nuevo formato se asemejaría más al de la arquitectura de una casa o edificación, con distintas partes o plantas horizontales y verticales, en las que pueden representarse con más detalle en comparación con el modelo tradicional piramidal, tanto el estudio de la normativa como el estudio de la doctrina, que aplica dicha normativa. Igualmente, en esta nueva imagen semejante a la arquitectura de una edificación, se pueden incluir los estudios cronológicos de los antecedentes históricos de la arquitectura jurídico competencial, así como las propuestas de reforma normativa, *lege ferenda*, que supondrían el estudio futuro de la misma arquitectura jurídico-competencial.

Este concepto de arquitectura jurídica penitenciaria, puede especializarse y especificarse, creando un subconcepto derivado del anterior, denominado «arquitectura jurídica-competencial tuteladora-antidiscriminatoria penitenciaria», que esté destinada más concretamente al análisis de normas, doctrina y medidas favorecedoras de colectivos vulnerables en prisión. En este gráfico nº 3 se destaca también la inclusión del derecho internacional, que aparece en la parte central vertical, citado en primer lugar, con significación de aplicación jerárquica superior respecto al derecho nacional. En dicha parte central horizontal de la figura nº 3, se representaría el derecho positivo vigente, pudiendo abarcar este nuevo formato más moderno tanto el estudio de los antecedentes históricos del derecho positivo, como el estudio del futuro de las normas, en forma de propuestas de reforma *lege ferenda*.

Figura nº 3. Estudio cronológico desde el pasado hacia el presente y el futuro.

Primera parte del Trabajo.	Segunda parte del Trabajo.	Tercera parte del Trabajo.
Pasado. Antecedentes históricos.	Presente. Derecho positivo internacional y nacional.	Futuro. Propuesta de reformas normativas.
«Lex Anterior».	«Lex Data».	«Lege Ferenda».
Arquitectura jurídica competencial histórica, diacrónica, de tutela antidiscriminatoria penitenciaria.	Arquitectura jurídica competencial sincrónica actualizada, de tutela antidiscriminatoria penitenciaria.	Arquitectura jurídica competencial postcrónica - futura - reformadora, de tutela antidiscriminatoria penitenciaria.
Normas, autores y obras citados en la primera parte del trabajo.	Normas, jurisprudencia y doctrina citados en la segunda parte del trabajo.	Propuestas de reforma normativa, citadas en las conclusiones del trabajo.

Fuente de elaboración: Elaboración propia

Fuente de información: Explicaciones de este epígrafe

Estos conceptos, aplicados al derecho penitenciario, darían lugar a una «Arquitectura jurídico-competencial penitenciaria». La mencionada arquitectura jurídica penitenciaria incluiría una aplicación preferente de un «Derecho Internacional Penitenciario Humanitario»[3],

---

3 Vid. Rodríguez Yagüe, C. (2019). «El derecho penitenciario humanitario». En *Anuario de Derecho Penal y Ciencias Penales*. Universidad de Castilla - La Mancha. (N.º 72/2019, pp. 450-451, 439-482); Coyle, A. (2009). «Personal penitenciario y administración de prisiones». En *La administración penitenciaria en el contexto de los derechos humanos, Manual para*

formado por el régimen jurídico, que abarcaría toda la normativa emanada de los órganos de las Naciones Unidas[4], de la Unión Europea[5], del Consejo de Europa[6], así como las resoluciones judiciales del Tribunal de Justicia de la Unión Europea (TJUE)[7] y del Tribunal Europeo de Derechos Humanos (TEDH)[8]. Todas estas normas internacionales y su doctrina jurisprudencial suponen una mayor interpretación garantista, en favor de los reclusos y de los colectivos vulnerables en prisión. La tutela antidiscriminatoria penitenciaria se ha considerado como una parte de derecho penitenciario, dedicada al estudio y protección de dichos colectivos vulnerables en prisión[99].

---

el personal penitenciario 2, 2ª edición. Londres. Centro internacional de Estudios Penitenciarios (pp. 15-32).

4 Vid. Convención de la ONU contra la tortura, los tratos inhumanos y degradantes, adoptada y abierta a la firma, ratificación y adhesión por la Asamblea General en su Resolución 39/46, de 10 de diciembre de 1984, entrada en vigor el 26 de junio de 1987, de conformidad con el artículo 27; Declaración de los derechos del niño por la ONU, de 20 de noviembre de 1959. Reglas de las Naciones Unidas para la protección de los menores privados de libertad, adoptadas por la Asamblea General en su resolución 45/113, de 14 de diciembre de 1990.

5 Vid. Resolución del Parlamento Europeo de 26 de mayo 1989, sobre reclusión de mujeres y niños en prisión; Directiva (UE) 2016/800 del Parlamento Europeo y del Consejo, de 11 de mayo de 2016, relativa a las garantías procesales de los menores sospechosos o acusados en los procesos penales.

6 Vid. Recomendación nº 1592 (2003) de la Asamblea Parlamentaria del Consejo de Europa, que se dirige «Hacia la plena integración social de las personas con discapacidad», con fecha de 5 de abril de 2006.

7 Vid. Carta de los Derechos Fundamentales de la Unión Europea (modificada en fecha 29-12-2017); normas más relevantes que regulan el Tribunal de Justicia de la Unión Europea (TJUE), el Estatuto del TJUE (con fecha de entrada en vigor 1-5-2019).

8 Vid. Convenio Europeo de Derechos Humanos (CEDH) firmado en Roma el 4 de noviembre de 1950, con vigencia desde el 3 de septiembre de 1953, por el que se crea el Tribunal Europeo de Derechos Humanos (TEDH).

9 Vid. Sanz Delgado, E. (2011). «Tutela antidiscriminatoria y vulnerabilidad en prisión». En *Anuario de la facultad de derecho (Universidad de Alcalá).* (N. 4/2011, pp. 63-66). El presente artículo ha sido una de las fuentes de la tesis. En él se define la tutela antidiscriminatoria peniten-

Los estados vinculados y su derecho nacional deben subordinarse y supeditarse, aceptando una aplicación jurídica-doctrinal internacional, más garantista en la protección de los citados colectivos[10]. En los tiempos actuales de doble crisis sanitaria y económica, azotados por la pandemia mundial, el aumento de la vulnerabilidad en las sociedades se expresa mediante mayores índices de pobreza y enfermedad, con el consiguiente aumento de los colectivos vulnerables, en este escenario insólito e inesperado[11]. Dicha situación de desamparo más generalizado ha desbordado la capacidad de actuación de los estados, como no había ocurrido nunca, desde la segunda guerra mundial. Por ello, en estos momentos actuales de crisis global, se consideran más necesarios estudios académicos, que tengan por finalidad la protección del incremento exponencial de la vulnerabilidad social. Con este objetivo, se propone la adaptación de conceptos de la disciplina de Seguridad y Defensa, derivada a su vez de las Ciencias Políticas.

La mayor vulnerabilidad intrapenitenciaria y extrapenitenciaria podría disminuirse, no solo con la aplicación jerárquica superior del citado Derecho Internacional Humanitario Penitenciario, sino también con la imitación, importación o adaptación de medidas

---

ciaria, basándose en la Constitución, en normativa nacional e internacional y en jurisprudencia constitucional.

10 Vid. Sentencia del TJUE (STJUE) 19-12-2019, asunto C-502/19, sobre mantenimiento de la prisión provisional, tras la adquisición por el interesado de la condición de miembro del Parlamento Europeo; sobre esta sentencia, se pueden consultar el artículo doctrinal de Rodríguez Yagüe, C. (2018). «¿Pueden ser las condiciones de reclusión en España un obstáculo para la ejecución de una orden de detención y entrega? a propósito del `procés` catalán». En *Revista General de Derecho Penal*. (N. 29/2018, pp. 1-64); STEDH de 7-11-2013, nº 88, sobre discriminación en prisión de homosexuales; STEDH de 6-6-2019, nº 72, sobre discriminación en centros penitenciarios de mujeres condenadas.

11 En relación con la importante influencia de la vigente crisis económica y sanitaria, en el sistema penitenciario, se puede consultar a Rodríguez Yagüe, C. (2020). «COVID-19 y prisiones: un desafío no solo sanitario y de seguridad, también humanitario». En *Revista General de Derecho Penal*. (N. 33/2020, pp. 1-78).

penitenciarias reinsertadoras, de estados que mantengan una política penitenciaria, con mayores niveles de protección, en favor de colectivos vulnerables en prisión. Conceptos como «Geopolítica Penitenciaria», «Geoestrategia Penitenciaria» y «Geopenitenciarismo»[12] implicarían la interinfluencia globalizada y codependiente de medidas penitenciarias, aplicadas por estados (países nórdicos europeos, como Finlandia), que mantienen un sistema modélico de intervención pública tuteladora-antidiscriminatoria, que puede ser imitado, adaptado o importado por otros estados con capacidad reinsertadora notoriamente inferior (América, resto de Europa...).

3. Dimensión nacional de reinserción social de colectivos vulnerables en prisión

En la fundamentación axiológica de la investigación, de la posible futura tesis, se elegirá la corriente doctrinal humanitarista-reinsertadora, frente a la corriente punitivo-castigadora, en la interpretación del derecho penitenciario[13]. En el citado trabajo académico, se

---

12 Vid. Pardo de Santayana, J.M. (2018). «XVI Jornada de Geopolítica y Geoestrategia». Ceuta. *UNED*. Recuperado de: https://www.youtube.com/watch?v=BqNBGNP_2KQ_(fecha de consulta: 15-05-2020). Derivadas de la Geopolítica y la Geoestrategia, y aplicadas al derecho penitenciario, la Geopolítica Penitenciaria se definiría como una exposición meramente descriptiva-pasiva de los sistemas penitenciarios de cada Estado y su estudio comparativo. Por el contrario, la Geoestratégia Penitenciaria o Geopenitenciarismo sería una exposición proactiva-valorativa, que serviría para programar o establecer metas y objetivos, con el fin de reformar los sistemas penitenciarios menos eficientes, basándose en otros sistemas considerados modélicos, de los que se podría importar y adaptar medidas penitenciarias más reinsertadoras y eficaces.

13 Vid. Juanatey Dorado, C. (2012). «Política criminal, reinserción *y* prisión permanente revisable». En *Anuario de derecho penal y ciencias penales*. (Vol. 65/2012, pp. 130 y 136). Recuperado de: file:///C:/Users/Usuario/Downloads/Dialnet-PoliticaCriminalReinsercionYPrisionPermanenteRevis-4548504%20(2).pdf (Consulta realizada en fecha 04 de

incluye el estudio del derecho positivo vigente, tanto nacional, como europeo e internacional, considerando que la normativa autonómica y local tiene escasa importancia en el derecho penitenciario. El estudio doctrinal se desarrollará en sus tres manifestaciones, tanto la manifestación jurisprudencial, como la administrativa y la científica-académica. La posible futura tesis incluirá un análisis de antecedentes históricos y un análisis del citado derecho positivo vigente, extrayendo y seleccionando medidas tuteladoras-protectoras de colectivos vulnerables, de dichos antecedentes históricos y del estudio del derecho positivo vigente.

En la investigación realizada, se observa cómo un hallazgo socioeconómico, se convierte en resultado socioeconómico, comparando el gasto público penitenciario de Finlandia y España. Se demuestra que, en reinserción penitenciaria de presos y colectivos vulnerables en prisión, Finlandia triplica a España en gasto público. De este resultado socioeconómico, se obtiene la conclusión de la discriminación tanto al derecho penitenciario como a la población reclusa. Por ello, por la doctrina se ha utilizado una expresión parametafórica que afirma que el derecho penitenciario es la «cenicienta del derecho», y los reclusos pueden considerarse como «ciudadanos cenicienta», discriminados por los poderes públicos.

También se muestra, en la misma investigación, cómo un hallazgo socioeconómico se convierte en resultado socioeconómico. En los gráficos incluidos en la tesis, se observa que la población penitenciaria de Estados Unidos multiplica por diez a la de Finlandia, y la población reclusa de España, a su vez, triplica a la de Finlandia. De

mayo 2020). En este artículo, la autora defiende la preferencia de aplicación de los principios orientadores de reinserción y reeducación, en la política penitenciaria, frente a otros sistemas penitenciarios, en los que prevalecen criterios normativos punitivo- castigadores. La política criminal de Estados Unidos, mucho más punitiva que reinsertadora, con grandes problemas de superpoblación penitenciaria e ingente gasto público desbordado, se puede considerar un sistema ineficaz e ineficiente, que no sirve para resolver los problemas de delincuencia, aumentando cada año dicha población penitenciaria.

este resultado se concluye que los modelos penitenciarios nórdicos reinsertadores, con mayor inversión pública penitenciaria, disminuyen el índice de reclusos y la tasa de criminalidad. Por tanto, un modelo penitenciario preferentemente punitivo-castigador, como el de Estados Unidos, aumenta su población penitenciaria, mientras que un modelo nórdico preferentemente reinsertador, disminuye su población penitenciaria (consultar figura nº 4).

Figura nº 4.

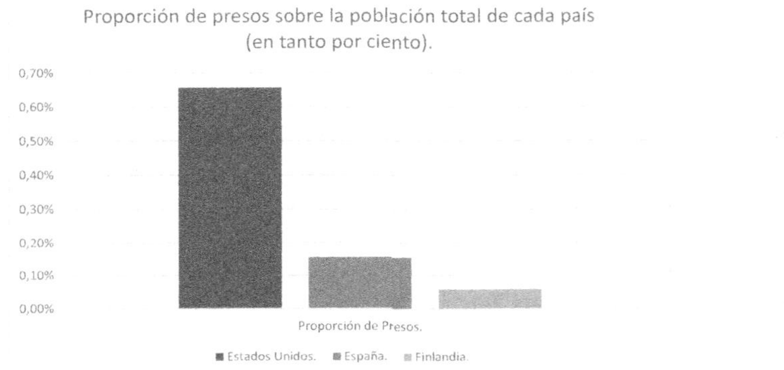

Fuente de elaboración: Elaboración propia

Fuente de información: Consultar nota a pie de página número catorce[14]

Explicación de la figura: Consultar nota a pie de página número catorce[15]

En el trabajo académico, se observa cómo un resultado socioeconómico se convierte en conclusión socioeconómica. Estableciendo

[14] Fuente de información de la figura número cuatro: https://www.prison-insider.com/fichapais/prisionesfinlandia
https://www.bbc.com/mundo/noticias-internacional-44047889
https://elpais.com/internacional/2016/08/18/actualidad/1471550483_672073.html
http://www.teinteresa.es/espana/Espana-Europa-Occidental-presos-carceles_0_559746109.html

[15] Explicación de la figura número cuatro: Proporción de presos sobre la población España año 2018. 153 presos por cada 100.000 habitantes, 0,153 %.

una relación de inferencia estadística, y una correlación proporcional inversa, entre población reclusa de cada Estado y su nivel de reinserción, se llega a la conclusión siguiente: a menor población reclusa, mayor poder reinsertador, tutelador antidiscriminador, que favorece a todos los reclusos y, especialmente, a los colectivos vulnerables en prisión. Así, el poder reinsertador de Finlandia es diez veces mayor que el de Estados Unidos, y tres veces mayor que el de España (consultar figura nº 5). De estos argumentos, se deduce la citada posibilidad de importación o adaptación de medidas penitenciarias reinsertadoras desde el sistema penitenciario finlandés, hasta los sistemas penitenciarios menos reinsertadores, como son el de España o Estados Unidos.

Figura nº 5.

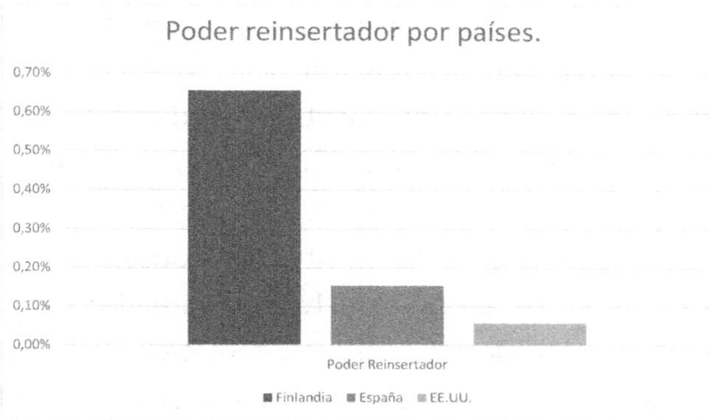

Fuente de elaboración: Elaboración propia

Fuente de información: Las mismas que en el gráfico anterior

Fuente de información: Año de la consulta, el mismo que el gráfico anterior, 2018

Proporción de presos sobre la población Finlandia año 2018. 57 presos por cada 100 000 habitantes, 0,057 %.

Proporción de presos sobre la población Estados Unidos de 2018. 655 encarcelados por cada 100 000 personas. 698 presos por cada 100 000 ciudadanos, 0,655 %.

Es de importancia básica destacar, que el análisis y las conclusiones socioeconómicas son meramente instrumentales, y sirven de apoyo y fundamento relevante para las conclusiones jurídicas, considerando que el presente trabajo académico es esencialmente jurídico, no predominantemente económico. Otra conclusión importante, derivada de esta imitación o importación del modelo nórdico, sería la ampliación de atribuciones y competencias en favor del defensor del pueblo, reformando su ley orgánica, a imitación del ombudsman nórdico. Así, dicho defensor del pueblo podrá actuar como acusador público especializado, con atribuciones procesales y administrativas, a semejanza de una fiscalía general especializada en protección de colectivos vulnerables[16].

En cuanto a las conclusiones jurídicas, se dividen en conclusiones jurídico formales y conclusiones jurídico materiales. En las jurídico formales, se destacará que se propone la aprobación de una ley orgánica para regulación de colectivos vulnerables en prisión, rechazando la reforma constitucional del artículo 25.2 de las Constitución; esta reforma conllevaría un excesivo tiempo y formalismo jurídico, que podría incluir mayorías parlamentarias reforzadas de dos tercios o tres quintos, así como un posible sometimiento a referéndum. En las conclusiones jurídico materiales, se propondrá la creación de un índice matemático de vulnerabilidad en prisión, semejante al porcentaje de discapacidad regulado en la normativa sobre graduación de la misma discapacidad[17]. Además, se propondrá una aplicación también analógica de la ley de depen-

---

16 Vid. Ley Orgánica 3/1981, de 6 de abril, del Defensor del Pueblo, publicada en el BOE en fecha de 7 de mayo de 1981; Informe Anual del Defensor del Pueblo de 2018, presentado en fecha de 11-6-2019, dedicado a situación crítica de las cárceles y de colectivos vulnerables, pp. 291, 304 y 843 y siguientes; Informe Anual del Defensor del Pueblo de 2019, fecha de presentación del informe: 07-07-2020, con análisis dedicado a centros penitenciarios, pp. 101-123.

17 Vid. Real Decreto 1971/1999, de 23 de diciembre, de procedimiento para el reconocimiento, declaración y calificación del grado de minusvalía, publicado en BOE en fecha de 26 de enero de 2000.

dencia[18], en relación con la normativa penitenciaria, estableciendo un indicador tutelador antidiscriminador de protección de colectivos vulnerables, en correlación directa con el índice citado de vulnerabilidad en prisión.

Autores especializados de la doctrina ya han planteado la posibilidad de utilizar indicadores e índices, para medir la vulnerabilidad en prisión, los cuales serían empleados como fundamento inicial; mediante dichos índices e indicadores, se desarrollarán unas propias formas de medición de la discriminación y vulnerabilidad en prisión, adaptadas y basadas en la mencionada normativa sobre discapacidad y dependencia[1918].

De esta forma, a mayor porcentaje de índice de vulnerabilidad en prisión, corresponderá un indicador tutelador antidiscriminador superior, que protegerá a los colectivos vulnerables en extensión, intensidad y urgencia en la aplicación de los derechos penitenciarios. La utilidad social y académica de este trabajo, puede residir en la propuesta de reformas normativas prácticas y pragmáticas, no meramente utópicas e idealistas, considerando las limitaciones presupuestarias estatales.

---

18 Vid. Ley 39/2006, de 14 de diciembre, de Promoción de la Autonomía Personal y Atención a las personas en situación de dependencia, publicada en el BOE el 15 de diciembre de 2006.

19 Vid. Del Val Cid, C., Viedma Rojas, A. y Reviriego Picón, F. (2013). «Hacia una medida objetiva de la discriminación en la cárcel: indicadores e índice de punición». En *Unirioja: criminalidad.* (Vol. 55, N. 2/2013, pp. 29-31). Disponible en: https://dialnet.unirioja.es/descarga/articulo/4684858.pdf (fecha de consulta 25 de noviembre de 2019). En cuanto a la clasificación tipológica cuantitativa, del concepto de tutela antidiscriminatoria penitenciaria, la presente tesis se ha basado en este artículo, como fundamento inicial de dicha clasificación cuantitativa; en sentido similar respecto a mujeres, vid. García Lorea, A. y Durán Durán, M. A. (2018). «Resiliencia y su relación con variables personales, penales y penitenciarias en mujeres presas». En *Proquest: Boletín Criminológico.* (N. 180/2018, p. 4). Disponible en: https://search.proquest.com/docview/2161599725?accountid=139267. (Fecha de consulta 25 de noviembre de 2019).

4. Referencias

Arenal Ponte, C. (2015). *El visitador del preso.* Alicante. Biblioteca Cervantes Virtual. Disponible en: http://www.cervantesvirtual.com/obra-visor/el-visitador-del-preso--0/html/ (fecha de consulta 24-1-2021).

Coyle, A. (2009). Personal penitenciario y administración de prisiones. En *La administración penitenciaria en el contexto de los derechos humanos. Manual para el personal penitenciario* 2. 2ª edición. Londres. Centro internacional de Estudios Penitenciarios (pp. 15-32).

Del Val Cid, C., Viedma Rojas, A. y Reviriego Picón, F. (2013). Hacia una medida objetiva de la discriminación en la cárcel: indicadores e índice de punición. En U*nirioja: criminalidad.* (Vol. 55. N. 2/ 2013, pp. 29-31). Disponible en: https://dialnet.unirioja.es/descarga/articulo/4684858.pdf (fecha de consulta 25 de noviembre de 2019).

García Lorea, A. y Durán Durán, M. A. (2018). Resiliencia y su relación con variables personales, penales y penitenciarias en mujeres presas. En *Proquest: Boletín Criminológico* (Nº 180/2018, p. 4). Disponible en: https://search.proquest.com/docview/2161599725?accountid=139267. (Fecha de consulta 25 de noviembre de 2019).

Giménez Gluck, D. (2013). La discriminación múltiple en el Derecho de la Unión. En *Revista Española de Derecho Europeo* (N. 45/2013, documento online). Disponible en: https://www.aranzadifusion.es (fecha de consulta: 14 de agosto de 2020).

Juanatey Dorado, C. (2012). Política criminal, reinserción *y* prisión permanente revisable. En *Anuario de derecho penal y ciencias penales* (Vol. 65/2012, pp. 130 y 136). Recuperado de: file:///C:/Users/Usuario/Downloads/Dialnet-PoliticaCriminalReinsercionYPrisionPermanenteRevis-4548504%20(2).pdf (Consulta realizada en fecha 04 de mayo 2020).

Pardo De Santayana, J. M. (2018). XVI Jornada de Geopolítica y Geoestrategia. Ceuta. *UNED.* Recuperado de: https://www.youtube.com/watch?v=B-qNBGNP_2KQ_(fecha de consulta: 15-05-2020).

Rodríguez Yagüe, C. (2019). El derecho penitenciario humanitario. En *Anuario de Derecho Penal y Ciencias Penales.* Universidad de Castilla - La Mancha. (N. 72, pp. 450-451, 439-482).

Rodríguez Yagüe, C. (2020). COVID-19 y prisiones: un desafío no solo sanitario y de seguridad, también humanitario. En *Revista General de Derecho Penal.* (N. 33/2020, pp. 1-78).

Rodríguez Yagüe, C. (2018). ¿Pueden ser las condiciones de reclusión en España un obstáculo para la ejecución de una orden de detención y entrega? a propósito del `procés` catalán. En *Revista General de Derecho Penal.* (N. 29/2018, pp. 1-64).

Sanz Delgado, E. (2011). Tutela antidiscriminatoria y vulnerabilidad en prisión. En *Anuario de la facultad de derecho (Universidad de Alcalá).* (N. 4/2011, pp. 63-66).

Political actors as veto players The case of the same-sex marriage in Costa Rica

Diego González Fernández
Professor and PhD Candidate, Pompeu Fabra University. State Agent of Costa Rica at the Inter-American Court in the proceedings of the Advisory Opinion No. OC-24/17
diego.gonzalez@upf.edu

Abstract

International Human Rights Law played a fundamental role in the process that concluded with the recognition of same-sex marriage in Costa Rica. This paper presents the facts and analyses -with the Veto players theory- the relationship between Costa Rican political actors and International Law. Specifically, the one related to the Inter-American System of Human Rights and its Court.

Index

1. Introduction

Starting in the second half of the 20th century, social demands for the recognition of Human Rights have been focusing on what Fraser calls the "struggle for recognition" (1995, p. 68). It means those that are required not by the socio-economic context of the persons, but by their relation to the political culture of society. In this sense, the author has theorised:

> I shall continue to distinguish economic injustice and cultural injustice analytically. And I shall also distinguish two correspondingly distinct kinds of remedy. The remedy for economic injustice is political-economic restructuring of some sort. This might involve redistributing income, reorganizing the division of labour subjecting investment to democratic decision-making, or transforming other basic economic structures. Although these various remedies differ importantly from one another, I shall henceforth refer to the whole group of them by the generic term 'redistribution'. The remedy for cultural injustice, in contrast, is some sort of cultural or symbolic change (. . .) I shall henceforth refer to the whole group of them by the generic term 'recognition' (1995, p. 73).

Even so, the response of political regimes to recognise the second-mentioned remedies has been dissimilar, as well as the procedures to reach them.

Within this theoretical framework, the text will address the specific case of the recognition of same-sex marriage in Costa Rica. The object of study will be the institutions and, therefore, the political actors who took a role in the issue. Its study will be done using the Veto players theory of Tsebelis (1995), which allows determining how institutions have acted in matters of respect to the International Law of Human Rights.

The justification for studying this specific case is due to its important peculiarities since it was from a request by the President of the Republic to the Inter-American Human Rights System that the necessary valves were activated for the Constitutional Court to rule in favour of equal marriage. This, with the absolute absence of action of the Legislative Branch, will be exposed later with the Tsebelis theory.

2. The veto players theory

As mentioned, Tsebelis theory will be the starting point for the analysis of the proposed object of study. Regarding the theory, the author defines veto players as "an individual or collective actor whose agreement (by majority rule for collective actors) is required for a change in policy" (1995, p. 301) in the status quo.

Furthermore, the scholar set three explanatory hypotheses about the influence of veto players on the stability of the political system, by mentioning that the "status quo increases with the number of veto players, decreases with their congruence (in fact, if two actors are completely congruent, they can be counted as one) and increases with the cohesion of each of them" (1995, p. 313).

In a negative sense, to achieve a change in the status quo, the number of political actors and the cohesion within them must decrease, as well as increase the congruence between each actor.

3. Facts

On May 23, 2006, the Constitutional Chamber issued its judgement No. 2006-7262, because of an unconstitutionality action against the norm that prohibited same-sex marriage in Costa Rica. Although by the majority, that Court did not declare the norm as unconstitutional, it did call on the Legislative Power to regulate the issue.

Even the exhortative, from that date and until the constitutional ruled in favour of equal marriage, the Legislative Assembly was unable to reach a consensus on the matter, to issue a regulation that would protect the same-sex couples. In other words, almost 15 years passed without receiving any response from that highest body of political representation.

Thus, at 5:52 p.m. on May 16, 2016, the International Day against discrimination based on sexual orientation and gender identity, the Presidency of the Republic launched a mechanism: its requests for an Advisory Opinion to the Inter-American Court of Human Rights (Court or Inter-American Court), established in Article 64 of the American Convention of Humans: "The member states of the Organization may consult the Court regarding the interpretation of this Convention or of other treaties concerning the protection of human rights in the American states".

In it, it asked the Court to respond to how the rights of same-sex couples should be protected, among others. The above, based on the established parameters of the Convention. Specifically, it asked:

> 2. Taking into account that non-discrimination based on sexual orientation is a category protected by Articles 1 and 24 of the American Convention, as well as the provisions of Article 11(2) of the Convention: does this protection and the American Convention signify that the State must recognize all the patrimonial rights derived from a relationship between persons of the same-sex? 2.1 If the answer to this question is affirmative, is a law that regulates

> relationships between persons of the same-sex required in order for the State to recognize all the patrimonial rights that derive from this relationship?

The Court, after the admissibility process and the respective public hearing, issued on November 24, 2017, its Advisory Opinion No. OC-24/17, entitled: "Gender identity, and equality and non-discrimination to the couples of the same-sex", notified to Costa Rica and to all States belonging to the Convention on January 9, 2018. Where it determined that States should grant same-sex couples' access to figures that recognise the ties of heterosexual couples. In the words of the Court:

> the Court considers that the scope of the protection of the family relationship of a same-sex couple goes beyond mere patrimonial rights issues. As noted by this Court, the implications of the recognition of this family relationship permeates other rights, such as civil and political, economic and social rights, as well as other internationally recognised rights. Moreover, the protection extends to the rights and obligations established by the domestic laws of each State applicable to the family relationships of heterosexual couples (par. 198).

Adding:

> Moreover, in the Court's opinion, there would be no sense in creating an institution that produces the same effects and gives rise to the same rights as marriage, but that is not called marriage except to draw attention to same-sex couples by the use of a label that indicates a stigmatizing difference or that, at the very least, belittles them. On that basis, there would be marriage for those who, according to the stereotype of heteronormativity, were considered "normal", while another institution with identical effects but with another name would exist for those considered "abnormal" according to this stereotype. Consequently, the Court deems inadmissible the

> existence of two types of formal unions to legally constitute the heterosexual and homosexual cohabiting community, because this would create a distinction based on an individual's sexual orientation that would be discriminatory and, therefore, incompatible with the American Convention (par. 224).

While this was happening, the Costa Rican Constitutional Chamber had not resolved another unconstitutionality action filed in 2013, on the issue of equal marriage. Consequently, after the Advisory Opinion was notified by the Court, the eyes of society and the other political actors were on the Constitutional Court. Even more so when it reported for the first time in its history the date that it would resolve the matter: the first days of August 2018.

Accordingly, on August 8, 2018, the Chamber ruled its resolution No. 12782-2018, in which its annulled subsection 6) of Article 14 of the Family Code, the prohibition of equality marriage. Although, it also included a dimensioning of the sentence in time, giving 18 months to the Legislative Assembly not to regulate what was resolved (the recognition of the same-sex marriage was no longer a matter of dispute), but to regulate the related legislation to the topic.

This is how when May 26, 2020, arrived, the annulment of the rule gave way to the freedom to marry.

4. Analysis

To study the actions of the actors based on the complex factual scenario presented, the Veto players theory will be applied in the first place to the political bodies: The President and the Legislative Branch. Then, it will be analysed in the study of the jurisdictional bodies: the judges of the Inter-American Court and the Constitutional Chamber. Being aware, that the second ones are political actors too.

Furthermore, the analysis will contemplate the theoretical, political, or legal context of each actor, to provide a comprehensive approach.

4.1. The president

Academics have studied that the presidential government system has as its primary characteristic that the Executive Branch is exercised by one person, "because only the president is mandated to govern by the people, and therefore, only he or she is politically accountable" (Poguntke and Webb, 2005, p. 2). Which is justified given that, in presidentialism, the head of State and Government is one, elected directly by the people (Shugart and Carey, 1992, p. 22).

Consequently, the Executive Branch -the President himself- complies with the three hypotheses of Tsebelis, which would make him an actor aimed at making changes in the status quo. Since he is a single person, cohesion and congruence are secondary elements that depend on the President himself, in his role as a political actor.

For the specific case, the executive as the body in charge of the international relations of the State did not only take a role of *formal* representation (Huneeus, 2011, p. 128), he activated a legitimate valve that the inter-American legal framework gave it to be an agent of "policymaking, that is, under the presidential logic that the president should be able to package policy priorities so as to increase the likelihood of their adoption" (Eshbaugh-Soha, 2005, p. 257). But with a modulation, because of the limited valves he had, he did not make the final decision, but he did decide to be an agenda-setter that, due to its result, had an important efficiency, since he opted to direct the actions of the State towards the protection of the same-sex couples, part of his government agenda.

Also, this act can be classified as strategic litigation, which visualises the problems of Costa Rican governance and the limited margin of action of the President, given that scholars have developed this instrument as an action to be used by society, "Strategic litigation should be capable of drawing attention to human rights abuses and violations and emphasising the duty of the State to fulfil its national and international obligations" (Carvalho and Baker, 2014, p. 451). But although it is an unusual action, within the political context, the protection of Human Rights and the International Law, this action is defended as valid and necessary in this paper.

4.2. Legislative branch

On the other hand, the second branch that could be the one who must take this kind of decisions, had zero participation in the process, excepting only for their inaction. According to the theoretical framework of this paper, the veto players theory can give answers, as well the reality of the electoral and party systems.

In contrast to the political reality of US presidentialism, where the selection of both organs is directed by a majority electoral system that leads to a bipartisan party system and, therefore, little party fragmentation in Congress (Filgueira *et al.*, 2005, p. 114). Costa Rica, like Latin America, lives under a multi-party system of parties, a product of the proportional electoral system through which the Legislative Branch is elected (Shugart and Taagapera, 2017, pp. 66-67).

This leads to the existence of many veto players within the Chamber, among which there is no ideological congruence.

Thus, in an issue like the freedom of marriage, a high degree of polarisation is generated and, therefore, inertia. This being the case, it is emphasised, even with two exhortations from the Constitutional Court, for almost 15 years and, according to the last sentence of that Chamber, 18 months, the necessary conditions did not exist for not being able to give an effective response to the issue.

4.3. Inter-american Court

Each one of the seven judges who are part of the Court, as a political actor, is a potential veto player against changes that may be made in the inter-American status quo. Even so, the empirical evidence leads to the conclusion that, on protection issues based on sexual orientation, it is an agent that favours the protection of rights for same-sex couples.

In the first place, there is the contentious jurisprudence, mainly the cases "Atala Riffo and Daughters v. Chile" and "Duque v. Colombia", where the Court -the first unanimously and the second, with only one minority vote- defined that sexual orientation is a category of discrimination protected by the Convention. Therefore, according to the theory that this work follows, the Tsebelis hypotheses lead to the Court judges being taken as a single veto player, because of the congruence and cohesion between them. Which leads to changes in the status quo.

This consistency was seen with greater clarity in the resolution of the Advisory Opinion since it was issued by the unanimity of those who make up the Court, only in one of the issues the Judge Vio Grossi presented to the Court a separate partially dissenting opinion.

It should be added, as a context of the legal and political culture of the Inter-American Court, as Huneeus points out that:

> Whereas the European Court of Human Rights (ECHR) typically allows governments to choose how they will remedy their state's violation, the Inter-American Court, which came of age in a region of dictatorships, prefers to be less deferential. It often requests that the state take specific remedial actions, and it often orders action which the executive cannot single-handedly take (2011, p. 106).

Aspect that, although it exceeds the scope of this investigation, is of great importance. Since, to exercise control of conventionality in the Advisory Opinion, without leaving any margin of appreciation to the States, it is still possible to see how potential veto players maintain coherence and internal cohesion in the way they exercise that control of conventionality when the judges take their decisions.

4.4. Constitutional Chamber

As the Constitutional Chamber was, finally, the decision-making body on the issue of equal marriage in Costa Rica, requires further analysis. Especially with its jurisprudential history and the situation in which this decision was made. To understand the actions of its veto players, the 7 judges.

In the first place, about the jurisprudential history, the Chamber was a central actor in the construction of the relationship between Costa Rica and the Inter-American Human Rights System, from very early on, through its judgement No. 1995-2313 of May 9, 1995. In which it established the criterion that together with the decisions issued in contentious cases, the advisory opinions ruled by the Court are also mandatory for the organs of the Costa Rican State.

But the configuration of forces within the Chamber was not that of the 1990s. Although it had maintained a criterion of absolute respect for the Court's resolutions, there was a gap in that relationship between the Chamber and the Court, which was the "Artavia Murillo and others case (on "In Vitro Fertilisation") v. Costa Rica".

This, because after being convicted of Costa Rica for not applying this assisted fertilisation technique in the country, based on a resolution of the Chamber taken in 2000 that annulled the executive decree that regulated the matter. But again, in 2014 -after the international conviction- when the Executive Power issued, based on inter-American jurisprudence, a new executive decree to regulate In Vitro Fertilisation, founded on an unconstitutionality action, this was again annulled by the Chamber.

This led to the Court ordering the validity of the decree for the first time in its history. An act that put an end to this chapter but, in the author's opinion, the international prestige that the Constitutional Chamber had maintained in terms of the protection of Human Rights, if it had once again voted differently on equal marriage would have created a greater tension with the Inter-American

Human Rights System, which would have had an impact, once again, on its international prestige.

As pointed out by Huneeus "For reasons of institutional structure and culture, some state actors are more willing to comply than others" (2011, p. 125). That is why, in this case, importance was given to the jurisprudential history and the situation in which it was ruled in favour of equal marriage.

The seven veto players, although they were directed in favour of annulling the rule that prohibited equal marriage, the vote on the matter gives clarity about the difficulty that was had when issuing the resolution. Since there was the only consensus to reach a majority regarding the entry into force of equal marriage with a deferred effect in time of 18 months, in a vote where the minimum majority of 4/3 was reached.

Thus, it is concluded that under Tsebelis' theory each constitutional judge represents a veto player, with minimal ideological congruence between them. Therefore, it is found as a limited actor, in this case, to make or not changes in the status quo. What, in the opinion of this author, as stated, defined the tendency to change was the history and conjuncture in which, finally, equal marriage was ruled as law of the land.

5. Final reflections

Although, in the specific case, the President's political action was aimed at protecting Human Rights —based on the social reality of the country and the absence of regulation by the Legislative Power for more than 15 years—; by taking as an object of study the institutions and, therefore, their political actors, the veto players theory allowed us to see an anomaly in Costa Rican democratic governance.

This, due to the escape valve -totally legitimate, as this paper has defended- that the Executive had to activate to give effectiveness to the political system. Which brought to the judicial arena an issue with a high political component that, as studied, was the end of an episode of tension between the Inter-American Court and the Costa Rican Constitutional Chamber.

Also it leads us to reflect on how the Inter-American Court makes its decisions, since, given that there is little margin of appreciation on the part of the States, tensions, and reluctance to comply with the Court judgements may continue to be generated. The foregoing, either by majority bodies that are close to democratic immobility or by counter-majoritarian bodies, the judges, who can act in the direction of protecting their competence.

In conclusion, the study of this specific case, from the point of view of its actors, allows us to glimpse a limit situation in the protection of Human Rights that a country can reach. Although the democratic strength of the Costa Rican political system allowed, in this case, to put the person and his full freedom as the centre in the decision; from the legal-political reading expressed, awareness of the other issues mentioned that require further reflection is made. But works like this allow the Academy to open the State's box and show what happened and why.

6. References

Carvalho, S. and Baker, E. (2014). Strategic Litigation Experiences in the InterAmerican Human Rights System. *SUR - International Journal On Human Rights*, Vol. 11, 20, pp. 449-460.

Eshbaugh-Soha, M. (2005). The politics of presidential agendas. *Political Research Quarterly*, Vol. 58, 2, pp. 257-268.

Filgueira, C., *et al.* (2005). *Calidad democrática y gobernabilidad*. In I. Crespo y A. Martínez (Eds.). Política y Gobierno en América Latina (pp. 87-129). Valencia: Tirant lo Blanch.

Fraser, N. (1995). From redistribution to recognition? Dilemmas of justice in a 'post-socialist' age. *New Left Review*, 212, pp. 68-93.

Huneeus, A. (2011). Courts Resisting Courts: Lessons from the Inter-American Court's Struggle to Enforce Human Rights. *Cornell International Law Journal*, Vol. 44, 3, pp. 101-153.

Poguntke, T. and Webb, P. (2005). *The presidentialization of politics in democratic societies: a framework for analysis*. In T. Poguntke y P. Webb (eds.). The presidentialization of politics: a comparative study of modern democracies (pp. 1-25). Nueva York: Oxford University Press.

Shugart, M. and Carey, J. (1992). *Presidents and assemblies, constitutional design and electoral dynamics*. Cambridge: Cambridge University Press.

Shugart, M. and Taagepera, R. (2017). *Votes from seats: logical models of electoral systems*. Cambridge: Cambridge University Press.

Tsebelis, G. (1995). Decision making in political systems: veto players in presidentialism, parliamentarism, multilateralism and multipartyism. *British Journal of Political Science*, 25, pp. 289-325.

Made in the USA
Monee, IL
18 October 2026

66048463R10230